"十三五"国家重点出版物出版规划项目

法 律 科 学 文 库
LAW SCIENCE LIBRARY

总主编　曾宪义

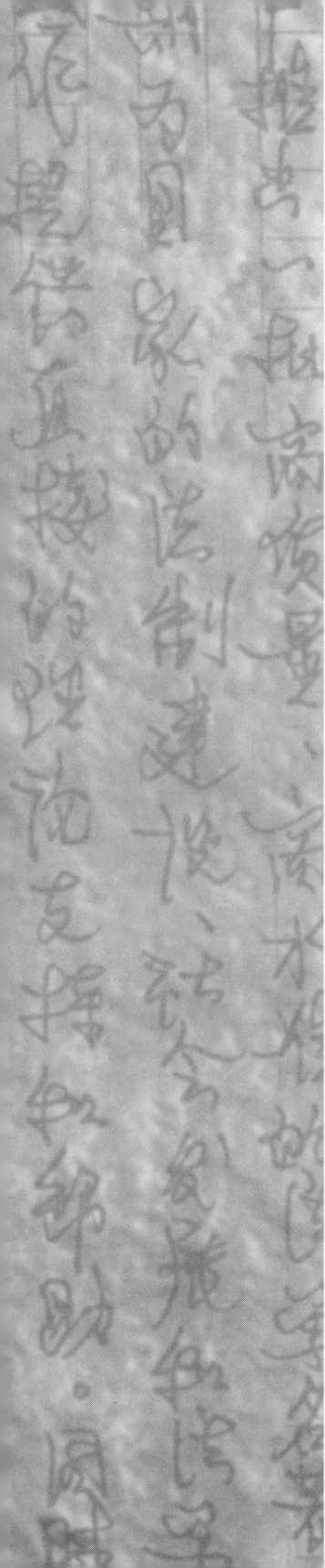

中国探望权理论研究

曹思婕　著

Research on the Visitation
Right in China

中国人民大学出版社
·北京·

近日，小婕的著作即将出版.
我作为长辈深感欣慰！小婕对法
学理想,不懈追求以及对我国法律
事业的孜孜奉献.让我看到了法学
青年一代的无限希望。站在新时代中国
特色社会主义的起点.希望你以同
中华民族的亿万儿女一样永远跟
随党以及前辈的步伐.为我们伟大
祖国的辉煌贡献自己毕生力量.劈
波斩浪.昂首阔步向前！

黄大南
二O二三年七月四日

未治而
變法重
關的任
在人已
建丰路達
小成道道

黄小源 書
二零二三年八月

总 序

曾宪义

　　"健全的法律制度是现代社会文明的基石"，这一论断不仅已为人类社会的历史发展所证明，而且也越来越成为人们的共识。在人类历史上，建立一套完善的法律体制，依靠法治而促进社会发展、推动文明进步的例证，可以说俯拾即是。而翻开古今中外东西各民族的历史，完全摒弃法律制度而能够保持国家昌隆、社会繁荣进步的例子，却是绝难寻觅。盖因在摆脱了原始和蒙昧以后，人类社会开始以一种"重力加速度"飞速发展，人的心智日渐开放，人们的利益和追求也日益多元化。面对日益纷纭复杂的社会，"秩序"的建立和维持就成为一种必然的结果。而在建立和维持一定秩序的各种可选择方案（暴力的、伦理的、宗教的和制度的）中，制定一套法律制度，并以国家的名义予以实施、推行，无疑是一种最为简洁明快，也是最为有效的方式。随着历史的演进、社会的发展和文明的进步，作为人类重要精神成果的法律制度，也在不断嬗变演进，不断提升自身的境界，逐渐成为维持一定社会秩序、支撑社会架构的重要支柱。17 世纪以后，数次发生的工业革命和技术革命，特别是 20 世纪中叶发生的电子信息革命，给人类社会带来了天翻地覆的变化，不仅直接改变了信息交换的规模和速度，而且彻底改变了人们的生活方式和思维方式，使人类生活进入了更为复杂和多元的全新境界。在这种背景下，宗教、道德等维系社会人心的传统方式，在新的形势面前越来越显得力不从心。而理想和实际的选择，似乎是透过建立一套理性和完善的法律体制，给多元化社会中的人们提供一套合理而可行的共同的行为规则，在保障社会共同利益的前提下，给社会成员提供一定的发挥个性的自由空间。这样，既能维持社会整体的大原则、维持社会秩序的基本和谐和稳定，又能在此基础上充分保障个人的自由和个性，发挥每一个社会成员的创造力，促进社会文明的进步。唯有如此，方能达到稳定与发展、整体与个人、精神文明与物质进步皆能并行不悖的目的。正因为如此，近代以来的数百年间，在东西方各主要国家里，伴随着社会变革的大潮，法律改革的运动也一直呈方兴未艾之势。

中国是一个具有悠久历史和灿烂文化的国度。在数千年传承不辍的中国传统文化中，尚法、重法的精神也一直占有重要的位置。但由于古代社会法律文化的精神旨趣与现代社会有很大的不同，内容博大、义理精微的中国传统法律体系无法与近现代社会观念相融，故而在 19 世纪中叶，随着西方列强对中国的侵略，绵延了数千年的中国古代法律制度最终解体，中国的法制也由此开始了极其艰难的近现代化的过程。如果以 20 世纪初叶清代的变法修律为起点的话，中国近代以来的法制变革活动已经进行了近一个世纪。在这将近百年的时间里，中国社会一直充斥着各种矛盾和斗争，道路选择、主义争执、民族救亡以及路线斗争等等，使整个中国一直处于一种骚动和不安之中。从某种意义上说，社会变革在理论上会给法制的变革提供一定的机遇，但长期的社会骚动和过于频繁的政治剧变，在客观上确实曾给法制变革工作带来过很大的影响。所以，尽管曾经有过许多的机遇，无数的仁人志士也为此付出了无穷的心力，中国近百年的法制重建的历程仍是步履维艰。直至 20 世纪 70 年代末期，"文化大革命"的宣告结束，中国人开始用理性的目光重新审视自身和周围的世界，用更加冷静和理智的头脑去思考和选择自己的发展道路，中国由此进入了具有非凡历史意义的改革开放时期。这种由经济改革带动的全方位民族复兴运动，也给蹉跎了近一个世纪的中国法制变革带来了前所未有的机遇和无限的发展空间。

应该说，自1978年中国共产党第十一届三中全会以后的20年，是中国历史上社会变化最大、也最为深刻的20年。在过去20年中，中国人民高举邓小平理论伟大旗帜，摆脱了"左"的思想的束缚，在政治、经济、文化各个领域进行全方位的改革，并取得了令世人瞩目的成就，使中国成为世界上最有希望、最为生机勃勃的地区。中国新时期的民主法制建设，也在这一时期内取得了令人惊喜的成就。在改革开放的初期，长期以来给法制建设带来巨大危害的法律虚无主义即得到根除，"加强社会主义民主，健全社会主义法制"成为一个时期内国家政治生活的重要内容。经过近二十年的努力，到90年代中期，中国法制建设的总体面貌发生了根本性的变化。从立法上看，我们的立法意识、立法技术、立法水平和立法的规模都有了大幅度的提高。从司法上看，一套以保障公民基本权利、实现司法公正为中心的现代司法诉讼体制已经初步建立，并在不断完善之中。更为可喜的是，经过近二十年的潜移默化，中国民众的法律意识、法制观念已有了普遍的增强，党的十五大确定的"依法治国""建设社会主义法治国家"的治国方略，已经成为全民的普遍共识和共同要求。这种观念的转变，为中国当前法制建设进一步完善和依法治国目标的实现提供了最为有力的思想保证。

众所周知，法律的进步和法制的完善，一方面取决于社会的客观条件和客观需要，另一方面则取决于法学研究和法学教育的发展状况。法律是一门专业性、技术性很强，同时也极具复杂性的社会科学。法律整体水平的提升，有赖于法学研究水平的提高，有赖于一批法律专家，包括法学家、法律工作者的不断努力。而国家法制总体水平的提升，也有赖于法学教育和法学人才培养的规模和质量。总而言之，社会发展的客观需要、法学研究、法学教育等几个环节是相互关联、相互促进和相互影响的。在改革开放的20年中，随着国家和社会的进步，中国的法学研究和法学教育也有了巨大的发展。经过20年的努力，中国法学界基本上清除了"左"的思想的影响，迅速完成了法学学科的总体布局和各分支学科的学科基本建设，并适应国家建设和社会发展的需要，针对法制建设的具体问题进行深入的学术研究，为国家的立法和司法工作提供了许多理论支持和制度上的建议。同时，新时期的法学教育工作也成就斐然。通过不断深入的法学教育体制改革，当前我国法学人才培养的规模和质量都有了快速的提升。一大批用新思想、新体制培养出来的新型法学人才已经成为中国法制建设的中坚，这也为中国法制建设的进一步发展提供了充足和雄厚的人才准备。从某种意义上说，在过去 20 年中，法学界的努力，对于中国新时期法制建设的进步，贡献甚巨。其中，法学研究工作在全民法律观念的转变、立法水平和立法效率的提升、司法制度的进一步完善等方面所发挥的积极作用，也是非常明显的。

　　法律是建立在经济基础之上的上层建筑，以法律制度为研究对象的法学也就成为一个实践性和针对性极强的学科。社会的发展变化，势必要对法律提出新的要求，同时也将这种新的要求反映到法学研究中来。就中国而言，经过近二十年的奋斗，改革开放的第一阶段目标已顺利实现。但随着改革的逐步深入，国家和社会的一些深层次的问题也开始显现出来，如全民道德价值的更新和重建，市场经济秩序的真正建立，国有企业制度的改革，政治体制的完善等等。同以往改革中所遇到的问题相比，这些问题往往更为复杂，牵涉面更广，解决问题的难度也更大。而且，除了观念的更新和政策的确定外，这些复杂问题的解决，最终都归结到法律制度上来。因此，一些有识之士提出，当前中国面临的难题或是急务在于两个方面：其一，凝聚民族精神，建立符合新时代要求的民族道德价值，以为全社会提供一个基本价值标准和生活方向；其二，设计出一套符合中国国情和现代社会精神的"良法美制"，以为全社会提供一系列全面、具体、明确而且合理的行为规则，将各种社会行为纳入一个有序而且高效率的轨道。实际上，如果考虑到特殊的历史文化和现实情况，我们会认识到，在当前的中国，制度的建立，亦即一套"良法美制"的建立，更应该是当务之急。建立一套完善、合理的法律体制，当然是一项极为庞大的社会工程。而其中的基础性工作，即理论的论证、框架的设计和实施中的纠偏等，都有赖于法学研究的进一步深入。这就对我国法学研究、法学教育机构和广大法律理论工作者提出了更高的要求。

　　中国人民大学法学院建立于 1950 年，是新中国诞生以后创办的第一所正规高等法学教育机构。在其成立的近半个世纪的岁月里，中国人民大学法学院以其雄厚的学术力量、严谨求实的学风、高水平的教学质量以及极为丰硕的学术研究成果，在全国法学研究和法学教育领域中处于领先行列，并已跻身于世界著名法学院之林。长期以来，中国人民大学法学院的法学家们一直以国家法学的昌隆为己任，在自己的研究领域中辛勤耕耘，撰写出版了大量的法学论著，为各个时期的法学研究和法制建设作出了突出的贡献。

　　鉴于当前我国法学研究所面临的新的形势，为适应国家和社会发展对法学工作提出的新要求，中国人民大学法学院和中国人民大学出版社经过研究协商，决定由中国人民大学出版社出版这套"法律科学文库"，陆续出版一大批能全面反映和代表中国人民大学法学院乃至全国法学领域高品位、高水平的学术著作。此套"法律科学文库"是一个开放型的、长期的学术出版计划，以中国人民大学法学院一批声望卓著的资深教授和著名中青年法学家为主体，并聘请其他法学研究、教学机构的著名法学家参加，组成一个严格的评审机构，每年挑选若干部具有国内高水平和有较高出版价值的法学专著，由中国人民大学出版社精心组织出版，以达到集中地出版法学精品著作、产生规模效益和名著效果的目的。

　　"法律科学文库"的编辑出版，是一件长期的工作。我们设想，借出版"文库"这一机会，集中推出一批高质量、高水准的法学名著，以期为国家的法制建设、社会发展和法学研究工作提供直接的理论支持和帮助。同时，我们也希望通过这种形式，给有志于法学研究的专家学者特别是中青年学者提供一个发表优秀作品的园地，从而培养出中国新时期一流的法学家。我们期望并相信，通过各方面的共同努力，力争经过若干年，"法律科学文库"能不间断地推出一流法学著作，成为中国法学研究领域中的权威性论坛和法学著作精品库。

1999 年 9 月

序一

　　编纂一部具有中国特色的《中华人民共和国民法典》，是我国社会主义法治建设中具有里程碑意义的宏大工程，更是新中国成立以来几代民法学人前赴后继、不懈追求和共同努力的宏伟目标。当前，民法典各分编的内容体现着整部《民法典》的先进性、时代性与科学性。《民法典》婚姻家庭编中各项法律制度（包括探望权制度）的构建对于新时代的婚姻家庭生活具有举足轻重的作用与影响。曹思婕博士的新著《中国探望权理论研究》是专门针对探望权进行研究与探讨的，其将探望权的理论思考与社会实践相结合，提出应当把中华民族的优秀传统文化以及人们的道德价值观涵摄于其中，使探望权的立法构建实现情、理、法于一体的高度统一，突出社会主义核心价值观在婚姻家庭编中的价值展现，彰显我国《民法典》婚姻家庭编自身的独特性。

　　该书研究的主题是当前我国婚姻家庭法学

科的前沿课题，具有很高的理论价值，值得探索与研究。《民法典》婚姻家庭编中的探望权制度强调未成年人的利益保护，这是大势所趋。本书结构安排合理、体例设计得当。其立足于中国本土，适应社会需求，符合时代特色，与世界各国的婚姻家庭立法相接轨，在对我国未来探望权的制度构建上作出了详细的立法设计，其在研究方法上不拘泥于单一方法，同时采用图表的形式生动、鲜明地展现探望权的重要研究内容，以法理学、民法学、婚姻家庭法学、伦理学等理论为基础，突出社会主义婚姻家庭核心价值观和保护弱势群体的人权观念。此外，本书的作者对探望权的性质做了细致的分析、研究，根据自己的所学知识、认识理解，反复斟酌，逐步地进行剖析。

　　本书的作者曹思婕博士曾是中国人民大学法学院的博士后研究人员，乐观向上、聪明好学的心态与资质奠定了她对法学研究的热忱，踏实勤奋、坚忍不拔的态度与毅力鼓舞了她攀登学术高峰的勇气，严谨谦虚、勤学好问的学术作风与学术态度促使她接受并传承师长的教诲。我们对她寄予了厚望。

　　学术思想本就百家争鸣，开放、平等的婚姻家庭法学的学术氛围为更多青年学者提供了潜心学习与大胆创新的平台。青出于蓝而胜于蓝，青年学者传承婚姻家庭法学的思想精髓与发扬婚姻家庭法学的学术精神尤其难能可贵。我衷心期待在婚姻家庭法学领域中，有更多的崭新学术成果问世，催动我国的婚姻家庭法学研究事业不断壮大、枝叶扶疏、生机勃勃！

2023 年 7 月 1 日于中国人民大学明德法学楼

序二

《中国探望权理论研究》一书，紧紧围绕探望权展开全面而系统的阐述，对探望权的基本内涵、制度源起、权利属性、立法理念、制度缺憾、立法构建等问题进行了细致而深入的探讨，进而设计出探望权在我国的立法选择与制度安排。全书逻辑严谨、论证充分、结构合理、体例得当。

探望权是我国婚姻家庭法中非常重要的课题，也是长期以来家事司法审判实践中亟待解决的难题，更是当前现实社会生活中受到广泛关注的婚姻家庭热点难点问题。作者对探望权的理论研究进行钻研有助于寻找到适合我国现实国情的探望权立法路径；作者对探望权的司法实践进行分析有利于查找出当前社会生活中探望权疑难问题的各个面向。全书融入了作者的思考与智慧，其站在民事权利体系的视角下对探望权进行论述，突显出婚姻家庭法回归到民法典的立法时代背景。全书呈现给读者清晰的探望权本体论、理论演进论、制度比较论及立法构建论，系统地梳理了探望权的理论演进并展望了探望权的立法发展。

特别值得关注的是，未成年子女利益的保护是近年来我国社会尤为重视的问题，这与国家提倡保护未成年人合法权益的政策导向、人权观念的日益深入人心和权利意识的觉醒、中华民族优秀传统文化的传承以及社会主义法治进程的立法步伐密切相关。探望权恰是反映保护未成年子女利益最大化的具体制度之一，它的完善与发展在某种程度上反映着我国对未成年人利益保护的程度。《中国探望权理论研究》一书为读者提供了有价值的思考视角。作者拓宽视野、积极探索、敢于突破，在认真学习研究探望权知识的基础上，对探望权有着自己独到的理论见解。全书引入图表，更加鲜明地展现理论及立法观点，清晰严谨的写作风格跃然于纸上。

本书的作者是我指导的民商法学博士研究生，她在读博期间踏实认真、勤于思考、刻苦勤奋、勇于创新，这使她在读博期间获得国家奖学金等各种学业奖学金。本书是作者多年来学习研究积累的成果，对此，我甚是欣慰。本书对于完善我国未成年人权益保障，完善探望权制度具有重要的理论价值和社会现实意义，相信它的出版能够对我国未来婚姻家庭法学中探望权的理论发展及立法构建有所助益。

中国政法大学教授、博士研究生导师
2023 年 6 月 25 日于北京

目　录

第一章 探望权概述

第一节 探望权的基本理论

一、探望权的概念表述及特征

众所周知，探望权不是我国的本土法律制度，它起源于英美法系，被认为是现代亲权的法律产物。随着世界各国亲属法的发展，探望权已被世界上绝大多数国家（地区）的法律制度加以明确规定。到目前为止，对于探望权的称谓各国（地区）立法各不相同：美国称为探视权，《美国统一结婚离婚法》第 407 条规定，"如法庭在审理后认为进行探视不会严重危害子女身体、精神、道德或感情的健康，可以准予无子女监护权的父母一方享有合理探视子女的权利"①。加拿

---

① 美国现代婚姻家庭制度. 夏吟兰，译. 北京：中国政法大学出版社，1999：297.

大称为探视权，《加拿大离婚法》第 12 条规定，"配偶任何一方，或配偶双方，或任何得到法院的许可并为此提出申请者，或任何这样的人，对婚姻关系中的子女应有同等的探视机会"。《加拿大安大略省儿童法修正案》第 20 条第 5 款规定，"对子女的探视权包括探视子女的权利和被子女探视的权利"①。法国也称为探视权，《法国民法典》第六编"离婚"第三章"离婚的后果"第三节"离婚对子女的后果"中第 288 条规定，"不行使亲权的父、母一方，保留对子女抚养与教育进行监视的权利，因此，对涉及子女生活的重大选择，均应通知该方。不行使亲权的父、母一方，对子女的抚养与教育，应视其本人与另一方的财力情况，按比例分担费用。仅在有重大理由的情况下，始能拒绝该方探视与留宿子女的权利"②。德国称为人身交往权，《德国民法典》第四编第二章"血亲关系"第五节"亲权"中第 1684 条规定，"子女享有与父母的任何一方进行交往的权利；父母的任何一方均有与子女进行交往的义务和权利……"③。韩国称为探望权，《韩国民法典》第四编"亲族"中规定：（1）不直接抚养子女的父母中的一方和子女，享有互相探望的权利（2007 年 12 月 21 日修订）。（2）为子女的利益，家事法院认为必要的，可根据当事人的请求，限制或禁止另一方的探望（1990 年 1 月 13 日新设，2005 年 3 月 31 日修订）。④ 巴西称为探视权，《巴西民法典》第四编"家庭权"第十一章"子女人身的保护"中第 1589 条规定，"非照管子女之父亲或母亲可根据与他方配偶的约定或按法官确定的方式探视并陪伴他们，并监督他们的生活保持与教育"⑤。日本称为见面交流权，《日本民法典》第四编"亲属"第 766 条规定，"父母协议离婚时，子女的监护人、父母的探望及其他交流和监护子女所需费用的分担及有关监护的其他必要事项，通过协议确定。上述情形，应当优先考虑子女的利益……"⑥。

---

① 陈苇. 加拿大家庭法汇编. 北京：群众出版社，2006：59.

② 法国民法典. 罗结珍，译. 北京：法律出版社，2005：263.

③ 杜景林，卢湛. 德国民法典：全条文注释：下册. 北京：中国政法大学出版社，2015：1036.

④ 韩国最新民法典. 崔吉子，译. 北京：北京大学出版社，2010：238 - 239.

⑤ 巴西新民法典. 齐云，译. 徐国栋，审校. 北京：中国法制出版社，2009：250.

⑥ 日本最早称为见面交流权. 日本民法典. 王爱群，译. 北京：法律出版社，2014：120.

而我国称为探望权,《中华人民共和国民法典》(以下简称《民法典》) 婚姻家庭编中规定:离婚后,不直接抚养子女的父或者母,有探望子女的权利,另一方有协助的义务;行使探望权利的方式、时间由当事人协议;协议不成的,由人民法院判决。父或者母探望子女,不利于子女身心健康的,由人民法院依法中止探望;中止的事由消失后,应当恢复探望。由上述可见,基于各国(地区)国情和关于探望权之法律规定迥然不同,各个国家对探望权的称谓也有所差异,但总体观之,人们就对探望权立法的必要性已达成共识,几乎世界各国(地区)都已逐渐规定了探望权制度并对探望权的法律规定不断地进行修订、完善,使探望权立法不断地向前发展。与此同时,基于社会时代的呼唤和现实生活的需要,探望权已成为亲权制度中必不可少的内容。探望权制度的设立,是子女①与未取得抚养权的父或母一方保持关系和联络感情的有效补救方式。对未取得抚养权的父或母一方而言,在情感上它能够增进子女与非共同生活的父或母一方之间的情感交流,维护父母与子女之间的亲子关系;在心理上它能够满足非共同生活的父或母一方对子女成长的关爱与照顾,及时了解子女的生活环境与发展状况,确保未取得抚养权的父或母一方不因夫妻离婚而丧失与子女沟通的机会,使父母与子女相互之间能够获得精神慰藉。对子女而言,离婚家庭中的子女不会因为家庭关系的破碎而失去父母的关爱。探望权的设立以有利于子女的身心发展和健康成长为出发点,使子女和不直接抚养自己的父或母持续地保持联系、获得亲情,竭力消除和弥补父母离婚带给子女的不利影响,全面地实现对离婚家庭中子女利益的保护。

综上所述,世界各国(地区)虽因其各自的政治背景、经济发展、文化传统、地域特色等不同而对探望权的表述有所差异,但就对探望权予以立法已达成共识,并对其已有明确的规定,即探望权是指不直接抚养子女的父或母一方所享有的与子女接触、会面、沟通、交往的权利。在某种程度上讲,探望权是血缘关系无法分割的充分体现,亲子关系不因父母关系破裂而终结,不因父母双方生活状态的改变而遭受阻断。探望权的行使为亲子关系的维系与发展提供了机会与法律保护,为父母子女间的感情交融和心灵交汇提供了沟通空间和立法保障。它不仅是从子女利益出发使离婚家庭中的子女持续地受到父母关爱的有利方式,以使子女享受来自亲生父

---

① 本书中的"子女"均指未成年子女。

母的完整亲情，而且是赋予离婚家庭中未与子女共同生活的父或母一方探望子女的一项重要权利，为离婚父母继续履行对自己子女应尽的抚养教育义务提供了机会。不直接抚养子女的父或母与自己子女间的情感互通与责任履行能够通过探望权得到实现。由此可见，探望权的设立与完善具有其自身的立法价值和现实意义，它已经成为世界婚姻家庭法律制度中亲子关系立法发展的大势所趋。

在我国，关于探望权有广义、狭义之分。广义探望权，是指父母及与未成年人有特定关系的人行使的有利于未成年人成长的监护性权利；狭义探望权，是指父母离婚后不直接抚养子女的父或母有探望子女的权利，即不直接抚养子女的父或母有与子女联系、会面、交往、沟通、团聚等权利。目前我国多采用狭义探望权①概念。从法律规定来看，探望权的权利人是不直接抚养子女的父或母，探望权的义务人是直接抚养子女的母或父。笔者认为，2001 年修订的《婚姻法》首次规定的探望权是对我国探望权制度缺失的弥补，是对我国婚姻家庭立法中关于离婚家庭中子女探望问题空白的填补。在当时的社会背景和立法环境下，探望权立法为保护离婚家庭中的子女利益和实现未取得抚养权的父或母一方对子女的权利和义务发挥了作用，试图为离婚家庭中探望权和抚养权的平衡寻找到支撑点，以使离婚家庭中的子女仍然能够感受到完整的父母亲情。然而，随着人们生活的日新月异和生活模式的变化，从目前通说的探望权定义来看，它已无法适应社会时代和现实生活对探望权的发展需求，因而亟须完善我国的探望权制度。

"定义，本意就是通过运用某种词语将某种事物和其他事物加以划分的界限，这个界限乃是通过个别独立的语词在语言上所做的划分。这是某些人区分事物辨析类别所必需。这些人虽熟知语词的日常含义但却无法解释明确，进而将两个不同的事物区别开来。"② 随着我国探望权法学理论的延伸以及司法实践对探望权提出的新挑战，迫切需要婚姻家庭立法对探望权进行新的阐述。整个法律体系的构建都有赖于法律概念、法律规范、

---

① 有学者言：探望权，又称探视权，是指父母离婚后，不直接抚养子女的一方依法享有的与子女进行面对面交往的权利。杨遂全. 婚姻家庭亲属法学. 北京：清华大学出版社，2011：231.

② 哈特. 法律的概念. 许家馨，李冠宜，译. 北京：法律出版社，2011：13.

法律条文的形成、制定和发展。它们相互之间具有内在的逻辑联系，并因一定的意旨而紧密相连。① 因此，在我国构建探望权法律制度，当务之急是完善探望权的概念表述。我国探望权的概念表述，首先，应当明确、具体，摒弃模糊不清的定义界限，特别是要明晰探望权的主体及探望权的内容；其次，遵从法律的开放性结构，即法律也有可预测性，在探望权的行使方式上法律应给予充分的空间；最后，探望权是婚姻家庭法律制度的一部分，这意味着探望权制度不仅体现身份色彩，也包含浓厚的亲情伦理，故探望权的定义要基于我国的本土文化传统、蕴含我国的道德习俗、彰显我国的人文关怀。

探望权具有如下特征。

第一，探望权的取得具有自然性和法定性。探望权不同于一般民事权利，它的取得具有特殊性。探望权存在于婚姻家庭关系领域，它的取得具有鲜明的身份色彩。离开了婚姻家庭领域，探望权的行使无从谈起。一方面，探望权的取得以父母双方离婚为前提，即父母离婚会自然产生探望权。探望权的产生具有时间性，只能发生在夫妻双方婚姻关系解除以后。换言之，探望权是父母天然享有的一项权利，它无须经过任何程序任何机关的批准就能产生。在婚姻关系存续期间，父母共同行使对子女的亲权并共同履行抚养、教育、照顾等义务。而在婚姻关系结束后，探望权产生的基础便已形成，它为继续维系和保护婚姻关系存续期间父母子女之间的亲子关系，并继续履行父母对子女照顾和关爱的义务而生。夫或妻一方的抚养权一经确立，另一方便享有探望权。探望权从本源上也属于亲属权②，它是离婚状态下父母亲权行使方式的延续，是基于血缘关系的自然衍生，也即"探望权是父母离婚后父母照顾权的自然延伸"③。另一方面，探望权与其他任何权利一样，都需要最终得到法律的确认。探望权的主体、探望权的行使、探望权的中止等是由我国《民法典》明文规定的，不能由当事人任意约定或改变。依我国《民法典》第1086条，探望权主体仅限于离婚后不直接抚养子女的父或母一方；探望权行使的方式、时间采取当事

---

① 黄茂荣. 法学方法论与现代民法. 北京：法律出版社，2007：630.
② 陈思琴. 离婚后亲子关系法律制度研究. 北京：中国社会科学出版社，2011：148.
③ 王丽萍. 亲子法研究. 北京：法律出版社，2004：222.

人协商优先原则，协商不成时由人民法院判决；探望权的中止只能由人民法院依法裁判，其他任何人无权自行决定等。虽然离婚父母会就探望权的行使方式、时间、地点等进行协商，但这种协商仅是约定探望权的具体行使方式，并不是约定探望权本身存在与否。这都表明探望权具有法定性，非依法律规定任何个人、任何组织、任何机构都无权产生、变更或干涉探望权。

第二，探望权是权利和义务的统一且具有双向性。有学者曾提道，"探望权是权利也是义务"[①]。现行探望权制度规定有突显"父母本位"的立法倾向，即较多地从父母权利视角规定探望权，实质上探望权应当是权利与义务相统一。探望权既是离婚后不与子女共同居住的父或母一方享有的探望自己子女的一种权利，也是父或母养育、照顾子女义务的延伸。探望权的行使不仅是不直接抚养子女的父或母一方行使对子女的权利的方式，也是其履行对自己子女的义务的途径。因此，探望权应是离婚父母对子女的权利与义务的统一体。诚如有学者所言，"家庭成员间权利义务相统一的独特性，不会否认其被视为民事权利的根本特性。这是从绝对的人身权过渡到权利义务有机结合的人身权的转变，也是现代社会从单纯追求权利到兼顾权利义务及公共利益的必然趋势"[②]。探望权之本旨应以保护子女利益的最大化为原则。儿童利益是由儿童权利承载的，一旦儿童的权利被忽视或得不到有效的保障，儿童的利益便无法实现，成为子虚乌有的幻影。[③] 在探望权的行使过程中，子女的利益应当受到充分的重视和保护。子女不应当仅仅被视为探望的对象，与此同时，子女对父母也应当享有探望的权利，即子女有权主动要求探望。如果仅规定单向性的探望权，即仅仅规定父母对子女行使探望权，显然不足以满足父母与子女双方相互实现思想交流与情感融合的需求，子女的利益也往往处于被忽视甚至被侵害的境地。探望权并不单纯是父母的权利，至少从社会学角度看，父母（男女两性）均衡的影响，更有利于未成年子女的健康成长与全面发展。

---

① 王玮. 探望权及其相关问题研究. 河北法学，2003（7）.

② 姚辉. 从身份到契约了吗. http://www.civillaw.com.cn/article/default.asp?id＝12652.

③ 李慧敏. 儿童最大利益原则与我国儿童权益保护制度的完善：从婚姻家庭法的角度. 温州大学学报（社会科学版），2015（2）.

应当说，探望既是父母的权利与职责，也是未成年子女的权利。① 由此可见，赋予子女对父母探望的权利，使探望权具有双向性，不仅能使子女在真实自愿的情形下更好地与父母保持联系，而且也能使父母对子女的爱意表达得更为恰当与及时。子女与未共同居住的父或母一方会面、交流、接触和沟通时，父或母要充分尊重孩子内心的真实意愿，倾听他们的真实声音，维护他们的切身利益，以使他们的身心健康发展。

第三，探望权的内容表现为非物质性。探望权基于身份而存在，而《辞海》对"身份"一词的解释为：人的出身、地位或资格。② 探望权的产生与身份密不可分，因为它与人的出身有密切关联。"出身"是指血缘联系，包括血缘体内部的结构与联系，以及血缘基础上的特定家族在社会中的位置。③ 探望权属于身份权的一种，它是基于父母与子女之间的亲子关系而产生的权利。因此有学者认为探望权具有身份性。史尚宽先生认为，我国虽未规定亲权的概念，但探望权含有亲权内容。④ 日本法学家认为，诸如亲权、父权等多称为身份权。⑤ "我国现阶段的家庭关系中，在一般情况下，除了夫妻关系外，就是父母与子女间的关系、祖父母与孙子女之间的关系。他们之间相互享有身份权"⑥。探望权的设立是为满足父母和子女在精神上、情感上和心理上对亲情的需求，实现亲子关系的延续与发展，而不是为获得任何物质利益。因此探望权不具有财产属性，其体现为身份性，更多的内容表现为精神情感性。而物质性是具有经济价值且能够用货币衡量的，它主要体现在财产性权利之中，如以物权、债权等财产权为主。即使我国《民法典》对探望权的规定仍停留在父母单向性的权利，仅考虑父母的感情需要（显而易见已有悖于探望权的立法宗旨及含义）。然而，随着现实生活的迫切需求和探望权立法的不断完善，探望权

① 夏吟兰，薛宁兰. 民法典之婚姻家庭编立法研究. 北京：北京大学出版社，2016：254.

② 辞海. 上海：上海辞书出版社，1979：4518.

③ 童列春. 身份权研究. 北京：法律出版社，2018：17.

④ 史尚宽先生曾指出："我民法未用亲权名称，惟规定父母对于未成年子女有保护及教养之权利义务。实含有亲权之内容。"（史尚宽. 亲属法论. 北京：中国政法大学出版社，2000：663.）

⑤ 新版新法律学辞典. 北京：中国政法大学出版社，1991：527.

⑥ 李由义. 民法学. 北京：北京大学出版社，1988：573.

亟待体现出以实现子女的最佳利益为宗旨，以最大化地保障子女身心发展与健康成长为首要目标。探望权制度也将会更侧重于父母责任、血缘亲情，突显身份关系、人伦色彩，强调子女利益、子女成长，以满足父母子女彼此之间在精神、心理层面的交流，抚慰他们对亲情、温暖的渴望，进而实现保护子女的合法权益与维护家庭成员的伦理亲情之间的协调平衡。

第四，探望权的主体及实施对象具有排他性。探望权的权利主体和实施对象是探望权行使的两端，缺一不可。我国探望权的实施主体是法定的。从我国《民法典》的规定来看，探望权的权利主体为不与未成年子女共同生活的父或母一方，其他人都不享有探望权；而探望权的义务主体仅为与子女一起生活的父或母一方，其负有协助探望权实现的义务。霍布豪斯曾形象地说，"同一种权益，对于应得者便叫做权利，对于应付者则叫做义务"①。探望权是婚姻家庭关系中亲子关系的展现。探望权的主体及实施对象是特定的。无论探望权的权利主体抑或义务主体，都无权转让各自的权利或义务，也不得委托他人代为行使或履行。在探望权的行使过程中，任何人都无权干涉探望权主体行使权利。探望权的对象是父母离婚后的未成年子女。在未成年子女成年以前，父母给予未成年子女的关爱和温暖是任何人都无法替代的，它是决定未成年子女身心健康和心智发展的关键因素。法律规定探望权制度，维护父母子女间的亲密关系，以达即使父母离婚也能够使未成年子女实现双系抚育的目的。这是使未成年子女免受婚姻破裂的伤害且对他们进行家庭保护的最佳法律制度选择。

第五，探望权的行使具有相对独立性。当父母处于正常婚姻家庭状态下时，父母子女间的关系由亲权所体现。当父母离婚时探望权应运而生。可以说，探望权的内容实则是亲权内容在非常态婚姻家庭中的另一种反映。关于父母离婚，夏吟兰教授曾指出："我们必须明白，婚姻不够美满和幸福的代价应当由父母承受，而不应当由子女承受。子女不能对父母的快乐负责，但父母则必须为子女的利益负责。"② 离婚后家庭生活的破碎、情感关爱的裂缝、父母关系的僵化和亲情希望的破灭，都会无形中给子女带来或多或少的心理阴影和对亲情的失望。若离婚后不直接抚养子女的父

---

① L. T. Hobhouse, *The Element of Social Justice*，Routledge Thoemmes Press，1993，p. 37.

② 夏吟兰. 离婚自由与限制论. 北京：中国政法大学出版社，2007：286.

或母一方不再与子女保持联络，该子女长时间地缺失父爱或母爱，必将与在父母共同关爱下成长的子女有所不同。当然，造成此种结果也许并非父母和子女的真实意愿，即并非不直接抚养子女的父或母不愿意与子女保持联系，或者子女不愿意与未取得抚养权的父或母相接触。"许多关于探望案件的调查表明，诸如地理上的距离及对新家庭作出承诺（不与前任家庭的子女接触），使其与子女接触非常地困难。"① 因此，婚姻家庭法有必要规定探望权的享有与行使，使探望权作为婚姻家庭法律关系中一项独立的权利而存在，使探望权制度作为一项独立的法律制度而存在。自古以来，血亲关系不会因父母离婚而割断，探望权是基于身份关系而产生的，恰是保障父母离婚后父母与子女继续接触的独立权利。它是离婚家庭中维系亲子血缘关系的纽带，是维系亲情伦理的桥梁。它不会因未支付抚养费而丧失，也不因父母双方的协议而终止，更不以父或母再婚为解除条件。可以说，探望权的存在是父母离婚后自然产生的亲权延续，它的行使不依附于任何其他义务的履行，也不附属于任何其他权利的享有，更不能被随意地放弃或受到不合理的阻碍。从这个意义上讲，探望权是相对独立存在的。

第六，探望权的执行具有独特性。探望权的执行不同于一般的民事执行。探望权行使的基础是身份关系的存在，探望权行使的目的是保护和维持离婚父母与子女之间的亲子关系，增进亲情。探望权的执行内容既非财产也非人身，它的执行不仅需要考虑子女对探望的内心意愿，也要求直接抚养子女的父或母一方给予协助。探望权不是一次性行使就完毕，其行使期限直至未成年子女成年为止。因此，在探望权的行使上，我国一直采取"协议优先"的原则，这样有利于不同家庭根据各自的具体情况，协商决定有利于自己子女的利益和便于探望权行使的方式、时间、地点等。执行标的是对执行法律关系中权利义务内容的抽象②，法院不能像在其他民事执行案件中一样采取各种形式的强制执行措施，更不能对子女采取强制措

---

① P. Parkinson, *Family Law and the Indissolubility of Parenthood*, Cambridge University Press, 2011, pp. 71 - 72. Dudley, JR., "Increasing Our Understanding of Divorced Fathers Who Have Infrequent Contact with their Children", 40 *Family Relations*, 1991, p. 279. Quoted from John Eekelaar and Mavis Maclean, *Family Justice: The Work of Family Judges in Uncertain Times*, Hart Publishing, 2013, p. 165.

② 戚雅萍，汤继荣. 探望权执行若干问题探析及对策建议. 少年司法, 2006 (1).

施。一般情况下当遇到探望权行使困难时，法院应当以积极的思想引导、耐心的说服教育来促成父母双方的沟通，就探望权的恢复或重新行使探望权达成协议，或者通过第三方如子女的幼儿园、学校或其住所地居民委员会等的协助来完成探望。探望权的执行以保护子女最大利益为宗旨，避免子女因父母感情破裂而遭受身心伤害。若探望权的执行同一般的民事执行一样采取强制措施，则不仅不利于化解离婚父母之间的矛盾与伤害，更不利于消除父母离婚给子女带来的各种不利后果。因此，探望权的执行相较一般的民事执行更为柔和，即强制执行的刚性色彩较弱。探望权法律规定的强制措施仅针对直接抚养子女的父或母一方不履行协助义务的情形，并仅采取罚款、拘留等强制措施。由此可见，鉴于探望权自身的独特性，探望权的执行必然具有特殊性。

二、我国探望权的内蕴机制

在现今社会，随着事物的变化发展，没有什么比我们的私人生活——性关系、感情生活、婚姻和家庭更为重要。[①] 每一个婚姻家庭生活的和谐有爱构成了整个国家的安定有序。在这个意义上说，婚姻家庭生活的稳定是人类社会前进的基石和每一个个体前进的动力。在婚姻家庭生活中，父母子女间的亲情是人世间最浓郁的情感之一，亲子关系也是永恒不变的主旋律。亲子关系历来是婚姻家庭法或亲属法的核心部分，也随着时代的演变及社会制度的发展而不断地发生着变化。[②] 现实婚姻家庭生活中的亲子关系需要借助法律的力量来协调与维护，其中，探望权制度日益成为调整亲子关系的一项重要法律制度，它是离婚父母与子女间亲情关系的自然延伸，是离婚父母抚养、教育子女的必要方式，更是父母子女间互通信息、情感交融的必要途径。因此，探望权的行使直接关乎离婚家庭中亲子关系的维系与稳固，与未成年子女的切身利益紧密相关。

我国的婚姻家庭法有其自身的独特性。它本身不是一部单纯用制度搭建起的冰冷法律，它充满着伦理亲情、道德传统、家庭关怀和社会责任。法律制度作为社会的上层建筑由社会的经济基础决定，它的产生、发展必

---

① Arlene S. Skolnick and Jerome H. Skolnick, *Family in Transition*, twelfth edition, Person Education, 2003, p. 17.

② 李志敏. 比较家庭法. 北京：北京大学出版社，1998：209.

然受到社会条件如经济政治、文化传统、风俗习惯等的影响，所以曾宪义教授曾言："不同的文明文化造就了不同的法律制度。"[1] 同样，我国婚姻家庭法中的探望权法律制度也必然与我国的社会经济、政治背景、人伦道德及民族文化具有内在联系。

第一，探望权与经济。

马克思历史唯物主义将人类社会现象划分为两大类：一类是社会经济基础，另一类是社会上层建筑。探望权毋庸置疑属于社会上层建筑，它必然被社会的经济基础决定，与此同时，它也对社会的经济基础起反作用。就经济基础和探望权而言，经济基础是第一性的，是根源；探望权是第二性的，是派生出来的。经济基础对探望权的影响主要表现为探望权会随着生产方式的发展而产生变化。

纵观人类社会发展历史，共形成了五大社会形态。原始社会是最初的社会形态。在农业生产开始之前，人们多以采集、狩猎为生，使生产生活的流动性极大，人类无法长久地定居，因此早先的男女两性结合采杂乱群婚、血缘群婚和氏族群婚的方式。到了原始农业发展的初期，开垦土地、耕作种植逐渐成为人们的生产方式。尽管生产力水平低下，但是人们集体劳动、平均分配，男女双方逐渐形成了共同的经济利益，于是在母系氏族社会出现了多偶的伙婚，它的主要形态是一妻多夫制和一夫多妻制。随后在母系氏族社会晚期，原始农业经济逐渐走向繁荣，石器成为主要劳动工具，人们不仅种植作物，而且饲养禽畜，生活居所相对稳定，由此出现了对偶婚。它可谓是"家庭形态"的雏形，亲属关系也因此发生了显著变化。至此，我们从原始社会婚姻形态的演变中找到了中国家庭的历史起点，并且判断：真正意义上的家庭开始于婚姻史上的对偶婚阶段，其时间相当于考古学上的仰韶文化后期。[2] 由此观之，在原始社会生产力低下、生产方式落后的经济条件下，人类组建家庭才刚刚开始，法律尚未产生，对人们的两性关系和血缘关系都是通过习俗和道德来约束的，亲子关系中的探望权自然无从谈起。

随着奴隶社会的到来，即从夏朝开始，生产方式为奴隶占有制，其主要特点是奴隶主占有奴隶的人身。总体来看，夏、商、西周和春秋时期经

---

[1]　曾宪义. 中国法制史. 4 版. 北京：中国人民大学出版社，2013：12.

[2]　王利华. 中国家庭史：第 1 卷. 广州：广东人民出版社，2007：38.

济得到了发展，社会生产力水平有所提高，如《左传·宣公三年》称："昔夏之方有德也，远方图物，贡金九牧，铸鼎象物，百物而为之备"①。婚姻家庭生活也发生了变化：专制婚逐渐地取代了对偶婚，母权制过渡到父权制。商周时期父系大家庭和家族组织的不断壮大，到春秋时代父系家族公社开始瓦解，个体小家庭逐渐成长起来。宗、家、室等词语在《诗经》《春秋左传》等中已屡见不鲜，这意味着家庭模式从血缘家族的大家庭转向了以直系家庭为主的小型个体家庭，即传统家庭模式初见端倪。在这一时期，家族本位和家父本位盛行。据文献考究，父母与子女的关系中，父母对子女有终身责罚、教育权，父亲较为严厉而母亲较为慈爱。婚姻上多体现为以奴隶主为主导的一夫一妻制，奴隶主可同时占有奴隶和其妻女。总体观之，亲子关系中父母的地位更高，子女的地位微乎其微，探望权无从考证。

进入封建社会后，经济基础是地主土地所有制，以地主阶级剥削农民的剩余劳动为主要特征。在这一时期封建等级森严，统治者实行专制统治以维护封建等级制度和封建剥削制度。在我国，从秦汉开始，家庭规模变小，绝大多数的家庭结构比较简单。但因社会经济地位的不同，上层社会和富人阶级在东汉时出现了"联合家庭"形态，如"兄弟共财""三世同财"的家庭模式在史料中已有记载。而经济基础的变化反映在亲子关系上为男尊女卑、父权至上，强调子女要遵从家长的意志，子女没有独立人格。特别是在我国鼎盛时期的唐代，父母子女关系被明确区分为自然血亲的父母子女关系和法律拟制的父母子女关系。父母与子女在法律地位上被严格区分为尊长和卑幼，唐律用不孝、恶逆等罪名维护父母子女的尊卑有别，在民事法律中规定了家族财产所有制。这时的家庭结构中父母意志被列在首位，"亲本位"思想严重。但仍有进步之处，即使父母离婚也不因此改变自然血亲关系。如《仪礼·丧服》其疏言，"母子至亲，无绝道也"②。由此推知，我国开始注重父母离婚后血亲关系的维护。

在清朝晚期，由于外国侵略势力的入侵，我国沦为半殖民地半封建社会，失去了独立自主的地位，遭受资本主义经济、政治、思想、文化等因

---

① 郑光. 二里头遗址勘探发掘取得新进展. 中国文物报，1992-10-18.
② 周礼·仪礼·礼记. 陈戌国，点校. 长沙：岳麓书社，1989：220.

素的侵蚀。鸦片战争结束后，传统的自然经济逐渐解体。从家庭经济状况来看，一般情况下，财富有利于形成和保持规模较大、结构相对复杂的家庭。① 从亲子关系来讲，家长与子女仍处于不平等的法律地位，家长有对家庭财产的处分权和对子女的教令权、主婚权。子女不得擅自处分家中财产，对婚姻的自主权也受到限制。清律对子孙不孝父母等行为给予明确处罚，而父母杀害不孝子女是可以免罪的。可见，子女在亲子关系中完全处于被服从、被压制的地位，法律中更多地规定子女的义务。在民国时期，伴随着旧家族制度的瓦解，近代工商业兴起并发展壮大，不仅女性的社会地位随着社会法制的不断完善得到了提高，而且子女在家庭中的地位也渐次上升，如"亲子之关系，专为义务的而非权利的，亲不得视其子如货物，责以报酬"；"子女须具自立之人格，勿妄想父母之遗产"②。在南京国民政府建立之初，其法制局曾于1928年起草《亲属法草案》，有82个条文。虽一直未公布、实施，但是这部草案在当时为日后民法亲属编的出台奠定了基础。1928年至1930年南京国民政府起草的民法典各编陆续颁布。作为该法典第四编的亲属编于1930年12月公布，自1931年5月5日起施行，是中国历史上第一个正式施行的亲属法。③ 由此可见，民国时期试图建立起新型的亲子关系，子女与父母之间不平等的地位逐渐缩小。父母在离婚后，也注重对父母子女关系的维护。旧传统的家长权威束缚下的子女地位已然发生了很大的变化。

社会主义社会时代来临后，我国的社会生产力得到了真正的解放，生产关系以生产资料公有制为基础，实行按劳分配。我国在进行经济建设的同时，开始制定各种法律制度。1949年中华人民共和国成立，开始了我国亲属法的新篇章，崭新的婚姻家庭法律制度建立起来。1950年我国颁布了第一部《中华人民共和国婚姻法》（以下简称《婚姻法》），确立了婚姻自由、一夫一妻、男女权利平等、保护妇女和子女合法利益的原则。1980年我国颁布了第二部《婚姻法》，该法集革命传统、社会主义本质与民族特性于一体，以立法的形式在亲子关系方面确立了父母对子女的责任和义务。随后在2001年修订的《中华人民共和国婚姻法》第38条明确

① 余新忠. 中国家庭史：第4卷. 广州：广东人民出版社，2007：55.
② 李平. 新青年之家庭. 新青年，第2卷第2号.
③ 马忆南. 二十世纪之中国婚姻家庭法学. 中外法学，1998（2）.

规定了探望权。该条是我国对探望权的首次明确立法，它的提出弥补了长期以来我国在探望权制度领域的缺失，有利于从亲子情感视角关注父母离婚后未成年子女的成长；同时也用法律警醒破碎家庭中的成员在面对离婚问题时应当更多地关注子女的情感需求和成长状况，而不是仅仅在男女双方的矛盾恩怨中纠缠。至此，调整离婚后的父母与子女间亲子关系的立法渐进形成。随后法律又允许了父母离婚后提起探望子女权的单独诉讼：2001 年最高人民法院《关于适用〈中华人民共和国婚姻法〉若干问题的解释（一）》第 24 条规定，"人民法院作出的生效的离婚判决中未涉及探望权，当事人就探望权问题单独提起诉讼的，人民法院应予受理"。可见，父母、子女已处于同等的法律地位，父母对子女既享有权利也负有义务。

第二，探望权与政治。

政治是个多义词，在不同的文化氛围中政治的含义相差很大。在古希腊人眼里政治与民主、与协商不可分。在现代西方学者眼里政治与法治不可分。在中国，政治最早见于春秋战国时代的《尚书》《周易》《论语》等古籍中。① 政治与法律虽是迥然不同的两种社会事物，但都属于社会的上层建筑，它们共同由特定社会的经济基础所决定。可以说，政治常常与法律紧密联系在一起，"你中有我，我中有你"。从本质来讲，它们是一脉相承、唇齿相依的。在人类社会的历史长河里，每一个个体的生存空间无外乎私人生活和公共生活两个领域，它们共同构成了人们赖以生存的空间，而这些空间的基本的生活逻辑与生存秩序都由政治和法律共同构建而成。不仅如此，社会的自然环境与法律、政治也息息相关，即人类生活与社会发展必然会受到政治和法律的影响。对于政治而言，"法律保障政治权力具有其合法性、正当性和合理性，这对于一个实行宪治的民主、法治国家不可或缺且至关重要"②。而对于法律来讲，"法律和政治的国家性不可分割，法律与政治之间具有非常密切的内在关联。法治存在的意义是使政治法治化，只有将政治纳入法治的理念和制度下，政治的权力才是合法合理且适时适当的，因为法治模型的一个基本特征就是政治意志与法律裁判的

---

① 卓泽渊. 法政治学研究. 3 版. 北京：法律出版社，2018：25.

② 姚建宗. 论法律与政治的共生：法律政治学导论. http://www. aisixiang. com/data/87077. html.

分离。法律被抬到政治'之上'"①。不同的时代背景下，法律对于分配权力和赋予权利均发挥了关键作用。各异的政治统治呈现出内容各有侧重的法律样态，它是政治话语主导下的现实折射，也是社会时代发展变迁的真实写照。

我国每一部法律制度的形成与我国的政治、国情有着千丝万缕的联系，它离不开政治的引导，与此同时，统治阶级的政治利益也会通过法律制度得到传播和实现。② "无论是客观事实上还是内在逻辑上，法律和政治的联系都是客观存在而不是恣意的、人为建立的，其共同连接点就在于它们共同承担起保护社会公共利益和维护人类社会秩序的使命。"③ 任何一部法律的制定都是统治阶级的政治追求在法律层面的集中体现，婚姻家庭法也不例外，因此，可以说，一国的政治发展暗示着该国婚姻家庭立法演变发展的轨迹，引导着婚姻家庭关系相处与发展的方向。"传统中国的政治体制，它本身是借由制度的形式来建立的，是一种由上而下的'专制皇权制'；而当今所谓的'民主法治'，则是一种由下而上的多数民意的制度设计"④。因此，在中国传统社会中，集权政治是中国传统政治的鲜明特点，婚姻家庭立法鲜有尊重个人意志和自由的法律设计，多为传统封建思想和专制统治的法律体现。而在依法治国的社会主义法治社会的背景下，国家政治更多地体现为服务为民，婚姻家庭立法逐渐走向民主、自由，强调权利与义务相统一。探望权制度作为亲子制度的组成部分，必然按照统治阶级的政治需求确立离婚后父母、子女在亲子关系中的地位并规定他们相应的权利和义务，即探望权立法同样是统治阶级的意志在亲子关系中的集中体现，表达立法者对探望权的立法宗旨及立法思想。探望权的法律规定不仅体现了父母子女的法律地位，而且更强调父母与子女关系的保持与发展。

纵观中国古代的历史长河，在奴隶社会中，宗法制度可谓是用来实现阶级统治的一种政治手段；在封建社会中，在承继宗法制的基础上，家长

① P. 诺内特，P. 塞尔兹尼克. 转变社会中的法律与社会：迈向回应型法. 张志铭，译. 北京：中国政法大学出版社，2004：63.

② 卓泽渊. 法治国家论. 4 版. 北京：法律出版社，2018：76.

③ 姚建宗. 法律的政治逻辑阐释. 政治学研究，2010（2）.

④ 黄盛源. 中国法史导论. 桂林：广西师范大学出版社，2014：14.

专制占显著地位。无论是以大家庭为单位的奴隶制宗法制度还是以户为单位的封建制宗法制度，宗法制在政治上始终处于统治地位。它强调子女要孝敬、顺从家长，父祖在家庭中占统治地位并拥有广泛的家长权。《礼记·大学》中记载，"孝者，所以事君也"。《吕氏春秋·览·孝行览》载，"居处不庄，非孝也；事君不忠，非孝也；莅官不敬，非孝也；朋友不笃，非孝也；战阵无勇，非孝也"。统治者认为应当通过子女对家长的孝顺来强调臣民对君主的忠诚与服从，这样才能稳固政权、统领疆土。由此可知，亲子关系的发展与演变无不渗透着不同时代君王的政治愿望和操纵欲望。新中国成立后，婚姻家庭立法的步伐不断加快，于 2011 年首次规定了父母离婚后的探望权制度。时至今日，我国虽仅单一地规定了探望权法律制度，但也充分体现了统治阶级的政治追求，即统治阶级对家庭关系的重视、对弱者利益的保护，寻求达到家庭责任与社会责任的平衡以及期盼家庭和睦、社会安定。

第三，探望权与伦理。

婚姻家庭关系来源于家庭的建立。家庭（familia）原初来自罗马的拉丁文，从 famulus（拉丁文，意为"仆人"）派生出来。[1]《说文解字》中对"家"的解释是："居也，从宀，豭省声。"乔治·彼德·莫道克说道："家庭是有两个获得为社会所批准的两性关系的成年人，还有一个或多个孩子。"[2] 家庭是由一个个的个体所组成的群体，而两性婚姻是家庭产生的起点，由此而产生的血缘关系构成了整个家庭的根基。[3] 我们清晰地发现，家庭的演变历程实则是从确立婚姻到形成血缘的过程。无论家庭形态如何改变，婚姻、血缘关系始终在婚姻家庭中占据最首要地位。[4] 而婚姻、血缘关系既是法律关系又是伦理关系。夫妻之间的婚姻关系、父母子女间的亲子关系都具有浓厚的伦理色彩，亲属法对它们的规范以合乎伦理为适宜且必要。[5] 因此，婚姻家庭关系兼有自然属性和社会属性。婚姻家

---

[1] 张红艳. 马克思恩格斯家庭伦理思想及其当代价值. 桂林：广西师范大学出版社，2015：27.

[2] Bert N. Adams, *The Family：A Sociological Interpretation*, Harcourt Brace Jovanovich, Inc., 1986, p. 2.

[3] 潘允康. 家庭社会学. 北京：中国审计出版社，中国社会出版社，2002：51.

[4] 赵庆杰. 家庭与伦理. 北京：中国政法大学出版社，2008：118.

[5] 史尚宽. 亲属法论. 北京：中国政法大学出版社，2000：5.

庭法本身就是一部融法律、伦理、道德为一体,以构建和谐家庭为终极宗旨的,涉及家庭、人伦、习俗、文化的关系法。黑格尔曾指出,"婚姻是具有法的意义的伦理性的爱"①。婚姻关系、亲子关系本质上就是人伦关系,用法来保护婚姻家庭的稳定与长久,用伦理来约束自己与对方对于爱情、婚姻的责任。这使亲属立法必然显现出尤为浓厚的伦理色彩。马克思在《论离婚法草案》一文中指出,"……尊重婚姻,承认它的深刻的合乎伦理的本质"。"如果任何立法都不能颁布法令让人们去做合乎伦理的事情,那么任何立法更不能承认不合伦理的事情是合法的"②。因此,亲子立法在一定意义上是伦理规则上升为亲属法规范的产物,或者伦理思想虽未上升为法律,却潜移默化地影响着亲属法的内在精神,成为一种隐性的立法指导理念。对亲子制度中的探望权制度的研究,离不开伦理思想的存在。

家庭伦理是法律伦理与精神的重要来源,况且家庭关系与家庭秩序构成了整个社会最基本的关系与秩序。③ 回顾中国的婚姻家庭历史,伦理观念与婚姻家庭生活息息相关。"中国伦理自诞生之日起,无论出于何种考虑,已使家庭成为伦理的始点,且家庭血缘在历史上始终处于特殊的地位。"④ 伦理观念时刻影响着中国人的婚姻家庭生活,并鲜明地体现着时代特征。总体来看,影响我国亲子关系的主要是儒家伦理。儒家伦理的核心是仁。在中国古代历史上找寻,儒家伦理思想可被称为古代亲属法的思想基础。⑤ 它提倡重视家庭伦理,这不仅是古代经济、政治的需求在思想意识形态上的反映,也是推动社会发展和稳定社会秩序之所在。对于现今而言,我们可以以此为参考坐标,掌握、建立新的家庭伦理和道德秩序。⑥

---

① 李桂梅,郑自立. 改革开放 30 年来婚姻家庭伦理研究的回顾与展望. 伦理学研究,2008 (5).

② 马克思恩格斯全集:第 1 卷. 2 版. 北京:人民出版社,1995:349,347.

③ 丁慧. 试论中国亲属法哲学的发展方向:兼与徐国栋教授商榷. 法学杂志,2012 (7).

④ 赵庆杰. 家庭与伦理. 中国政法大学出版社,2008:133.

⑤ 杨大文. 亲属法. 北京:法律出版社,2004:24.

⑥ 李桂梅,郑自立. 改革开放 30 年来婚姻家庭伦理研究的回顾与展望. 伦理学研究,2008 (5).

儒家思想在古籍中多有记载①，儒家的伦理思想影响着整个亲子关系立法的进程。有学者指出，"儒家家庭伦理强调了人类家庭伦理的重要地位，为它提出了一个一般性的，或者可以说是理想化的模式：'父慈子孝、兄友弟悌、夫妻和顺'"②。一方面，儒家思想中的子孝，贯穿于奴隶社会、封建社会及现今社会。先秦时期的"父慈子孝"中更加注重子孝，提出了孝道观，即养亲、敬亲、顺亲、谏亲、忧亲、继亲、祭亲，而法律规定子女对父母的赡养义务是受儒家伦理思想的影响。另一方面，儒家思想中的父慈逐渐发展为父母双方对子女成长的负责。先秦时期的"父慈子孝"中的父慈多体现为对子女的教育。它强调，家庭教育要强调父母的表率作用，重视诚信和道德教育，要"施政于人"。它在法律上发展为父母对子女抚养、照顾的义务。即使是夫妻离婚也不限制父亲或母亲探望自己的子女，不剥夺子女的父爱和母爱。因此，探望权立法也是伦理思想在离婚家庭亲子关系上的集中体现。关于探望权的法律规定，不是简单的法律规范，同时也是极为重要的伦理规范。③ 不可否认，自古以来儒家伦理思想的精髓——以人性为基础、以仁爱为核心、以家庭和谐为宗旨，是不可小视的伦理价值和精神财富。探望权立法自然应当彰显其本旨。

第四，探望权与民族文化。

一个民族必然创造自身文化，该创造出的自身文化又无不凝聚在民族之中，生生不息，源远流长。民族文化实则是意识形态领域对经济、政治的反映，印证着一个民族的历史发展。民族文化与现实社会紧密相连，它既是过去的传统民族文化的继承与延续，也是现代民族文化的延伸与发展。中华文化博大精深，它随着中华民族的生存与发展延绵不断。如"大同""太平"的思想早在战国时代早已有之，后发展为"天下一家，中国一人"的民族文化观。这充分证明了中华民族无论如何发展，历史如何演进，和平、和睦是中华儿女的民族文化。中国的民族观和文化观一脉相

---

① 如《孝经》转引孔子的话说："孝子之事亲也，居则致其敬，养则致其乐，病则致其忧，丧则致其哀，祭则致其严。五者具备矣，然后能事亲。"（孝经. 汪受宽，译注. 上海：上海古籍出版社，2007：51.）

② 李桂梅，郑自立. 改革开放30年来婚姻家庭伦理研究的回顾与展望. 伦理学研究，2008（5）.

③ 柳华文. 儿童权利与法律保护. 上海：上海人民出版社，2009：200.

承，塑造的民族文化影响着中华民族的方方面面。我国法治国家的建立和发展都离不开中华民族传统文化土壤的孕育。在婚姻家庭关系领域，民族文化自然蕴藏其中。"中国和西方社会的差异随处可见，中国传统社会的家庭理念视血亲为基本要素，它所包含的内容是西方国家无可企及的。"①《中庸》第十二章曰，"君子之道，造端乎夫妇"。中华民族传统文化精神，犹如后来之所谓君子之道，亦造端于夫妇。中国古代民族本以"血统"为主要分别，亦即以血统为其主要之结合；而中华民族之主要成分即"生活文化"之重要性又在血统分别之上。②

　　在婚姻家庭领域，中华民族传统文化历历可见。其一，纵览中华民族发展历程，修身、齐家而治国、平天下的民族文化是亘古不变的，这将家庭关系和谐的重要性体现得淋漓尽致。婚姻家庭法和其他法律一样，都不是静止的法律，它是与时俱进、向前发展的。在当前离婚率攀升的社会潮流下，中华民族传统文化以"孝悌"之道平天下已渐进转为"各负其责"而和天下。无论离婚与否，父母对子女的教育、抚养的义务，以及与子女沟通、交流的权利不可替代。家庭关系的融洽折射出整个国家的和平状态，每一个小家的和睦共处反映出中华民族的团结友好。《诗经·周南·桃夭》曰："桃之夭夭，其叶蓁蓁。之子于归，宜其家人。"③ 这正是古代诗人对家庭成员间和睦相待的美好描绘。家庭和睦、国家安定是中华民族的恒久追求。其二，中华民族文化将"仁、义、礼、智、信"称为五常，其中，"信"在《说文解字》中被解释为诚。被誉为"六经之首""三玄之冠"的《易经》早有对"孚（诚信）"的叙述④，"信"在中华民族传统文化中的地位可见一斑。婚姻家庭关系中夫妻间的相处也是建立在互信的基础上，即使离婚了对于子女的抚养与探望问题双方也应本着真诚相待、互信互利的态度维系亲情关系，促进与子女间的融洽相处。反之，若夫妻双方以自私自利为始终，婚姻家庭必将破裂且殃及子女，最终陷入子女抚养与探望争端的难堪境遇。显而易见，"信"一直以来作为中华民族传统

---

① 赵庆杰. 家庭与伦理. 北京：中国政法大学出版社，2008：118.

② 钱穆. 民族与文化. 北京：九州出版社，2012：4.

③ 诗经. 王秀梅，译注. 北京：中华书局，2015：12-13.

④ 梁慧琳，管桂翠，陈辉. 浅析中建五局"信·和"文化的理论渊源. 经营之道，2012（21）.

文化的精髓与核心之一，是人类交往的根本保障，它同样对婚姻家庭关系的发展发挥着不可估量的作用。其三，中华民族传统文化中的人文精神是一脉相承的。孟子提出的"人性善"主张是中华民族传统文化中人文精神的重要体现。《易传·系辞传下》第五章云："天下同归而殊途，一致而百虑"，凡属人道，当一致同归在此"善"字上。① 人性向善，方与人为善。法律设立的目的就是惩恶扬善，弘扬人性善的法律是良法。"抑恶扬善，法的价值追求；善，法的重要价值目标"②。在婚姻家庭领域，"善"要求夫妻双方本着善良之心善待、尊重彼此，平等、友善相处。如因感情破裂而无法继续婚姻生活，夫妻双方也应出于善意妥善地处理子女抚养和财产分割等离婚问题。中华民族传统文化中的"人性善"思想不仅引导了古今中国的婚姻家庭观，而且业已成为化解夫妻纠纷矛盾的关键"元素"。

三、探望权的功能展现

雷蒙德·弗思认为，"社会结构中真正的三角是由共同情操所结合的儿女和他们的父母"③。这句话道出了三角理论中的家庭关系，即家庭关系包括了横向夫妻关系和纵向亲子关系。而纵向亲子关系在家庭关系中占据了最主要的地位。④ 在婚姻家庭关系中，相比较而言，婚姻关系是家庭成立的基础，它比亲子关系产生时间早，但婚姻关系会因男女任何一方失踪或死亡而结束，也会因感情破裂而终结，其稳定性似乎稍纵即逝；而亲子关系是与生俱来的，源于割舍不断的血缘亲情，并长久存续。因此，亲子关系的存在能够起到维持夫妻感情、稳定家庭、延续家事、不绝祖祀的作用。从这个意义来讲，亲子关系比夫妻关系更为重要且牢固。实际上，离婚会对未成年子女的身心造成不同程度的伤害是不争的事实。美国学者的研究表明：生活于单亲家庭中的孩子身心健康状况较差。这并不奇怪，因为生活在正常婚姻家庭状态下的孩子可以同时得到父母双方为其提供的

---

① 钱穆. 民族与文化. 北京：九州出版社，2012：36-37.
② 刘斌. 法治的人性基础. 中国政法大学学报，2008（2）.
③ 雷蒙德·弗思. 人文类型. 费孝通，译. 北京：商务印书馆，1994：78.
④ 朱强. 社会学. 武汉：华中科技大学出版社，2012：32.

物质、情感、精神上的支撑。① 生活在离婚家庭中的孩子相比家庭和睦环境中成长的孩子总会或多或少地失去与父或母的沟通和关爱，或者不能够及时有效地得到父或母的教导、帮助、关心。生活在离婚家庭中的子女成长状况的好坏在很大程度上取决于离婚后父母对子女的情感关怀、心理安慰以及物质、经济上的支援程度。这种父母给予子女的一切及父母对子女所发挥的作用是其他任何人都无法替代的。一方面，从探望权法律制度来看，探望权制度实现了离婚后不直接抚养子女的父或母与子女继续保持联系的愿望，竭力为离婚家庭中成长的孩子营造充满父母双方关爱的氛围。另一方面，从人们价值观念的变迁来看，在现代社会，人们愈来愈注重对应有权利的保护及对人权观念的提倡。探望权作为父母子女之间关涉子女成长与发展的重要权利，需要通过立法加以确立和规范。因此，探望权制度是维系和保护亲子关系不可或缺的一项重要法律制度。

探究探望权的功能是研究探望权制度的内容之一。总体而言，探望权制度的设立不仅是我国宪法赋予公民的合法权益在婚姻家庭领域的具体体现，也是我国民事法律制度中针对未成年人成长予以保护的必不可少的法律规定。家庭是未成年子女成长的最基本生存场所，也是父母对子女进行教育、引导、关爱、帮助的"集中训练营"。父母关系破裂不仅导致婚姻家庭生活的终结，也导致子女的成长环境发生了无可预期的改变，还导致父母双方对子女的关爱、教导等悄然地发生着变化。因此，探望权制度的确立，是我国亲权制度日臻完善与逐步发展的象征，更是为弥补父母感情破裂导致离婚而造成无辜子女亲情缺失所作出的法律努力。但是，由于该制度在我国的立法起步晚，时间短且经验欠丰富，法律规定尚不完善，其具有的功能价值往往被忽视。但随着社会发展的日新月异、家庭中亲子关系冲突的复杂多变、人们价值观的逐渐改变，人们对探望权制度提出更高的要求自不待言。因此，在探望权制度从设立向成熟迈进的进程中，十分有必要阐明探望权的功能，这有助于我国探望权制度朝着先进的立法方向发展。

任何法律制度设立都会发挥其应有的功能，并且，法律制度的功能也会随着社会的进步、时代的变迁及现实的需求而不断地发生变化与更新。

---

① 安东尼·W. 丹尼斯，罗伯特·罗森. 结婚与离婚的法经济学分析. 王世贤，译. 北京：法律出版社，2005：116.

探望权制度为众多法律制度中的一项，单从法律制度本身出发，总体而言，其有三个方面的功能即法律功能、社会功能和司法功能。

首先，从法律功能视角观察，探望权制度的发展有利于我国民法典之婚姻家庭编的充实与完善。

新中国成立以来，我国在婚姻家庭关系领域从未制定过一部专门的亲属法，调整亲属关系的法律主要散见于多部单行法之中，如婚姻法、收养法、妇女权益保障法、未成年人保护法、母婴保健法、人口与计划生育法等。这种长久以来分散无序的立法模式使我国婚姻家庭立法杂乱无章，无法使婚姻家庭法本来的法律功能发挥效用。[①] 2001 年修订的《婚姻法》首次规定了探望权制度，在调整离婚后父母子女关系的立法上向前迈进了一步，但因其规定得单一抽象，缺乏可操作性，已不能适应现代社会越来越复杂多样的现实，也无法满足单亲亲子关系的需求。2020 年我国《民法典》问世，《民法典》的内容完善前所未有，丰富程度蔚为壮观。婚姻家庭编作为民法典中的重要一编，全面地调整和规范了婚姻家庭关系。婚姻家庭编中的每一项制度都应当与时俱进，结合当前的实际婚姻家庭生活制定先进的法律制度。对探望权而言，在婚姻家庭法回归民法的立法趋势下，我国婚姻家庭编的全面制定也给探望权立法的完善提供了有利时机和充分机会。虽探望权制度在我国《民法典》婚姻家庭编中找到了应有的地位和合理的立法设计，但在《民法典》婚姻家庭编框架下应尽快完善关于探望权的司法解释。将探望权制度放在离婚一章中，即在离婚一章中充分地体现。关于探望权的司法解释应当对探望权的定义、内容、执行、救济等作出全位的完善。这是充实、丰富我国探望权制度的内容的重要任务之一。

其次，从社会功能视角出发，探望权制度的发展有利于调整现实生活中家庭解体后子女与亲属之间的关系。

改革开放以来，我国人民的物质生活水平得到了显著提高，但与此相伴随，婚姻家庭生活出现了诸多问题，夫妻之间的矛盾导致家庭关系的脆弱，进而引发持续上升的离婚率。"离婚危机"是我国当代社会需要正视的社会疑难问题。父母离婚，不仅仅是一个家庭解体的家内事，而且也是动摇社会稳定根基的潜在隐患。"中国式离婚潮"带来的不仅仅是单纯的财产分割纠纷，更重要的是子女抚养、教育的责任分担以及如何保证孩子

---

① 李洪祥. 我国亲属法应当回归未来民法典. 吉林大学社会科学学报，2011 (2).

在和谐的家庭氛围中健康成长的问题。在当前财富丰盈、物欲膨胀的时代，人与人之间的情感交流，尤其是父母子女间的情感关怀弥足珍贵。探望权制度的设立正是为了保证家庭解体状态下父母子女关系的持续良性发展。它保障了夫妻离婚后不与子女共同生活的一方仍继续行使对其子女抚养和教育的权利和义务，这也是促使亲权顺利实现的有力途径。探望权制度的完备对于调整离婚后父母与子女关系的新常态以及子女与祖父母、外祖父母等其他亲属的关系具有非同小可的意义，因为子女的成长和亲子关系的维系都直接关系着子女与家族之间的关系发展。无论是处于正常婚姻家庭状态下的子女还是处于非常态婚姻家庭状态下的子女，都应当得到父母及其他亲属的关怀和帮助，因子女的健康成长不仅关乎其个人的命运发展，更关涉着人才培养、国家兴衰与民族延续。

最后，从司法功能视角而言，探望权制度的发展有利于指导当前我国探望权司法审判。

家庭是社会的缩影，是人类社会的组成细胞。近年来，离婚所带来的子女抚养权归属与对子女的探望问题已日益成为司法审判关注的焦点。新型探望权层出不穷，婚姻家庭关系的复杂多样，凸显我国探望权制度的存在与发展愈来愈重要。立法服务于现实，一项法律制度制定得是否科学、合理需要通过司法实践反复检验，探望权制度亦是如此。从我国已有的涉探望权纠纷的司法实践来看，由于探望权自身的独特性和探望权法律规定的简单化，关于探望权纠纷的司法审判存在诸多困难。不仅离婚父母探望权的行使"步履维艰"，而且日益出现的新型非常态婚姻家庭中的探望权也无法得到实现。现实生活中最为常见的是已经脱离夫妻关系的男女双方为宣泄愤怒、表达不满情绪等而阻碍探望权的行使。离婚父母是否能够顺利地探望子女，探望权的主体是否包括其他近亲属，除离婚情形外其他非常态婚姻家庭状态下父母是否可以行使探望权，法院在探望权执行过程中是否可以采用强制措施，探望权救济措施运用的正当性，等等，已是当前司法审判面临的迫在眉睫的疑难问题。探望权司法实践是法律效果的直接体现，更是社会效应的全面显现。探望权理论研究唯有从司法审判的反复实践中吸取经验、不断完善，才能有效地弥补探望权制度的缺憾，制定出完善、合理的探望权制度，为当前探望权纠纷的司法审判提供行之有效的法律制度保障和先进、科学的法律思想指引。

任何法律制度都有其自身独特的功能。"每一种事物都有自己的功能，不同的事物有不同的功能。"① 探望权法律制度也独具其功能。就探望权本身而言，可以从宏观层面和微观层面两个角度予以分析。就宏观层面而言，探望权制度具有保护弱者利益、维护亲子关系、实现家庭和睦以及促进社会和谐的功能。

第一，保护弱者利益：保障未成年子女的健康成长。

家庭关系中，未成年子女处于弱者的地位。通常情况下，孩子自出生之日起，便离不开父母的关爱。幼小的孩子需要在父母的关心与呵护下成长，在父母的引导和培育下发展。完整的家庭给未成年子女的生理发育和心理健康带来了无微不至的关怀爱护与不可替代的力量支撑。相反，缺失父或母任何一方的关爱都会给孩子带来心理上的阴影，往往会导致子女的人格缺陷和性格古怪。拉德布鲁赫曾指出："人类的任何行为，包括犯罪，都是性格和情况或者说个性和环境这两个因素的产物。"② "美国儿童心理学家索克说：'对于孩子而言，父母的离婚带来的创伤仅次于死亡'。据统计，有近1/2的犯罪少年来自单亲家庭、继亲家庭和婚姻动荡家庭。"③ 离婚必然会使不与子女共同生活的父或母一方无法在第一时间最直接地与子女进行接触和交流，导致亲情的疏远与陌生。而父或母的再婚，常常引起子女对父或母的反感与憎恶。我国的探望权制度以有利于未成年子女成长为基点，尽力为孩子营造完整和谐的家庭氛围，减轻家庭破碎对孩子幼小心灵的冲击。约翰·罗尔斯是著名的哲学家、伦理学家，他提出的正义论影响甚大："期望达到事实上的平等，就要打破形式上的不平等，因为对事实上不同等的个人使用同等的尺度必然会造成差距。"④ 因此，探望权制度的设立是对未成年子女的倾斜保护，正是对处于非常态婚姻家庭状态下的不同主体采用不同的标尺予以法律保护的制度设计。它是法律赋予未成年子女的探望亲生父母的权利，是为了最大限度地保护在非常态婚姻家庭生活中的未成年子女的利益。

---

① 周旺生. 法的功能和法的作用辨异. 政法论坛，2006（9）.

② 拉德布鲁赫. 法学导论. 米健，朱林，译. 北京：中国大百科全书出版社，1997：93.

③ 陈浩然. 理论刑法学. 上海：上海人民出版社，2000：108.

④ 约翰·罗尔斯. 正义论. 何怀宏，荷包钢，廖申白，译. 北京：中国社会科学出版社，1988：25.

　　第二，维护亲子关系：保障父母的正当权利和义务。

　　父母与子女的血亲关系自子女出生便自然产生，这种血浓于水的亲情关系不会因任何事由而割断。我国《民法典》明确规定父母对子女抚养教育的权利和义务不因离婚而终止。《民法典》第1084条第1款规定，"父母与子女间的关系，不因父母离婚而消除。离婚后，子女无论由父或母直接抚养，仍是父母双方的子女"。为确保父母对子女享有的权利和应尽的义务得到实现和履行，法律规定了探望权制度。也即我国探望权制度的设立是为了亲子关系的延续：为非常态婚姻家庭中，尤其是离婚家庭中成长的孩子与父母搭建起一座进行情感沟通的桥梁，为不直接抚养子女的父或母提供了与自己子女相处的途径，为父母子女亲情关系的延续与发展提供了有力的法律保障。探望权制度的确立，一方面，为避免现实生活中父母一方以藏匿、阻挠等方式拒绝让未与子女共同居住的另一方与子女见面、接触的现象提供了正当法律保障；另一方面，也为离婚父母通过探望子女继续履行父母对子女应尽的义务提供了相应的法律依据。不与子女共同生活的父或母可按照约定在规定的时间内以适当的方式探望子女，在满足其对自己孩子的亲情需求的同时，也使其自身的亲权实现。因此，探望权制度的设立不但消除了很多离婚父母的思子之痛，而且也增强了父母对子女履行监护义务的责任感。

　　第三，实现家庭和睦；调和家庭矛盾，维护亲情关系。

　　在现代社会，追求个人自由是人们崇尚的法律理念之一，体现在婚姻家庭领域便是结婚自愿离婚自由。离婚使感情确已破裂的夫妻以最直截了当且合法合理的方式结束婚姻，它被认为是夫妻解散唯一且便捷的途径。但离婚也随之带来了夫妻双方之间的矛盾甚至仇恨。离婚后，夫妻各自的内心不平和敌对情绪自然而然地发泄在对孩子的探望问题上。现实生活中，数不胜数的离婚夫妻上演了不允许对方接触孩子的"抢夺子女战"。这不但加深了离婚夫妻之间的矛盾，而且使子女对亲生父母产生了怀疑、埋怨甚至怀恨的心理。然而，一个家庭本应当懂得自己的目标，一个家庭的目标应是增进每一位成员对幸福的追求，由此保持他们的人性、智力和经济能力，每一个家庭应当决定和定义属于自己的人生观。① 离婚不但导

---

　　① James E. and Hughes JR.，*Family Wealth：Keeping it in the Family*，Bloomberg Press，2004，p. 43.

致一个家庭的解体，更使家庭中的成员，尤其是处于弱者地位的未成年子女，受到打击。未成年子女在父母结束婚姻关系的状态下始终处于最无辜且最无助的境遇，耶鲁儿童研究中心主任阿尔伯特·李尔尼特说，"离婚是威胁儿童的最严重和最复杂的精神健康危机之一"①。2001年修订的《婚姻法》增设探望权，规定探望的时间、地点、方式等由父母双方协商一致。这是法律要求父母双方在对子女的探望问题上共同协商，引导父母双方放下对彼此的负面情绪以考虑子女的利益为目标而达成妥协。它不仅平衡了父母双方的利益，而且也使子女有更多的机会感受父母的关爱。探望权的行使在某种程度上改变了传统的"不成夫妻则是仇人"的观念，并为弥合父母之间的矛盾、调和彼此之间的不满作出了积极的努力。探望权制度促使离婚夫妻为了自己的子女作出让步：谅解对方、平息怒气、化解矛盾、关注子女，以给予子女温暖的成长环境，实现亲情关系的和睦友好、亲情关系的长久持续。

第四，促进社会和谐：稳定家庭关系，维护社会秩序。

未成年人是一个民族振兴的希望，是一个国家前进的动力。对未成年人的保护不仅是父母的责任、家庭的责任，也是整个社会肩负的共同使命。在人类诸种感情中，亲子之情乃是最为强烈的一种。② 即使父母离婚，亲子之情仍延续发展，不与子女共同生活的父或母仍需要与子女保持亲密无间、感情相融的关系。亚当·斯密曾试图将协调社会舆论与公共利益的功能托付给立法者③，因此，立法肩负着引导社会向和谐友爱、善意利他的方向发展。法律规定探望权制度是使家庭破裂的亲子关系继续保持且良性发展的有效途径，是国家将不稳定的家庭成员纳入有序的社会运行当中的法律保障。探望权的行使以尊重他方的权利为前提，探望权的实现以友好相待和诚实守信为基础。探望权的行使有助于加强社会成员对抚养、教育子女的责任意识，是竭力增进不与子女共同生活的父或母与自己子女间的亲情交流的捷径，有助于子女在身体健康、心情愉悦、亲子感情融洽的环境中生活。探望权制度对于离婚家庭的亲子关系发挥了不可替代

① 王延平. 西方社会病. 北京：人民日报出版社，1992：147.
② 刘引玲. 亲属身份权与救济制度研究. 北京：中国检察出版社，2011：249.
③ 唐纳德·温奇. 亚当·斯密的政治学，褚平，译. 南京：译林出版社，2010：168-170.

的功能：它不但能够使子女在幸福温暖的氛围中成长，而且营造了和谐温馨的家庭环境，创造了安定有序的社会秩序。婚姻家庭关系的稳定或破裂，不仅涉及夫妻、子女及家庭成员的利益，也直接或间接地关系着社会公共利益，影响着社会的稳定和谐。[①] 只有家庭和睦友爱，才能使社会长治久安、国家繁荣昌明。

从微观层面来讲，对探望权的功能可以从两个层面来分析：一是满足亲子之间的情感融合、心灵慰藉，二是增进亲属之间的亲情满足、情感联络。

其一，满足亲子之间的情感融合、心灵慰藉的功能。家庭是人生的第一课堂，父母是子女的第一位师长，家庭教育在孩子成长过程中起着无法估量的作用。任何人都不希望脱离家庭而成长。子女在父母的正确引导和教育、关心与呵护下，心智和身体得到全面的发展。然而，婚姻关系的终结会给未成年子女带来无形的伤害。当父亲或母亲不与子女共同生活时，子女在不完整的家庭环境里生活，在缺失父母一方爱意的环境里成长，必然会使幼小的心灵遭受冲击，而且，年幼子女在成长过程中长期处于家庭失衡状态，有可能人生观、价值观及个人性格发生扭曲。这些很可能使子女以消极、悲观的态度去认识世界、看待社会，为社会的不稳定埋下隐患。与此同时，父母不能与自己的子女进行沟通和接触，不仅无法实现自己对孩子的照顾与爱护，无法肩负起父母责任和家庭责任，而且其心灵深处也会陷入孤寂、空虚甚至痛苦的境地，性情走向极端。因此，探望权的行使对父母和子女有所裨益，使亲权在离婚家庭中顺利实现，保障了父母与子女的合法权益：一方面，可以使子女感受到亲情的爱意，减轻家庭破裂带来的伤害，慰藉子女的幼小心灵，使其感受到完整的来自父亲和母亲的共同关怀；另一方面，也可减轻父母对子女的愧疚与自责，尽量消除与子女之间的隔阂与生疏，拉近彼此之间的感情和距离，力求达到心灵交会和情感交融的美好境界。

其二，增进亲属之间的亲情满足、情感联络的功能。我国是注重亲情伦理的国家，家在每个人心目中占据了核心地位。"在中国人的观念意识深处，家的概念范围较小，是两代或三代人共同居住、共同经营与生活的亲

---

① 夏吟兰. 对离婚率上升的社会成本分析. 甘肃社会科学，2008（1）：27.

属团体"①。"亲属基础是亲子关系，父母子是最小的三角单位，在家庭基础上形成了庞大的家族结构"②。自古以来，中华民族的家族意识、家庭观念根深蒂固，一个家族中的家庭成员之间的情感往往更为亲近。亲子关系是人与人之间最为亲密的关系之一，亲子之情是人世间最真挚的情感之一。夫妻关系的破裂，意味着父母子女组成的家庭结构的解体，但并不代表父母与子女之间的亲子关系以及父母双方家族中除父母以外的其他血亲亲属与子女之间的亲情关系就此终结。子女与父母双方家族成员之间的关系是永恒存在、无法割舍的。尤其在当代社会，许多家庭中祖父母与孙子女、外祖父母与外孙子女之间的情感依赖并不逊色于父母与子女之间的感情关怀。通常情况下，与子女共同居住的父或母一方是子女的直接抚养人，其所在的家族与子女接触不存在阻碍，而不直接抚养方的亲属则与子女见面存在困难。探望权制度正是为了竭力消除不直接抚养方及其亲属与子女见面的障碍，实现子女与不直接抚养方及其亲属之间自由地接触与沟通。由此而知，探望权制度的设立为不与子女共同居住的父或母及其有血缘关系的亲属与子女见面交流提供了法律依据，为子女与相应亲属间长期保持联络提供了法律保证。探望权的实现将浓烈的亲情需求与热切的亲子之情彰显殆尽。

综上所述，婚姻关系的存续或破裂，兼具两种属性即自然属性和社会属性，因为它既是个体权利的行使，也是社会功能的展现。此外，婚姻关系作为社会关系中的一种，它的社会属性尤为明显。迄今为止，人类文明社会中的婚姻已不仅仅是私人自然本能的流露，它同时肩负着人类社会的传承功能：繁衍生命、养老育幼、维系伦理亲情、培育子孙后代。探望权是人类文明发展的体现，是民族民主形象的展现，也是国家人权理念的呈现。探望权制度是非常态婚姻家庭，尤其是离婚家庭中未成年子女健康成长和亲情延续发展的法律保障。探望权制度既继承中国传统又适应时代精神，既伸张子女权利又体念父母之心。在彰显个人权利和提倡人权理念的时代，每个个体的权利都应当受到平等的对待，忽视任何个体的权利都是有悖于法治社会理念的。探望权作为婚姻家庭关系中的一项权利，是实现家庭成员利益的必要且有效途径。探望权制度在众多的民事法律制度中虽看似微不足道，实则举足轻重。我们应当正视探望权制度在我国婚姻家庭

---

① 瞿同祖. 中国法律与中国社会. 北京：商务印书馆，2010：3.

② 费孝通. 乡土中国 生育制度 乡土重建. 北京：商务印书馆，2011：43.

法中的"一席之地":它关系着父母子女之间亲情的发展与家庭关系的和谐,它彰显着一国的人文关怀与恤幼理念,它影响着国家秩序的整体稳定与未来人才的家庭培养。

第二节 探望权的历史沿革

一、探望权的历史追溯

哲学家亚里士多德曾深刻地指出,"一个人对一切事物不论是对国家还是对别的什么,思考到它们最初的成长和起源,就能对它们获得明确的概念"[1]。对探望权进行历史追溯,有助于更准确地把握探望权的本质和发展我国的探望权制度。探望权是现代亲权的产物,亲权存在于父母子女关系之中,亲权是规范和保护父母对子女的权利与义务的重要内容。因此,对探望权的历史追溯,最早可溯源于亲权。亲权这一概念最早起源于古罗马法和日耳曼法。亲权是指"父母对未成年子女人身和财产的管教、保护的权利和义务"[2]。亲权的早期形态表现为古罗马法的家长权(patria potestas)和日耳曼法中的父权(Mundium,Munt,Mund)。[3]

古罗马法是闻名遐迩的世界性法律,它征服世界各国绝非偶然。古罗马法中的法理根基及制度设计所带来的影响从古至今都未曾褪色。古罗马法在其人法编中对家和亲属以及家长权都有严谨详尽的法律阐述。古罗马法是典型的家族本位,"罗马家庭里有多少代人在一个人的权力之下共存,就将多少代人聚在一起"[4]。家(domus,familia)初指家长权之下的一切人和物。[5] 古罗马法中的家长权有广义和狭义之分。广义家

---

① 魏琼. 民法的起源. 北京:商务印书馆,2008:1.

② 林菊枝. 亲属法专题研究. 台北:五南图书公司,1985:139.

③ 古罗马法中的家长权有支配权利之意义,日耳曼法中的父权有保护权利之意义。史尚宽. 亲属法论. 北京:中国政法大学出版社,2000:656.

④ 安德烈·比尔基埃,克里斯蒂亚娜·克拉比什-朱伯尔,玛尔蒂娜·雪伽兰,弗朗索瓦兹·左纳邦德. 家庭史. 袁树仁,姚静,肖桂,译. 北京:三联书店,1998:296.

⑤ 周枏. 罗马法原论:上册. 北京:商务印书馆,2014:151.

长权是指家长不仅对家庭成员而且对奴隶、牲畜及一切财产享有占有、支配的权利。狭义家长权是指家长仅对家庭成员享有占有、支配的权利，突出男性市民的自权人地位。① 由此可见，在古罗马法上家父（pater familias）始终处于一个家庭的核心，家父的家长权范围极其广泛，包括人身、财产、行为，甚至能够决定家庭成员的生死。家长权的取得比较广泛，主要源于婚生子女的出生、对他人子女的收养和对非婚生子女的认领。② 家长权具有绝对权威性、终身享有性和排他性。"家父的对称是家子，包括家庭中的其他任何成员，即妻、子、女以及子妇、孙子女"③。"受家长权支配的家子不被视为权利主体，他们的私法行为都仅仅对家父产生效果：如家父会为受其支配的家庭成员提供资金，家庭成员可使用家父提供的资金（peculium，也称零用钱）进行交易等，但家父同时也有随时收回或减少资金的权利"④。子女作为家庭成员之一，受家长权的绝对支配，子女对家长权是不可违抗的。家父在家庭中虽享有绝对的家长权，但并不承担相对等的义务。家父的家长权只要是在古罗马法的规定之下行使，国家便无权干涉。可见，家父的家长权在一个家庭中具有绝对的权威。家长权不仅具有对子女的生死之权（Jus Vite Necisque），而且拥有财产的最终所有权。家长权是以家父的利益为出发点，表现出家父对一切事务的支配与专断。因此，家父在一个家庭中占有权威地位，其在家庭中是最高统治者。古罗马法中早期的家长权专断与残酷，最终为父权所取代。古罗马法发展至《法学阶梯》时，家长权已受到约束与限制，父亲、母亲同等享有此项权利，并改称为父权。自此，家长权为父权所取代。⑤

---

① 王丽萍. 亲子法研究. 北京：法律出版社，2004：11. 古罗马法上有三个关于人的概念：homo、caput 和 persona。Homo 指生物学意义上的人，是法律上人的先决条件；caput 指权利义务主体，表示法律上的人格；persona 表示某种身份，如家长、官吏、监护人等身份。在古罗马法上一个人需要具有自由权、市民权和家族权三种身份，成为完全的权利义务主体，才能拥有法律上的人格，成为自权人。周枏. 罗马法原论. 北京：商务印书馆，1994：115-116.

② 周枏. 罗马法原论：上册. 北京：商务印书馆，2014：171.

③ 杨立新. 人身权法论. 北京：人民法院出版社，2002：804.

④ 孟文理. 罗马法史. 北京：商务印书馆，2016：20.

⑤ 朱晓娟，戴志强. 人身权法：原理·规则·案例. 北京：清华大学出版社，2006：29.

　　日耳曼法多以习惯为基础，对西方法律的发展和进步起着不可磨灭的奠基作用。日耳曼法、古罗马法和教会法被称为西方法律的基础渊源。虽然日耳曼法从某种程度上说无法与古罗马法相提并论，但日耳曼法在近现代欧洲的法律文明史上是浓墨重彩的一笔。日耳曼法是典型的团体本位，"以身份拘束为立法主旨"，相比古罗马法的抽象，其显得更为具体。[①] 日耳曼法主要依习惯而形成，鲜有成文法典。在日耳曼社会中，家庭结构通常为小家庭模式，即由父、母、未成年子女等组成，贵族家庭中的家庭成员还有奴仆、受雇人等。日耳曼法中父权的内容与古罗马法中家长权的内容虽大致相同，但仍有所差别。日耳曼家庭中的尊长享有父权，父亲自然享有父权。一个家族中，母亲及子女在父权统治之下。依日耳曼法，父亲对子女的权力是将对母亲之权力的扩张，及于子女。[②] 早期父亲享有绝对权威，父亲对子女享有生杀大权，如遗弃出生之子女，在子女长成之后放逐出卖，主宰子女婚姻；子女的侵权行为由父亲承担责任，除非父亲能够证明其已经尽到监护义务且没有懈怠履行或者父亲已将其子女逐出家门才可免责等。但随后这一权利因为国家权力的确立而有所受限，即父亲只可以处罚子女（包括身体上的侵害），但不得随意剥夺其生命；在子女婚姻上父亲对子女的婚配对象不拥有决定权只可选择同意或不同意；在子女的职业选择上父亲有决定权，子女的劳动所得属于家庭，其不能私自享有；当父亲同意子女享有一定的财产时，子女对享有的财产有相对独立的权利，可对财产使用、管理、收益但无权处分；子女对其侵权行为往往以其个人财产为限承担民事责任。与此同时，虽然母亲对子女有监督教育之责，但仍无母权一说。由此可见，日耳曼法中的父权体现了子女的利益。与古罗马法中的家长权相比，日耳曼法规定了父亲对权利的行使、对义务履行要受家庭、氏族、公社的约束，父权以父亲对子女的保护权为重要内容。[③]

　　总体观之，古罗马法和日耳曼法是不同历史条件的产物，它们深深根

---

　　① 李宜琛. 日耳曼法概说. 北京：中国政法大学出版社，2003：11.

　　② "父对子之权力，仅限于服从夫权之妻所生之子女，为夫之父，始取得权力；其母如不服从夫权，而服从他人之权力（例如母之父），则所生之子女，即置于他人权力之下。反之，嫡出之子（适法之妻所生之子），固以入父之家，服从父权为原则。然亦不必尽然。"（李宜琛. 日耳曼法概说. 北京：中国政法大学出版社，2003：187.）

　　③ 郭静. 亲权制度研究. 开封：河南大学出版社，2008：5.

植于当时特定的经济政治、传统文明、习俗文化及其他因素的土壤之中。古罗马法和日耳曼法在法律形式上虽是迥然不同的两部法律——古罗马法气势宏伟，是世界性的法律，以个人主义为本位，彰显个人意志自由；而日耳曼法形态古朴，是地方性的法律，以团体主义为本位，突出强调个人身份，但它们共同赋予了现代亲权的精髓，无疑对亲权理论及其法律制度的形成和发展具有重大意义。古罗马法中的亲权多表现为家父对子女的占有支配权，日耳曼法中的亲权以家长对子女的保护为重，这对现代亲权制度有所启示。随后，大陆法系的亲权制度由古罗马法中的家长权和日耳曼法中的父权逐渐演变而成；英美法系则形成大监护制度，即父母对未成年子女的监护与父母之外的人对未成年子女的监护相统一。至此，大陆法系的亲权制度与英美法系的大监护制度彼此冲突又相互融合，长期共存且共同发展。

（一）大陆法系亲权的历史发展

大陆法系近代法律体系的根基是古罗马法。亲权在大陆法系是作为一项独立的法律制度而存在的，监护为亲权的补充，对亲权和监护分别立法。亲权的表述在各国语言中各不相同，法国法上由 puissance paternelle（父母权力）修订为 autorite des Pere et mere[1]（父母职权），德国法上称为 elter-liche gewalt，是亲权或父权[2]，其意思均为父母权力或父母权能，其内在本质是指父母基于身份关系对未成年子女的权利和义务。因受到日耳曼法的影响，德国、法国、日本等国家的亲权制度多体现为对子女利益的保护。

1. 法国

于 1804 年通过的《法国民法典》是世界上第一部资产阶级民法典。该法典在第一编"人"第九章专门规定了亲权。第九章包含第 371 条至第387 条，共 17 个法律条文，分两节规定了与子女人身相关的亲权和与子女财产相关的亲权。[3] 这些规定表明：亲权由父亲单独行使，带有父权的

---

① 马忆南.婚姻家庭继承法学.北京：北京大学出版社，2007：160.

② 王丽萍.亲子法研究.北京：法律出版社，2004：19.

③ 第372条规定，子女在成年或亲权解除前，均处于父母权力之下。第373条规定，婚姻关系存续期间，亲权由父亲单独行使。第374~375、384条规定，子女人身、财产均由亲权人控制、支配，亲权人有权管理未成年子女的财产，对其财产享有用益权。第376~377条规定，父亲有权请求将未成年的或解除亲权之前的子女加以拘留。拿破仑民法典（法国民法典）.李浩培，吴传颐，孔鸣岗，译.北京：商务印书馆，1979：41.

绝对支配权的特点，是父本位的集中体现。日耳曼习惯和古罗马习惯无不渗透着父亲的绝对权威和男性的特权地位。① 正所谓 1804 年《法国民法典》的家族法是大革命时期的产物，封建父权思想浓厚。它一方面提倡个人主义，另一方面注重保护家族利益。② 随着时代的发展，《法国民法典》顺应法国政治、经济、社会的新发展，经历了多次修改，第一编第九章亲权部分也几经完善，如根据 1970 年 6 月 4 日第 70—459 号法律，修订了第 371—2 条，规定，"保护子女之安全、健康与道德品行之权力属于父与母；父与母对其子女有照管、监督、教育的权利与义务"③；根据 1993 年 1 月 8 日第 93—22 号法律，修订了第 372 条，规定，"父母双方在婚姻期间，共同行使亲权"④；根据 2002 年 3 月 4 日第 2002—305 号法律，修订了第 371—1 条第 1 款、第 2 款及第 3 款，规定，"亲权是以子女的利益为最终目的的各项权利与义务的整体"（第 1 款），"父母，直至子女成年或者解除亲权，均应当保护子女的安全、健康与道德，确保其教育，使子女能够得到发展，人格受到尊重"（第 2 款），"父母应当按照子女的年龄与其成长的阶段让子女参与涉及他的决定"⑤（第 3 款）。这明确表明了亲权的立法目的是保护子女的成长和发展。在子女的成长阶段赋予子女参与自己事务的决定权是法国亲权制度的特色。《法国民法典》第一编第九章第三目规定了家事法官的干预，着重强调了家事法官有主动地采取积极措施保障子女与父母的联络和亲情交流的权力，有在父母的护照上写明禁止非经父母一致同意不得带子女离开法国领土的命令权，有对父母双方订立的有关亲权协议是否有效的确认权，有主动委派其他有资格的第三人进行社会调查的权力等。⑥ 这些赋予家事法官权力的规定都是以有利于子女利益和照顾子女与父母间的亲情交流为基点。第一编第十章规定了解除亲权的

---

① 保罗·维诺格拉多夫. 中世纪欧洲的罗马法. 钟云龙，译. 北京：中国政法大学出版社，2010：67.

② 吴煜宗. 近代·家族·法//谢在全，等. 民法七十年回顾与展望纪念论文集：三·物权·亲属编. 北京：中国政法大学出版社，2002：321.

③ 马雪平. 关于我国亲权制度的探析. 兰州：兰州大学出版社，2007：5.

④ 法国民法典. 罗结珍，译. 北京：法律出版社，2005：350.

⑤ 法国民法典. 罗结珍，译. 北京：法律出版社，2005：344.

⑥ 第三目"家事法官的干预"中的具体条文包括第 373—2—6 条至第 272—2—13 条. 法国民法典. 罗结珍，译. 北京：法律出版社，2005：344.

具体制度①,对解除亲权的条件、解除亲权后未成年人进行民事行为的能力和其侵权行为的法律后果等逐条作了规定。② 总体而言,修订后的关于亲权的法律条文是法国亲权制度的进步,它较为全面、具体地涉及了亲权的各个方面,同时建立两大亲权原则,即:(1)亲权由父母双方共同行使;(2)权利义务共同行使。

2. 德国

1900 年的《德国民法典》是德意志帝国统一后颁布的重要法典。该法典在第四编"亲属法"第二章"亲属"第五节规定了亲权。这些条文与1804 年的《法国民法典》的规定相比,并不具有强烈的绝对支配权的特征,但仍然强调父亲在亲权领域的重要地位。《德国民法典》为适应德国的国情与社会的发展几经修订,1998 年曾对亲权制度进行过重大改革,亲权制度得到了发展。"亲权"一节最终包括了第 1626 条到第 1698 条共36 个有效的法律条文。③ 第 1626 条规定了亲权是父母照顾未成年子女的权利和义务,包括人身照顾和财产照顾;亲权是专属权,不得让与、抛弃和继承。第 1627 条表明亲权的行使要为了子女的利益,并对确定子女利益的相关因素作了列举。第 1628 条规定了父母意见产生分歧时家事法院可依法律规定将决定权转移给父母一方并可对此附加限制或者负担。第1666 条和第 1667 条分别规定了危害子女利益时的法院措施和危害子女财产时的法院措施,这实则赋予了家事法院对亲权进行干预的权力,但以必要为前提,实行比例原则。第 1673 条和第 1674 条分别规定了存在法律和事实上的障碍时亲权的停止。法律障碍是指父母在行为能力上受限制或无行为能力,事实障碍是指由家事法院确认的不能行使亲权的原因。第

---

① 第一编第十章"未成年监护及亲权的解除"(1964 年 12 月 14 日第 64—1230号法律)包含了第 476 条至第 487 条共 8 个条文(第 483 条~第 486 条已被废止)。法国民法典. 罗结珍,译. 北京:法律出版社,2005:400-402.

② 王洪. 婚姻家庭法. 北京:法律出版社,2003:253.

③ 经过多次修订,其中第 1634 条~第 1637 条、第 1647 条、第 1650~1663 条、第 1665 条、第 1668~1670 条、第 1676 条、第 1679 条、第 1683 条、第 1689~1692 条、第 1694~1695 条、第 1697 条、第 1699~1711 条被已废止。杜景林,卢湛. 德国民法典:全条文注释:下册. 北京:中国政法大学出版社,2015:1016-1043.

1680 条第 3 款规定了父母一方的亲权被剥夺。① 修订后的条文表明了亲权是父母双方共同的权利和义务，并着重强调义务色彩。亲权的取得基于法律的直接规定、意思表示和法院判决三种方式。同时德国法律规定了亲权的限制和剥夺，突出了家事法院的裁决权。这表明了国家对亲权可根据具体个案予以干涉或支持。由此可见，德国的亲权立法已转变为"子女本位"：从父母对子女的控制与支配过渡到父母对子女的尊重与照顾并逐渐趋向于以子女利益最大化为原则。

3. 日本

日本也是亲权制度制定得较为完善的国家之一，其亲权制度是由明治时期的亲权演化而来的。《日本民法典》是由明治二十九年（1896 年）的法律和明治三十一年（1898 年）的法律颁布的，但是通常情况下将其统一称为民法②，也称为日本旧民法。该法中规定的身份法带有封建制、家长制的影子，在此基础上建立的身份法并不承认妻、子女享有独立人格和平等地位③；带有浓厚的身份、家族色彩，仍然是父亲占据家庭的主导地位，子女的利益被忽视。二战后日本对亲权制度进行了根本性的改革，在《日本民法典》第四编"亲属"第四章中集中规定了亲权。该章分为总则、亲权的效力及亲权的丧失，包括第 818 条～第 837 条共 20 个法律条文。④亲权在内容上分为对子女的身上照护权和财产管理权两个方面。依其规定，父母享有的亲权主要有：（1）对未成年子女进行教育的权利；（2）指定未成年子女居所的权利；（3）在未成年子女行为不当时，对其惩戒的权利；（4）未成年子女从事劳动的职业许可的权利；（5）代管未成年子女财产的权利；（6）同意未成年子女婚姻的权利；（7）同意未成年子女医疗的权利；（8）子女收养同意权；（9）决定未成年子女姓名的权利；等等。⑤法律赋予父母对子女必要的惩戒权和代管未成年子女财产的权利，实则仍是基于对子女的保护和教养。日本的亲权制度着重强调父母对自己的子女

---

①   具体条文参见杜景林、卢湛. 德国民法典：全条文注释：下册. 北京：中国政法大学出版社，2015：1016-1018，1016-1018，1029-1030. 1035。

②   日本民法典. 王爱群，译. 北京：法律出版社，2014：5.

③   谢怀栻. 大陆法国家民法典研究（续）. 外国法译评，1995（3）.

④   具体条文参见日本民法典. 王爱群，译. 北京：法律出版社，2014：5.

⑤   棚村政行. 親権法の改正をめぐって. Law & Practice，2008（154）：27.

既享有权利同时也负有义务，尤其注重对子女利益的保护。在其第四编第四章第三节"亲权丧失"中以使子女利益免受侵害为目的规定亲权的丧失，亲权的停止，父或母管理权的丧失，亲权丧失、亲权停止和父或母管理权丧失的撤销，亲权或管理权的辞任与回复。这些规定明确了家庭法院的权力，表明亲权的丧失不得随意，必须经过家庭法院的裁定。由此可知，日本的亲权制度突出了人权思想：一是确立了父母共同行使原则，二是着重考虑未成年子女的利益。

（二）英美法系父母监护权的历史发展

与大陆法系不同，英美法系没有专门列明亲权制度，也没有出现过亲权概念。英文中监护权被表述为 parental power。英美法系采用了大监护的立法模式，即将亲权和监护放在一起加以规定，即大监护包含了父母对未成年子女的监护（实为亲权制度的内容）和父母以外的其他人对未成年子女的监护。纵观英美法系监护权的历史发展，先后经历了父权优先、母权优先、子女最佳利益三个阶段。英美法系国家是典型的不成文法国家，其监护制度不仅被规定在儿童保护法、家事法等单行法中，也体现在各国法院的判例当中。

1. 英国

古罗马法对英国的监护制度具有深远的影响，其中，古罗马法的基本原理对英国的法律有着强有力的影响，其中一些是以教会法作为传播媒介。[①] 古罗马法中的家长权在英国的监护制度中有所体现：父权掌握着对子女的生杀权，如父亲在必要时可出卖其不满七岁的子女，有权对子女施以适当的惩罚等。英国早期的法律是由盎格鲁-撒克逊时期各个部落的习惯发展而成的盎格鲁-撒克逊习惯法，但各地习惯法标准不一。随后诺曼人征服英国，结束了部落统治并确立了英国封建制度。[②] 英国封建时代的监护法还受到盎格鲁-撒克逊法的影响，除父亲享有对未成年子女的监护权外，母亲对子女享有部分权利，母亲在监护制度中的地位得到了提高。

---

① 保罗·维诺格拉多夫. 中世纪欧洲的罗马法. 钟云龙，译. 北京：中国政法大学出版社，2010：88.

② 王泽鉴. 英美法导论. 北京：北京大学出版社，2012：3.

至中世纪，在对未成年人的监护人的选择上，通常选择的是未成年人的母亲；庄园法庭优先选择的监护人是继承人的母亲。① 在 20 世纪，英国经历了三次工业革命，法律也迎来了春天。1986 年吉利克诉西诺福克和威斯比茨地区卫生当局案（Gillick v. West Norfolk and Wisbech Health Authority［1986］AC112）是关于未成年子女监护权的里程碑案例。② 此案是维护未成年子女权利的典型，它明确了未成年子女拥有自我决定权，无须受到父母意志的干预和摆布；强调父母对未成年子女不享有权利，而是应当履行职责与承担义务。③ 此案对 1989 年《儿童法案》（The Children Act 1989）具有重大影响。1989 年《儿童法案》确立了以儿童为中心的法律思想并引入"父母责任"概念，用以明确未成年子女是权利的享有者而非权力的施受者。④ 1989 年《儿童法案》明确提出了保护儿童的原则：儿童幸福原则（child welfare principle）、法定清单（the statutory checklist）、无令推定原则（non-interventionist principle）和非迟延原则（no delay principle）。⑤ 其中，儿童幸福原则是该法的一项重要原则⑥，它要求法院在儿童问题的解决上如父母离婚涉及抚养权纠纷时，都要以儿童的最大利益为首要考量因素。可见，1989 年《儿童法案》在英国保护儿童权利方面迈出了关键一步。1991 年英国批准了《儿童权利公约》，该公约

---

① G. C. Homans, *English Villagers of the Thirteenth Century*，Routledge，1974，pp. 191 - 193.

② "在吉利克案中，卫生和社会安全署（Department of Health and Social Security）传达一个通知，告诉医生们，在特殊情况下，他们可以未经孩子父母首肯为 16 岁以下的少女开避孕处方，只要他们真诚，则认为他们的行为不触犯法律。"（凯特·斯丹德利. 家庭法. 屈广清，译. 北京：中国政法大学出版社，2004：230.）

③ 凯特·斯丹德利. 家庭法. 屈广清，译. 北京：中国政法大学出版社，2004：229.

④ 凯特·斯丹德利. 家庭法. 屈广清，译. 北京：中国政法大学出版社，2004：250.

⑤ Child Act 1989，S. 1.

⑥ Section 1 规定，法院判决关于下列事项之一的任何问题时，儿童的幸福应当是其最重要的考虑因素：（a）儿童的抚养；（b）儿童财产的管理或者因其所得任何收入的适用。凯特·斯丹德利. 家庭法. 屈广清，译. 北京：中国政法大学出版社，2004：269.

于 1992 年正式在英国具有法律约束力。①

　　从上述英国监护的历史发展可知，父母对未成年子女的监护已逐渐转为以保护未成年子女的利益为中心的权利义务。

　　2. 美国

　　美国在独立前一直采用英国法律，因为其曾是英国的殖民地并深受殖民历史的影响。在英国普通法影响下的美国，父亲是未成年子女唯一的监护人。1776 年美国独立后建立了自己的法律体系。美国是由五十个州组成的联邦制国家，因此其有关未成年人监护的法律呈现多样性。美国的未成年人监护法主要来源有：一是各州未成年人监护法、家庭法、儿童福利法等。二是美国联邦法院和州各级法院的司法判例，三是民间机构制定的关于未成年人监护的家庭法、儿童福利法等示范法。其中，各州制定的未成年人监护法、家庭法、儿童福利法等是主要来源。美国联邦法深受英国法上父亲对未成年子女享有支配权的影响，直到 19 世纪中期，在美国工业革命开展的背景下，子女逐渐享有不被忽略、不受虐待的权利并逐渐确立了独立主体的地位。美国最初采幼年原则，认为未成年子女的利益应当优先于父权，最年幼子女的监护权应判定由母亲享有。"对年幼子女优先考虑母亲的监护权被视为是分析子女利益要考虑的诸多因素之一"②。Mercein v. People 案的审判经历了父亲权威与幼年原则（tender year doctrine）的冲突与发展。随后主要照顾者原则取代了幼年原则，主要照顾者被推定为主要抚养人。"但有批评者称其不过是一种毫不掩饰的母亲拥有优先权的原则，与幼年原则相似。"③ 至 20 世纪，美国法发展出以儿童利益最大化为原则，并不以性别即是父亲或母亲角色来判定何人能够担任监护人。④

―――――――――

① McDonald A.，"The Rights of the Child：Law and Practice"，*Family Law*，2011，p. 20.

② Street v. Street，936 So. 2d 1002（Miss. App.，2006）；Copeland v. Copeland，904 So. 2d 1066（Miss.，2004）.

③ 哈里·D. 格劳斯，大卫·D. 梅耶. 美国家庭法精要. 陈苇，等译. 北京：中国政法大学出版社，2010：141.

④ Geri S. W. Fuhrmann，Robert A. Zibbell，*Evaluation for Child Custody*，Oxford University Press，2012，pp. 1 - 11.

1970 年《统一结婚离婚法》对"子女的最佳利益"进行了界定。[①] 1973
年《统一父母身份法》问世，并在 2000 年和 2002 年得到了修订和完善，
其中以父母子女关系彻底取代了婚生子女与非婚生子女的区分，这是对子
女法律地位的重新承认。至 2007 年，美国的 7 个州已实施新的《统一父
母身份法》。[②]

由上述可知，美国监护权原则经历了三次转变，父母监护转变为父母
责任，父母对未成年子女的监护权也实现了以父母权利为中心到以未成年
子女利益为中心的转变。

总体而言，亲权制度经过漫长的历史积累与岁月洗礼，已从古罗马法
中的家长权和日耳曼法中的父权演变为现今父母双方对未成年子女的权利
和义务；已从父亲单独享有的专断的权力上升为父母双方共同享有的权
利；已从笼统的亲权制度发展为包括各种具体权利在内的亲权制度体系。
家庭成员间的地位趋于平等，父母子女间的权利义务受法律调整，家庭在
未成年子女成长过程中的抚育功能日益受重视。

综观大陆法系主要国家亲权制度和英美法系主要国家监护权制度的
沿革，尽管大陆法系和英美法系分立于世界法律之两端，它们在法律理
念上存有差异、对亲权的法律规定各具特色，但大陆法系国家与英美法
系国家始终在相互比较、相互融合中不断地寻求和促进亲权制度的发展
与进步，使亲权更加突显子女与父母地位的平等和对未成年子女利益的
保护。现代亲权制度是亲子关系中最核心的制度，其已形成了其自身独
特的特点，学界对此已达成共识。其独特性主要表现在：亲权产生于父
母与子女之间，具有特定的身份性、专属性；亲权是父母对未成年子女
享有的权利和应当履行的义务，即是权利义务的统一；亲权以保护未成
年子女的最大利益为宗旨，以对未成年子女的保护、教养为内容，即包

---

① "一方父母或双方有监护子女的意愿；子女对监护人的意愿；子女与父母双
方或一方，与兄弟姐妹或与任何对其最佳利益有重大关联的其他人之间的相互关系或
影响；子女对家庭、学校、社区的适应性；所有相关人员的身心健康。对不影响监护
人和子女关系的现行监护人或推荐监护人的行为，法庭不予考虑。"（哈里·D. 格劳
斯，大卫·D. 梅耶. 美国家庭法精要. 陈苇，等译. 北京：中国政法大学出版社，
2010：138.）

② 哈里·D. 格劳斯，大卫·D. 梅耶. 美国家庭法精要. 陈苇，等译. 北京：
中国政法大学出版社，2010：84.

含人身照护和财产照顾两个方面的内容；亲权不得滥用、放弃，也不得被非法剥夺、限制，它属于绝对权、支配权，应当依法行使并受到法律保护。

人类的繁衍生息是亲子之情延绵不断的源泉，亲权制度是促使亲子关系永续发展的重要制度保障。亲权制度的历史发展，展现着法律文化的进步阶梯，蕴含着人类文明的智慧结晶，是法律思想向前迈进的标志。

二、我国探望权设立的基础

纵观我国的婚姻家庭立法，大体经历了由无到有、由粗略到细致、由专制到民主的过程。在家事立法长河中，"亲权"一词未曾使用过，但亲权的实质内容历历可见。中国古代法律中的父权和尊长权，也是亲权制的渊源之一。[①] "三纲五常"的礼治规范中，"父为子纲"体现了父权在家族中的支配地位。奴隶制社会、封建制社会奉行宗亲主义，父权、夫权、家长权三位一体。在奉行孝是百行之首、百善之先的古代社会里，子女没有独立的自主权，无权决定自己的生死，不能拥有私人财产，不能自行选择配偶，不能与父母分居生活，否则被视为不孝。《礼记·内则》载，"父母怒，不说，而挞之流血，不敢疾怨，起敬起孝"[②]。《吕氏春秋·孟秋记·荡兵》曰"怒笞不可偃于家"[③]。父系家长的特权在家庭中占统领和核心地位，父亲对子女享有人身、财产和婚姻方面的绝对支配权。在封建社会里，礼法并用以调整亲子关系，家长专制，子女对父母绝对服从。《孔子家语·本命解》说，"天无二日，国无二君，家无二尊"[④]。子女没有独立的人格，漠视子女的切身利益是封建社会的典型特征。父权存在于整个封建社会之中，父权为法律所认可并延续了几千年。戴炎辉先生曾鞭辟入里地总结道，"我

---

① 刘引玲. 亲属身份权与救济制度研究. 北京：中国检察出版社，2011：175.
② 四书五经. 陈戍国，点校. 长沙：岳麓书社，2003：534.
③ 吕氏春秋. 陆玖，译注. 北京：中华书局，2011：197.
④ 顾鸣塘，顾鉴塘. 中国历代婚姻与家庭. 北京：中共中央党校出版社，1991：19-20.

国固有法上的亲子法与现代法相比较有四点特色"①。在民刑不分的古代律例中,可谓是家族本位突显亲子法。1840年以后,封闭的中国经历了前所未有的外来冲击,外国的武器、思想、政治和法律打开了中国的大门,晚清中国社会随之发生着剧变。1910年为挽救危在旦夕的清王朝,清政府邀请日本法学家松冈正义参与制定《大清民律草案》。该草案分为总则、债权、物权、亲属和继承五编。该草案在制定过程中引进了西方思想,然而,由于深受传统的封建宗法礼治思想的影响②,在亲属编中仍继续实行宗法家长制。该草案由于清王朝统治的土崩瓦解而未正式颁布、施行,但它仍对我国民事法律的制定和发展起到了重要作用。

1930年南京国民政府公布了民法典。该部法典受欧洲民法,尤其是瑞士民法影响较多,于12月完成了亲属编的内容。③ 该亲属编的制定、公布使亲属法逐渐完成了向近现代的过渡和转型。④ 该民法典第1084~1090条是对亲权的规定,第1123~1128条是有关家长和家属间关系的详细规定。总体来看,1930年《中华民国民法》有两大进步之处:一是规定了家长的义务(第1126条),当父母滥用权利时,子女最近尊亲属或亲属会议可以纠正,纠正无效时,可请求法院宣告停止父母的全部或部分权利(第1090条),且家长可委托家属处理家务(第1123~1128条)。这是

---

① (1)固有亲子法,以奉伺父母、家及宗族等为其根本(子之一方的义务),而现代法则以父母保护教育子女为其核心(强调父母的义务)。(2)亲子关系以男子为中心,女子则不大重要,与现代法上男女并重不同。(3)亲子关系以教令及惩戒为其重要的内容,换句话说,子女应孝顺父母,听从其教令;惩戒子女非致死,则勿论。(4)亲子关系,因再受尊长权的限制,则形成阶层,上层的亲子关系优越于下层的亲子关系。若祖父母还在,则父母对子女行使教令权,应听祖父母的指挥。反之,现代法的亲权本于亲子关系,亲权的行使不受任何第三者的干涉。戴炎辉.中国法制史.台北:三民书局,1970:250.

② 清廷在谕旨中严正指出,"良以三纲五常,阐自唐虞,圣帝明王,兢兢保守,实为数千年相传之国粹,立国之大本。今寰海大通,国际每多交涉,固不宜墨守故常,致失通变宜民之意,但只可采彼所长,益我所短,凡我旧律义关伦常诸条,不可率行变革,庶以维天理民彝于不敝"(修订法律大臣沈家本等奏进呈刑律分别草案折.大清光绪新法令:第20册//孟祥沛.中日民法近代化比较研究.北京:法律出版社,2006:21)。

③ 谢怀栻.大陆法国家民法典研究(续).外国法译评,1995(3).

④ 杨大文.亲属法.北京:法律出版社,1997:226.

出于对子女利益的考虑对家长权力的适当限制。二是区分子女为婚生子女、非婚生子女及养子女（亲属编第三章"父母子女"），并且规定婚生子女、非婚生子女（经生父认领）、养子女享有同等的法律地位。此种规定结束了传统法律把子女区分为嫡生子、妾生子、婢生子及奸生子的陈旧做法。可以说，该法继承了中国传统亲权的法律思想和法律内容，但形式上又趋于西化：它在规定父母义务并限制父母权利、强调对未成年子女的保护和教养上体现了法律进步，然而实质上仍未摆脱浓厚的男女不平等和父亲权力至上的色彩。

新中国成立后至今，我国的法律没有引入亲权概念，也没有专门设立亲权制度，但亲权的内容在婚姻家庭法律规范中早已有之，大多散见于《婚姻法》、《中华人民共和国民法总则》（以下简称《民法总则》）、《中华人民共和国未成年人保护法》（以下简称《未成年人保护法》）等法律的规定中。其中，亲权的部分内容被纳入监护制度中，探望权实质上是不与子女共同生活的父或母一方监护子女的另一种方式。关于探望权存在如下立法进程：我国 1950 年《婚姻法》和 1980 年《婚姻法》均未规定探望权。1980 年《婚姻法》第 29 条规定了离婚后父母对子女的权利和义务。1980 年《婚姻法》第 29 条第 2 款规定，"离婚后，父母对于子女仍有抚养和教育的权利和义务"。该条规定离婚后不与子女共同生活的父或母一方仍应继续对子女进行抚养、教育，隐含了不与子女共同生活的父或母一方看望自己子女，与子女进行情感交流，就子女的生活、学习等各个方面进行沟通是应有之义。1988 年《最高人民法院关于贯彻执行〈中华人民共和国民法通则〉若干问题的意见（试行）》第 21 条进一步规定不与子女共同生活的父或母一方对子女仍有监护权，只有出现明显不利于子女的情形时才可由人民法院取消父或母的监护权："夫妻离婚后，与子女共同生活的一方无权取消对方对该子女的监护权，但是，未与该子女共同生活的一方，对该子女有犯罪行为、虐待行为或者对该子女明显不利的，人民法院认为可以取消的除外"。该条隐含地规定了探望权的内容：父母即使离婚，对子女仍负有教育、抚养、爱护等权利和义务，除非该父或母明显具有不利于子女健康成长的因素，经由人民法院认定可取消。2001 年修订的《婚姻法》第 21 条第 1 款前半句包含了亲权的内容："父母对子女有抚养教育的义务"。2001 年修订的《婚姻法》第 38 条首次明确规定了探望权："离婚后，不直接抚养子女的父或母，有探望子女的权利，另一方有协助的义务。""行使探望权利的方式、时间由当事人协议；协议不成时，由人民法院判决。""父或母探望子女，不利于子女身心健康的，由人民法院依法中止探望的权利；中止的事由消失后，应当恢复探望的权利。"该条文分为三款，分别规定了探望权的行使主体和协助履行的义务主体、探望权的行使以及探望权的中止。2001 年修订的《婚姻法》第 48 条规定，"对拒不执行有关扶养费、抚养费、赡养费、财产分割、遗产继承、探望子女等判决或裁定的，由人民法院依法强制执行。有关个人和单位应负协助执行的责任"。该条规定了探望权的强制执行。2001 年《最高人民法院关于适用〈中华人民共和国婚姻法〉若干问题的解释（一）》［以下简称《婚姻法解释（一）》］第 24 条规定对探望权可单独提起诉讼："人民法院作出的生效的离婚判决中未涉及探望权，当事人就探望权问题单独提起诉讼的，人民法院应予受理"。第 25 条规定了当事人在履行生效判决、裁定或调解书过程中的中止和恢复探望权："当事人在履行生效判决、裁定或者调解书的过程中，请求中止行使探望权的，人民法院在征询双方当事人意见后，认为需要中止行使探望权的，依法作出裁定。中止探望的情形消失后，人民法院应当根据当事人的申请通知其恢复探望权的行使。"第 26 条规定了有权提出中止探望权请求的主体："未成年子女、直接抚养子女的父或母及其他对未成年子女负担抚养、教育义务的法定监护人，有权向人民法院提出中止探望权的请求。"至此，探望权制度已成为我国婚姻家庭法领域中缺一不可的立法规定。现今，我国《民法典》第 1086 条专门规定了探望权：离婚后，不直接抚养子女的父或者母，有探望子女的权利，另一方有协助的义务。行使探望权利的方式、时间由当事人协议；协议不成的，由人民法院判决。父或者母探望子女，不利于子女身心健康的，由人民法院依法中止探望；中止的事由消失后，应当恢复探望。

古往今来，我国的每一项法律制度的设立与存在都有其存在的理论基础。我国探望权的设立，自然有着深厚的理论基础。

首先，探望权制度产生的法律基础。

德国法学家鲁道夫·冯·耶林说过："法有客观意义上的概念和主观意义上的概念之分。客观意义的法是由国家所制定的各种规范所组合而成的法律秩序，主观意义上的法则是抽象规则所具体规定的个体的权利。"[1]

① 鲁道夫·冯·耶林. 为权利而斗争. 胡宝海，译. 北京：中国法制出版社，2004：4.

权利是法律的起点，是法律存在的意义所在，它已成为法律制度和法律文化的核心要素。① 权利不同于思想意识，不能仅停留在观念层面，而是需要法律将权利制度化，使制度体现权利的正当价值，这也是自然权利向法律权利，进而向实有权利转变的基本方式。② 当今中国处于权利意识觉醒、个人权利彰显的时代。国家法律赋予每一个个人应当享有的权利是现代意义上的人的标志，国家法律尊重人的各项权利是现代民主法治国家的根本标志。探望权作为权利的其中一种，属于亲权范畴，是婚姻家庭法领域中一项至关重要的权利，对非常态婚姻家庭状态下的，尤其是离婚家庭的未成年子女起到了不容忽视的保护作用。婚姻家庭法确立探望权为探望权在现实生活中的行使提供了法律后盾。婚姻家庭法有别于其他法律规范，其身份性、血亲性色彩贯彻始终。婚姻家庭法中的各项权利都融合着血缘亲情、伦理道德和正义观，更强调权利义务的统一、家庭职责的承担和社会责任的分担。探望权也不例外，它唤醒人们内心深处最基本的伦理信念，与亲情需求遥相呼应，树立起一种强烈的对子女、对家庭、对社会不可推卸的责任意识。民事规范的一般规定承载着一般价值，而具体条文则负荷着具体价值。③ 探望权制度的具体法律规定，充分体现了法律对这一权利的尊重。探望权的行使也是法律规范父母对子女的职责在亲权制度中的集中反映，更是法律保障子女健康成长的使命所在。

其次，探望权制度产生的亲情基础。

我国有着五千年的悠久历史和光辉灿烂的文化。在亲子关系领域，矜老恤幼是中华民族的传统美德，它被中华儿女世代传承和发扬。父母与子女之间的亲情关系与生俱来且无法割断。即便父母感情破裂导致婚姻的终结，父母与自己子女之间的血缘亲情仍将长久持续，父母照顾年幼子女仍是应有之义，因为"他们之间流淌着相同的血液，是共同祖先的生命延续，具有生死与共的联系"④。然而，父母的离婚使父母子女赖以生存的共同基础丧失，子女只能择其一，跟随父或母一方共同生活。这种父母离

---

① Roscoe Pound，*An Introduction to the Philosophy of Law*，Yale University Press，1922，pp. 1，6 - 17，39 - 44.

② 于文豪. 基本权利. 南京：江苏人民出版社，2016：7.

③ 魏琼. 民法的起源. 北京：商务印书馆，2008：4.

④ 倪正茂. 生命法学探析. 北京：法律出版社，2005：35.

婚后子女只跟随父或母一方共同生活的生活模式不仅给父母带来伤害，使子女稚嫩的心灵受到冲击，更使人世间最为亲近、最为浓烈的亲情面临着挑战：不与子女共同生活的父或母一方无法和以前一样与子女相处，因为父母离婚必然导致父母与子女接触的方式、时间、地点等发生改变。因此，不与子女共同生活的父或母为继续抚养、教育子女并发展亲情关系，需寻求有效的途径。子女得到情感的慰藉也需要恰当的方式。探望权的设立不仅使人世间的人伦亲情在法律上得到全面的体现与充分的保护，而且也使人们对人性在家庭中的表现进行审视："人性善"需要最大限度地发扬，"人性恶"得到了最大限度的规制。一方面，探望权能够使未与子女共同生活的父或母在恰当的时间、地点以适当的方式探望自己的子女以尽父母职责。探望权基于血缘而产生，它既是权利也是义务。"身份权虽在本质上是一种权利，但却是以义务为中心，权利人在道德和伦理的驱使下自愿或非自愿地受制于相对人的利益，因而权利之中包含义务"①。父母在通过探望及时了解子女身心发展的同时，自身的心灵也受到了慰藉。子女健康、快乐成长是父母的最大期盼，关注子女的生活和成长使父母更有动力投入正常的工作和生活。另一方面，探望权的行使主要是为了子女的利益，满足子女在成长过程中对父母的应然需求及必要的依赖。子女对父母有着天生的情感需求，在感情上对父母有种特殊的依恋。这是亲情生成的自然状态，也是亲子关系的延续使然。探望权试图减轻父母离婚带给子女身心的摧残，弥补父母对子女的情感缺失，竭力为子女营造由父母双方关爱所带来的温暖而轻松的成长环境，使其愉悦安心地生活。这也正印证了费孝通先生所说的："男孩子不能在母亲那里获得它所需的全部生活方式，女孩子单给父亲同样得不到完全的教育"②。

由上述可得知，探望权的设立与我国古代亲子关系的发展与演变息息相关，它随着我国亲子关系的需求和人们权利意识的提高逐渐被认可、重视。总体观之，我国古代亲子关系是家庭历史的缩影，它无不体现着中国的伦理道德、宗教传统、习俗风气和思想文化的融合与发展。我国古代素有"重刑轻民、德主刑辅"的传统，而儒家思想以"忠""孝"为核心，这些都无形地渗透到修身齐家治国的各个领域，并几乎贯彻于整个中华文

①　王利明. 人格权法新论. 长春：吉林人民出版社，1994：209.
②　费孝通. 乡土中国　生育制度. 北京：北京大学出版社，1998：126.

明的发展进程。在家庭领域，长期以来家长对子女拥有绝对的权力，无视子女的独立人格是古代身份的典型特征。子女无法支配自己的财产和人身，更罔论拥有自己的婚姻自主权。虽然我国古代缺少统一而鲜明的婚姻家庭法，但其实质内容所体现出的典型特征与古罗马法的家族本位相差无几。这种特征一直持续到民国时期。在现代社会，父慈子孝的传统伦理精神仍在传承与发展。但随着个人权利意识的增强和对个人独立价值的追求，子女的利益和地位得到了重视，强调父母权利的同时更注重父母的义务和职责。具体到亲子关系领域，提倡父母权利和义务相统一的理念是当代法律公平正义的价值追求。这是人类文明从单纯地追求个人权利迈向兼顾社会公共利益和个人权利的过程，它反映在人身权利上便是身份权由作为绝对的人身支配权转变为权利、义务的结合体。这正是身份法发展的必然趋势。① 家庭是社会的有机组成部分，社会的变动和发展会带来家庭的变迁。家庭好像社会的微型影像体，它反映了一定时期社会的经济政治、文化风俗，映射着一个国家的伦理观、道德观、价值观等。正因为如此，我国探望权的发展史从侧面映射着中国婚姻家庭法发展的轨迹。

三、探望权中法的价值展现

　　法律是人类思想的理性表达，是对人类追求真善美的理智规范。任何一项法律制度无不蕴含法理根基，这是源于"法理学不仅是关于法的根本性、普遍性问题的理论，也是一定时代的法的精神、理念的表达，法的精神、理念是各种具体的法律制度的灵魂，是整个法律体系大厦的支柱"②。其中，一项法律制度中对法的价值考量关乎对其立法方向的探寻、对其立法本旨的揭示以及对其内在意义的把握。就我国的探望权而言，2001 年探望权制度在我国婚姻法中正式设立，2020 年我国《民法典》第 1086 条明确规定了探望权，这是婚姻家庭立法的一大进步。探望权制度的确立填补了我国法律关于亲子探望立法的缺憾。尤其是《民法典》第 1086 条的规定体现了婚姻家庭编中贯穿的人权平等、人格尊严、人亲和谐、人伦正义、人本秩序、人文关怀的核心法理思想，以及权利法定、公序良俗、禁

---

　　①　姚辉. 从身份到契约了吗. [2017 - 09 - 26]. https://wenku. baidu. com/view/ 28573c4f767f5acfa1c7cd47. html.

　　②　张文显. 法理学. 5 版. 北京：高等教育出版社，2018：27.

止权利滥用等具体法理精神。① 但不容置喙的是我国的探望权制度尚处于雏形阶段，仍有诸多内容亟待完善。探望权立法的进步有赖于探望权理论的不断深化，从法理学视角探究探望权的基本理论无疑有助于我国探望权的发展。当前，我国正处于新时代社会主义法治建设这一重大且难得的法治时期，"伟大时代诞生伟大理论，伟大理论引领伟大征程"②。因此，顺应世界各国以子女最佳利益为原则的亲子法律制度发展的大趋势，在《民法典》婚姻家庭法领域构建完善的探望权法律体系是我国探望权制度发展使然。这急切地呼唤婚姻法学者不断地探究探望权的理论基础以重新审视探望权制度，进而促进我国的探望权制度向着全面、先进、科学、人性化的方向发展。

"法律是人类的作品……一个无视人类作品价值的思考是不可能成立的，因此对法律的，或者对任何一个个别的法律现象的无视价值的思考也都是不能成立的……法律只有在涉及价值的立场框架中才可能被理解"③。法的价值"或明或暗"地存在于法律制度之中，它是法律制度的思想先导，指引着法律制度的价值取向和立法定位。因此，每一项法律制度中存在的法的价值不容忽视，正如庞德所言："价值问题虽然是一个困难的问题，但它是法律科学所不能回避的"④。因为法的价值是主体内心对法的期望、追求、信仰的指向，它是推动法的发展的内在动因。⑤ 对于法律制度而言，制定并理解一项法律制度，离不开对该法律制度中所蕴含的法的价值把握。"一种完全无视或根本忽视基本价值中任何一个价值或多个价值的社会秩序，不能被认为是一种真正的法律秩序"⑥。从某种意义来讲，法律制度的设立是确立和体现某种法的价值，法律制度的实施则是实现并

---

① 龙翼飞. 编纂民法典婚姻家庭编的法理思考与立法建议. 法制与社会发展，2020（2）.

② 王晨. 坚持以习近平法治思想为指导谱写新时代全面依法治国新篇章. 求是，2021（3）：5.

③ 古斯塔夫·拉德布鲁赫. 法哲学. 王朴，译. 北京：法律出版社，2013：4-5.

④ 庞德. 通过法律的社会控制. 沈宗灵，董世忠，译. 北京：商务印书馆，1984：55.

⑤ 卓泽渊. 法的价值论. 3版. 北京：法律出版社，2018：49.

⑥ 博登海默. 法理学：法律哲学与法律方法. 邓正来，译. 北京：法律出版社，1999：作者致中文版前言.

追求某种法的价值。法的价值种类多样，如生命价值、自由价值、平等价值、人权价值、秩序价值、公正价值、人的全面发展价值等，正是这些多层次、多维度的价值丰富了法的价值内容。这既源于社会时代的变迁需要与人类思想的发展进步，也是法律关系主体之间的利益冲突与法律制度本身兼顾多种价值追求的结果。

（一）法的价值推动探望权制度的发展

聚焦我国的探望权制度，法的价值蕴含于探望权制度之中并发挥着不可估量的作用：法的价值引导探望权立法的未来走向，确立探望权制度的立法本旨，催促探望权法律关系的内容发展，维护探望权主体之间的利益平衡，彰显探望权制度的人文精神。法的价值在探望权制度中的丰富与发展推动了探望权的立法进程。回顾我国探望权的立法进程，我国1950年《婚姻法》和1980年《婚姻法》均未规定探望权。1980年《婚姻法》第29条规定了离婚后父母对子女的权利和义务，该条规定离婚后不与子女共同生活的父或母一方仍应继续对子女进行抚养、教育，隐含了不与子女共同生活的父或母一方应看望自己子女，与子女情感交流，就子女的生活、学习等各个方面进行沟通之意。该条规定中法的平等价值显而易见。1988年《最高人民法院关于贯彻执行〈中华人民共和国民法通则〉若干问题的意见（试行）》第21条进一步规定了不与子女共同生活的父或母一方对子女仍有监护权，只有出现明显不利于子女的情形时才可由人民法院取消父或母的监护权。该条隐含地规定了探望权的内容。此条规定不但暗含法的平等价值，更强调法的自由价值与秩序价值以及法的人权价值。之后我国的离婚率持续上升，离婚子女抚养纠纷不断出现。2001年修订后的《婚姻法》第38条首次规定了探望权，该条文分为三款，分别规定了探望权的行使主体和协助履行的义务主体、探望权的行使以及探望权的中止。这三个条款突出展现了法的平等价值、自由价值、人权价值、秩序价值以及人的全面发展价值。《最高人民法院关于适用〈中华人民共和国婚姻法若干问题的解释〉（一）》第24条规定了对探望权可单独提起诉讼，第25条规定了当事人在履行生效判决、裁定或调解书过程中的中止和恢复探望权，第26条规定了有权提出探望权请求的主体。2020年《民法典》第1086条明确规定了探望权，该条文延续了《婚姻法》第38条的规定，将探望权限定在父母离婚状态下，仍原则性地规定了探望权的主体、探望权的行使及其中止。法的平等价值、自由价值、人权价值、秩序价值以及人的全面发展价值蕴含其中。至此，探望权制度在我国婚姻家庭法中正式地占有一席之地。从某种意义来讲，探望权制度的完善是不同位阶的法的价值协调共存并日益发挥各自功效的共同结晶。

（二）法的核心价值奠定探望权制度的根基

法的核心价值在探望权制度中的充分展现是探望权立法的理论根基。法的价值身影无处不在，法的自由、平等、公正、秩序、人权等价值虽体现在探望权制度里，但这些价值并非等量齐观地存在于探望权制度之中。立法者经过斟酌与选择，不可回避地对具体价值作出取舍与平衡。在笔者看来，法的自由价值、法的平等价值、法的秩序价值以及法的人权价值在探望权制度中的地位举足轻重。

第一，法的自由价值是探望权立法的基石。孟德斯鸠在《论法的精神》中提及："在一个有法律的社会里，自由仅仅是：一个人能够做他应该做的事情，而不被强迫做他不应该做的事情"[1]。法的自由在探望权制度中包含三个层次：第一层次的探望权制度中的自由隐含着婚姻自由，婚姻自由包含结婚自愿与离婚自由。这就意味着一旦男女双方离婚会产生探望权，正是离婚导致不直接抚养未成年子女的父或母一方无法像正常婚姻家庭状态下的父母一样行使亲权，法律规定探望权以使非常态婚姻家庭状态下的未成年子女与不直接抚养未成年子女的父或母另一方继续保持亲子关系并维系亲子之情。第二层次的探望权制度中的自由显性地表现为探望权的行使自由。"权利是人类自由的法律表达"[2]。探望权制度赋予不直接抚养未成年子女的父或母一方探望权，探望权人可自由地行使探望权，即享有探望权的父或母一方可自由地选择探望的时间、地点、方式与其未成年子女进行交流、沟通、会面等。探望自由不仅是探望权人实现探望权的有力保障，也是法律给予不同现实生活模式下不直接抚养未成年子女的父或母一方对未成年子女进行探望的自由空间。但是，探望权行使的自由也同样需要被限定在法律规定的范围内，即按照探望权制度的具体规定，探望权的行使不得不利于子女的身心健康，否则法律有权中止探望权。第三层次的探望权制度中的自由是将实现未成年子女成长发展的自由作为终极目的。无论是基于男女双方的离婚自由而产生探望权还是探望权人享有行

---

① 孟德斯鸠. 论法的精神：上册. 张雁深，译. 北京：商务印书馆，1961：154.

② 谢晖. 法学范畴的矛盾辩思. 济南：山东人民出版社，1999：190.

使探望权的自由，探望权设立的现实目标是未成年子女的健康成长与全面发展。探望权立法的现实意义是使非常态婚姻家庭状态下生活的子女和正常婚姻家庭状态下生活的子女一样感受到来自父母双方的关爱并得到完整家庭的温暖。若探望权的行使会导致未成年子女的成长发展受到限制或约束，则将与探望权设立的初衷背道而驰，探望权便失去其存在的意义。

第二，法的平等价值是探望权立法的重心。美国著名学者艾德勒曾对平等作出形象的描述："当一事物在某一认同的方面不比另一事物多，也不比另一事物少时，我们说这两个事物是平等的"①。在探望权制度中，法的平等价值应当体现为两个方面：一方面，探望权法律关系中不同主体之间的地位平等，即探望权法律关系中各方主体之间权利对等和人格独立。在探望权法律关系中，通常涉及探望权人、探望相对方与直接抚养方三方主体。父母离婚后，直接抚养未成年子女的父或母一方可继续行使亲权而对未成年子进行人身方面和财产方面的照护。当探望权人行使探望权时，直接抚养方应当履行协助义务以保障探望权的顺利实现。若探望权人的探望行为不利于子女的身心健康，则直接抚养方有权及时制止探望并向人民法院申请中止探望权的行使。不直接抚养未成年子女的父或母另一方则享有探望权，探望权人通过探望来实现对未成年子女的抚养、照顾、爱护、监督、教育等权利与义务。未成年子女有权要求直接抚养方与不直接抚养方行使各自的亲权和探望权。由此可见，在探望权法律关系中，探望权人、探望相对方与直接抚养方处于平等的法律地位。特别强调的是，在探望权法律关系中，未成年子女具有独立的法律地位，其人格不依附于父或母任何一方，并且未成年子女有主动要求探望的权利和选择接受或不接受探望的自由。另一方面，非常态婚姻家庭生活中的未成年子女同样享有探望权。此包含二层含义：一是现实生活模式迥异的非常态婚姻家庭状态下生活的未成年子女享有相同的权利，二是非常态婚姻家庭状态下生活的未成年子女与正常婚姻家庭状态下生活的未成年子女都同样享有来自父母双方应有的关爱。简言之，即使不同家庭的生活状态千差万别，父母对未成年子女的权利与义务应当是同等的，未成年子女的利益不因父母关系破裂而遭受损害，未成年子女的权利不因婚姻家庭状态的不同而有所区别。

---

① 艾德勒. 六大观念. 郗庆华，译. 北京：三联书店，1991：161.

第三，法的秩序价值是探望权立法的标尺。探望权制度孕育着人们对秩序的希望。"所有秩序，无论是我们在生命伊始的混沌状态中所发现的，或是我们所要致力于促成的，都可以从法律引申出它们的名称"[①]。探望权立法努力在婚姻家庭生活领域为人们创设一种安定的使家庭成员享受合法权益的环境。探望权制度中内含三种秩序。第一种秩序是未成年子女与父母双方的亲子关系与亲子生活和谐，第二种秩序是维护每一组家庭成员间关系与生活稳定，第三种秩序是整个国家婚姻家庭生活安定与幸福。这三种秩序层层递进，不仅满足家庭成员间的个人利益需求，也实现国家和谐稳定的美好愿景。探望权立法所内含的三种秩序追求对我国的婚姻家庭立法意义非凡。

第四，法的人权价值是探望权立法的现代精髓。人权是现代法最基本的价值之一。[②] 探望权属于身份权，它是基本人权的组成部分。完善我国的探望权制度应当顺应现代法律发展的潮流。对于探望权立法，应当突出人权保护的独特性，对婚姻家庭关系中的特定群体即未成年子女给予倾斜性保护；在探望权法律关系中，应当强调主体的复合性，不应将探望权主体仅仅视为孤立的个体，更应当将其置于亲子关系中洞察其作为权利主体应当享有的权利；在探望权的行使过程中，应当关注探望权内容的广泛性——探望权不是单一的权利，而是权利与义务的综合体，它的实现以有利于未成年子女利益最大化为宗旨；对于探望权的未来发展，应当体现探望权的包容性。探望权的实现有赖于探望权法律关系中各方主体相互之间的包容与理解、沟通与协作，否则探望权制度便会成为一纸空文，无法在现实生活中真正得到落实。

---

① 拉德布鲁赫. 法学导论. 米健，朱林，译. 北京：中国百科全书出版社，1997：1.

② 张文显. 法理学. 5版. 北京：高等教育出版社，2018：343.

第二章 探望权在我国民事权利分类体系中的地位

第一节 探望权在我国民事权利分类体系中的归属

一、目前我国民事权利的分类体系

　　人类文明发展延续到今天已充分证实，民法是一门博大精深的学问，它是一部保障私权的圣经。孟德斯鸠的至理名言——"在民法的慈母般的眼里，每一个人就是整个国家"传颂至今。格劳秀斯曾将国家总结为"一群自由的人为享受权利和他们的共同利益而结合起来的完整的联合体"①。民法是保护人们民事权利的一部最重要的法律，它所规定的民事权利是社会成员从事社

---

① De Jure Belli ac Pacis，Bk. I，ch. i，xiv，I.

会活动必不可少的权利需要，也是社会主体生存的基本权利保障。民法将"权利本位"贯彻始终。权利是法律文化的起点和基石，构筑了制度文化的核心要素。① 德国法学家安德列亚斯·冯·图尔指出，"权利是私法的核心概念，同时也是对法律生活多样性的最后抽象"。权利一词始于日本，日本学者初译为"权里"，后改译为"权利"②。权利的拉丁文为 jus，法语为 droits，德语为 recht，英语为 right。民事权利是权利的一种，它是权利中的私权，由利益、资格、权能、自由意志等构成，即民事权利是指民事主体为实现其自身的正当利益而由法律赋予其自由行使意志的法律手段。民事权利与其他权利如选举权、诉讼权利等相比较，与社会成员的生活密切相关且更为基础，按照权利等级划分，它可被划入最基础、初级的权利。民法所包含的民事权利体系在整个民法中具有不容忽视的地位。谢怀栻先生曾总结道，"民事权利是民法里带根本性的重要问题"③。民法是以民事权利为核心的保护私权的法律，各项民事法律制度都围绕民事权利进行构建；它是充分保障民事主体的民事权利的神圣法典。倘若民法中缺少了民事权利，民法的整个体系可能会发生坍塌。民事权利的体系化是理性主义哲学和概念法学共同的产物。对民事权利进行分类，不但有助于研究各种不同种类的民事权利的本质及差别，而且也有利于归纳和理解具有相同属性的权利的自身特点。因此，民事权利的分类是研究权利时不可回避的重点问题。通过民事权利分类体系，力求将权利设计得科学、合理与精确，充分使不同侧重、视角的权利发挥其最大的功能。④

　　民事权利属于权利的下位概念，属权利中的私权。民法规定民事权利，一方面，不仅赋权民事主体在法律规定的范围内自由地从事民事活动以实现个体的正当利益，而且鼓励每一个民事主体在积极地追求各自的正当利益的同时，充分地尊重他人的正当利益，使国家全面地维护民事主体

① Poscoe Pound, *An Introduction to the Philosophy of Law*, Yale University Press, 1992, pp. 1, 6 - 17, 39 - 44; Jeremy Waldrom (ed.), *Theories of Right*, Oxford University Press, 1984, pp. 1 - 20; C. L. Ten (ed.), *Theories of Rights*, Ashgate, 2006, pp. xi-xxxi; Michael Freeman, *Lloyd's Introduction to Jurisprudence*, 8th ed., Sweet & Maxwell, 2008, p. 374.
② 穗积重远. 法学通论. 北京：商务印书馆，1991：80.
③ 谢怀栻. 论民事权利体系. 法学研究，1996 (2).
④ 龙卫球. 民法总论. 2版. 北京：中国法制出版社，2002：123.

的民事权利，以寻求各方民事主体之间的利益平衡；另一方面，使每一个民事主体在法律规定的范围内得到自由、充分的发展，有助于维护国家的私法秩序。国家私法秩序的形成和维护需要每一个民事主体正当地行使权利和履行义务，而义务的履行有赖于权利的行使，只有赋予每一个个体应有的民事权利，义务履行才能实现。与此同时，权利为每一个民事主体的个体发展提供了自由的空间。只要在法律规定的范围内，民事主体都能够按照自己的自由意志从事民事活动，实现个人利益。因此，民事权利为个人自由提供了保障，为个性发展留有空间，也为个人民事权利的独立行使划定了边界。民事权利独立存在必然有其自身的独特性，这也是民事权利区分于其他权利的本质表现。

第一，民事权利以意思自治为核心要素。民法是市民法，"法无禁止即自由"是民法有别于其他法律的最大特征。民法中的民事权利意味着民事主体在法律不予禁止的范围内可以自由地表达自己的意志。"法无明文禁止皆合法"，只要未超越法律为意思自治划定的边界，国家公权力便无权干涉和介入。这就为民事权利的行使提供了广泛的自由空间，最大限度地保障了民事主体的意思自治。民法中债权领域的交易自由、契约自由，物权法领域中民事主体对物的占有、使用、收益及处分自由，亲属法领域的婚姻自由、遗嘱自由等，都是民事主体自由意志的表现。民事主体通过行使民事权利来真实自愿地表达内心意志以达到实现自己合法权益之目的。德国学者海因·科茨曾讲道，"私法最重要的特点莫过于个人自治或自我发展的权利"①。正是由于民事权利的存在，民事活动才得以进行，民事主体的利益才最终实现。

第二，民事权利与民事义务相伴而生。民事权利不是孤立存在的，民事权利和民事义务如影随形。所谓"没有无义务的权利，也没有无权利的义务"，一方民事权利的实现需要另一方民事义务的履行。澳大利亚法学家斯托尔雅（Stoljiar）指出，"义务的核心意义在于，它是作为权利的相关物发挥作用的"②。因此可以说权利和义务是一对"孪生体"。如果一项民事权利没有与之相对应的民事义务，权利人的利益也将无法得到实现。

---

① 罗伯茨·霍恩. 德国民商法导论. 楚建，译. 谢怀栻，校. 北京：中国大百科全书出版社，1996：90.

② 张文显. 法哲学范畴研究. 修订版. 北京：中国政法大学出版社，2001：336.

"简言之，权利系于利益，而义务则系于与利益相应的负担。"① "作为权利，权利最终落脚于要求，或者也可以成为'主张'。所要求的客体既包括物质方面的利益，也包括精神存在的状态。"② 民事权利的神圣是由民事义务捍卫的，义务表现为一种适当的法律拘束。"权利关涉利益，而义务则表示为保障这些利益所必需的作为或不作为"③。民事义务的履行是为了保障民事权利的行使，内容表现为不利益，其最终目的是实现民事主体的民事权益。

第三，民事权利受到公序良俗的约束，以法律保护为最佳方式。民事权利属于法律权利的一种，法律权利是在法律社会中产生、形成并以法律规定的特定形式存在的，它是由权利主体享有的满足自我合法需求的权能或利益。民事权利不同于其他权利，它是民事主体在从事民事活动过程中享有的，通常会受到传统习惯的影响，需要遵从行业规则的约束。公序良俗作为民法的基本原则，它指引着民事活动的进行和规范着民事行为的行使，对民事权利具有不可替代的威慑力。哈耶克曾言，"市民社会秩序乃是由个人和团体构成的社会秩序"④。公共秩序和善良风俗为民事主体行使民事权利提出了最低要求，公序良俗本身也具有为私法自治划定疆域的功能⑤，即民事权利的行使不得违反公共秩序、善良风俗。在民事权利行使时除公序良俗基本原则予以约束外，法律起到了最后和最为强大的保障作用。国家制定法律，代表了国家公权力的力量。由于法律的权威性以及人们对法律的习惯性依从甚至信仰，用法律保护民事权利是民事权利实现的最佳途径。

第四，民事权利具有可救济性。所谓"无救济则无权利"，权利和救济具有内在的统一联系。耶林在《为权利而斗争》中谈道："人类的权利

① S. J. Stoljiar, *An Analysis of Law*, the Macmillan Press Ltd., 1984, p. 46.

② Joel Feinberg, "The Nature and Value of Rights", in *Rights*, *Justice and the Bounds of Liberty*: *Essays in Social Philosophy*, Princeton University Press, 1980, p. 149.

③ S. J. Stoljiar, *An Analysis of Law*, the Macmillan Press Ltd., 1984, p. 46.

④ F. A. Hayek, *Law*, *Legislation and Liberty*: *A New Statement of the Liberal Principles of Justice and Political Economy*, Routledge, 2013, p. 44.

⑤ 谢潇. 公序良俗与私法自治：原则冲突与位阶的妥当性安置. 法制与社会发展, 2015 (5).

和救济是捆绑式地存在的，救济是权利人捍卫自己权利的有力法律武器"[①]。只有有了救济作为保障，权利才不会形同虚设。民事权利的救济体现为填补损失，其目的是使民事权利避免受到不当损害。民事权利的救济分为公力救济和私力救济。前者是国家保护，即民事主体借助国家公权力通过法定的程序达到保护民事权益的目的；后者是自我保护，即民事主体在法律规定的范围内自行采取必要、适当的方式保护切身的合法利益而无须公权力的介入，主要包括正当防卫、紧急避险、自助行为。通常认为，公力救济是民事权利救济的主要途径，只有公权力的介入才能使弱者相对于强者实现其权利，也才能避免私人之间出现武力争斗及随之而来的可怕现象。[②] 自力救济则是弥补公力救济的不足而进行自我保护的方式。自力救济存在的原因包括：一是在一些领域，由私人自己来实现权利是在法的思维世界内发生的，不会产生私人暴力行为；二是若无私力救济的存在，至少在一段时间内权利就不可能实现。[③] 无论是公力救济还是私力救济，都为民事权利提供了实现的途径，为受到侵害的民事权利提供了挽救的方式。这也是民事权利的题中应有之义。

对民事权利进行研究时，民事权利的分类是不可避免的问题之一。由于民事权利内容的丰富多样及形式的迥异，对民事权利作出分类是理解每一项民事权利本质的关键所在。"权利分类体现了实证法对法律效果体系从不同角度进行规范的技术，法律效果内容就是根据这种分类技术交错融汇而成，而不仅仅是依据简单的单一形式予以呈现，体现了人类生活需要的复杂而丰富的一面。"[④] 民事权利的分类体系是对民事权利制度一体化的整体把握，也是明确每一项民事权利与整个民事权利体系之间的关系的重要形式。民事权利的分类体系不是一成不变的，它是一个开放的系统，会随着社会时代的进步、新生事物的出现、新经济和新技术的发展不断地走向成熟。我国应当构建一个较为完善的民事权利分类体系，不仅最大限度地分门别类将已经存在的民事权利纳入其中，也为未来出现的新型民事权利预留待被纳入分类体系的空间，以使民事权利的分类体系保持相对

---

① 鲁道夫·冯·耶林. 为权利而斗争. 北京：法律出版社，2007：2.
② 梅迪库斯. 德国民法总论. 北京：法律出版社，2013：121.
③ 梅迪库斯. 德国民法总论. 北京：法律出版社，2013：122-123.
④ 龙卫球. 民法总论. 2版. 北京：中国法制出版社，2002：116.

稳定的状态。

　　权利是法学的基本范畴，对民事权利的分类，是民法学探究权利的基本问题。从现今来看，民法学界对此基本上达成了共识，但每位学者的观点又有些许差别。对民事权利的分类研究较为深入的典型学者主要有德国民法学家拉伦茨和我国的谢怀栻先生。德国民法学家拉伦茨认为："私权体系应当划分为人格权、具人身性的亲属权、对物支配权（物权）、无形财产权、债权、共同实施权（社员权）、形成权、无主物取得权、期待权、权利上的权利、反对权。"① 谢怀栻先生将民事权利体系划分为五大类：人格权，亲属权，财产权，知识产权，社员权。② 人格权是以权利者的人格利益为客体（保护对象）的民事权利。③ 人格权被认为是民事权利的首要权利。我国《民法典》增设人格权一编，人格权在我国整个民法权利体系中的地位由此可见一斑。亲属权是具有一定的亲属关系（自然的亲属关系与拟制的亲属关系）的人相互之间享有的权利。④ 亲属权存在于具有亲属关系的人与人之间，由我国《民法典》之婚姻家庭编、继承编专门予以规定。财产权是以可与权利主体的人格和亲属关系相分离的生活利益为内容，而又不属于知识产权和社员权的权利。⑤ 财产权的范围广泛，我国《民法典》之物权编、合同编主要涉及财产权。知识产权是以对人的智力成果作独占、排他的利用，从而取得利益为内容的权利，它包含著作权、专利权、商标权和商号权。⑥ 现今，我国的知识产权专门由《著作权法》《商标法》《专利法》加以规定。社员权是社员（社团的成员）对社团享有的各种权利的总体，它包括非经济性的（共益权）和经济性的（自益权）。⑦ 股东权是最典型的社员权，它由我国商法如《公司法》加以规定。谢怀栻先生对民事权利体系的分类对于我国民法上民事权利分类体系的形成与发展起到了至关重要的作用。

---

①　熊蓓.简论民事权利体系.知识经济，2011（21）.

②　谢怀栻.民法总则讲要.北京：北京大学出版社，2007：57.

③　谢怀栻.民法总则讲要.北京：北京大学出版社，2007：58.

④　谢怀栻.民法总则讲要.北京：北京大学出版社，2007：60.

⑤　谢怀栻.民法总则讲要.北京：北京大学出版社，2007：63.

⑥　谢怀栻.民法总则讲要.北京：北京大学出版社，2007：65，67.

⑦　谢怀栻.民法总则讲要.北京：北京大学出版社，2007：67-68.

```
                                    ┌─────────┐
                                    │  人格权  │
                                    └─────────┘

                                    ┌─────────┐
                                    │  亲属权  │
                                    └─────────┘

    ┌─────────┐                     ┌─────────┐
    │ 民事权利 │ ─────────────────→ │  财产权  │
    │ 的分类体系│                    └─────────┘
    └─────────┘
                                    ┌─────────┐
                                    │ 知识产权 │
                                    └─────────┘

                                    ┌─────────┐
                                    │  社员权  │
                                    └─────────┘
```

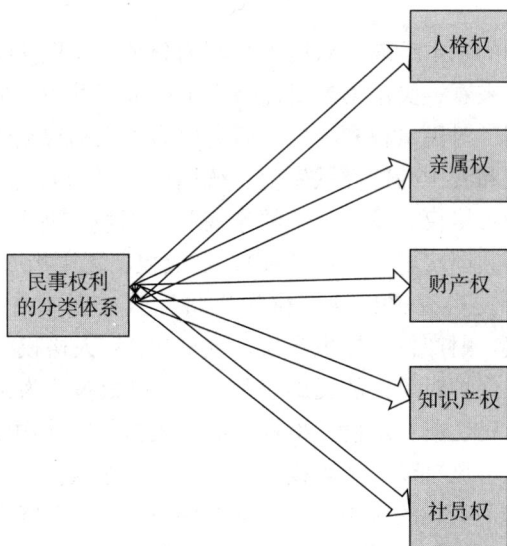

图 2 - 1　民事权利的分类体系图（以谢怀栻先生提出的分类为例）

　　在我国，现今学者对民事权利分类体系从未停止过讨论与研究，其中，台湾地区民法学者王泽鉴先生①，大陆民法学者王利明教授②、魏振瀛教授③、

---

　　①　台湾地区民法学者王泽鉴则认为：应利用不同的标准对民事权利进行划分。以效力所及范围为标准，分为绝对权和相对权；以标的物为标准，分为财产权和非财产权；以作用为标准，分为支配权、请求权、抗辩权及形成权；以成立要件是否已经齐备为标准，分为既得权与期待权。王泽鉴. 民法总论. 北京：中国政法大学出版社，2001：85.

　　②　王利明教授认为："根据权利的内容和性质，民事权利可分为财产权、人身权和综合性的权利。这是民事权利最基本的分类。"（王利明. 民法总则研究. 北京：中国人民大学出版社，2003：207.）

　　③　魏振瀛教授将民事权利分为七种："以民事权利所体现的利益的性质为标准，分为财产权和人身权；以民事权利的作用为标准，分为支配权、请求权、形成权、抗辩权；以民事权利的效力范围为标准，分为绝对权与相对权；以民事权利的效力范围为标准，分为主权利和从权利；以民事权利与主体关系为标准，分为专属权与非专属权；以民事权利是否已经取得为标准，分为既得权与期待权；以权利发生的先后及相互关系为标准，分为原权与救济权。"（魏振瀛. 民法. 2版. 北京：北京大学出版社，2006：39－42.）

江平教授[①]、李永军教授[②]等，都对民事权利的分类进行了阐述。在谢怀栻先生对民事权利分类的基础之上，他们根据不同的分类标准进行了更为细致、具体的划分，其中，梁慧星教授对民事权利的分类略有不同："第一，根据法律根据说，将权利分为公权与私权。第二，以权利之标的是否具有财产价值，可将私权分为财产权与非财产权两大类。第三，以权利之作用为划分标准，亦即以'法律上之力'的性质为划分标准，可分为支配权、请求权、变动权。变动权依所变动之法律关系不同，再分为形成权、抗辩权和可能权。第四，以效力所及的范围为标准，可分为绝对权与相对权。第五，以权利之相互关系为标准，可分为主权利与从权利。第六，以权利与其主体之关系为标准，可分为专属权与非专属权。第七，以是否已具备全部成立要件为标准，可分为既得权与期待权。第八，其他权利包括：财产管理权；实质性的权利与技术性的权利；新产生的权利类型。"[③]

　　笔者认为，每一位学者对民事权利分类的表述都深入浅出，对民事权利的分类标准也各有千秋。总体来看，在谢怀栻先生所提出的民事权利分类体系的基础上，现今民法学者对民事权利分类中公权与私权、财产权与人身权、绝对权与相对权、原权利与救济权、主权利与从权利、专属权与非专属权的区分已达成共识。对于支配权、请求权、形成权和抗辩权的区分，梁慧星教授另辟蹊径，围绕权利之作用进行了更为细致的划分。具体而言，梁慧星教授对民事权利的分类独具特色、更为细致。首先，其总体

---

　　①　江平教授对民事权利的分类有六种："以权利所及的人的范围为标准划分为绝对权与相对权；以权利的作用与功能划分为权利支配权、请求权、形成权、抗辩权；以权利的内容为标准划分为财产权、人身权、知识产权和社员权；以民事权利是否可以与其主体相分离为标准划分为专属权与非专属权；以在权利的相互关系中是否能够独立存在为标准划分为主权利与从权利、原权利和救济权。"（江平. 民法学. 2版. 北京：中国政法大学出版社，2011：30-33.）

　　②　李永军教授认为民事权利可分为六种："以权利所及的人的范围为标准，分为绝对权和相对权；以权利的作用与功能为标准，划分为支配权、请求权、形成权、抗辩权；以权利的内容为标准，划分为财产权、人身权、知识产权和社员权；以民事权利是否可以与其主体相分离为标准划分为专属权与非专属权；以在权利的相互关系中是否能够独立存在为标准，划分为主权利与从权利；以权利为原生或派生为标准，划分为原权利和救济权。"（李永军. 民法总论. 2版. 北京：法律出版社，2009：100-106.）

　　③　梁慧星. 民法总论. 4版. 北京：法律出版社，2011：71-76.

```
主权利  ←┐
          ├ 权利之
从权利  ←┘ 相互关系                  权利之标的 ┌→ 财产权
                                     是否具有财
专属权  ←┐                          产价值     └→ 非财产权
          ├ 权利与
非专属权←┘ 其主体                           ┌→ 支配权
          之关系                             │
既得权  ←┐         民事权利    权利      ├→ 请求权        ┌→ 形成权
          ├ 是否已具 的分类体系  之作用      │              │
          │ 备全部成             │        └→ 变动权 ─ 所变动 ├→ 抗辩权
期待权  ←┘ 立要件                            之法律       │
                                              关系        └→ 可能权

财产管理权 ←┐
            │                        效力所及 ┌→ 绝对权
实质性的权  ├ 其他权利              的范围    │
利与技术性  │                                └→ 相对权
的权利     │
            │
新产生的权 ←┘
利类型
```

图 2-2　民事权利的分类体系图（以梁慧星教授提出的分类为例）

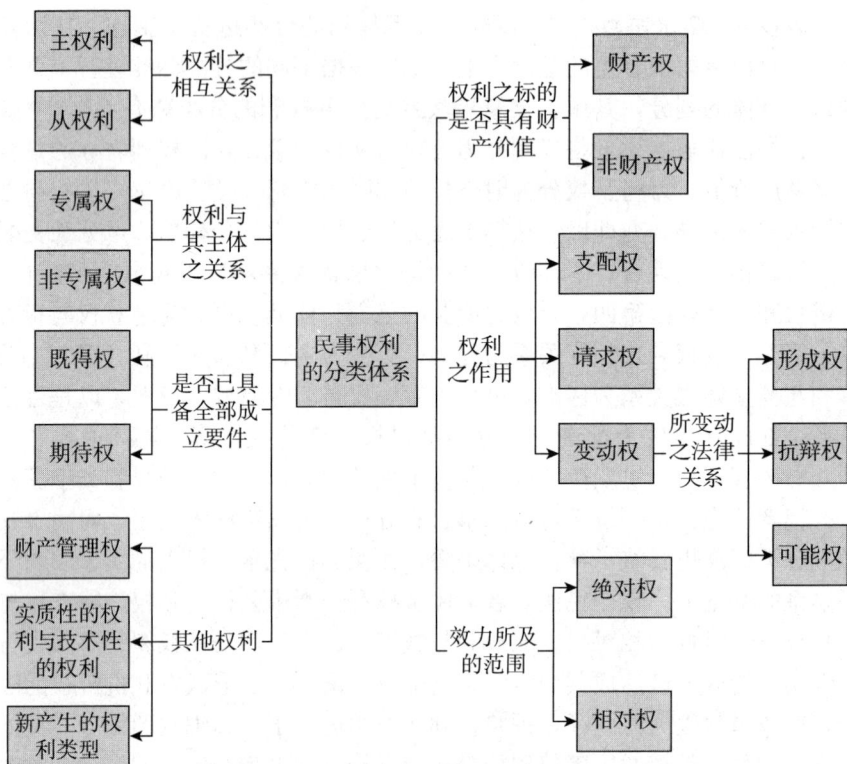

总结了八种民事权利的分类，更为细腻。特别是在第三种分类中，打破了传统的支配权、请求权、形成权和抗辩权的四分法，以权利之作用即"法律上之力"的性质为标准先分为支配权、请求权、变动权，然后对变动权作细分，即分成三种：权利人依自己的行为使法律关系发生改变的权利，称为形成权；权利人用以对抗他人请求的权利，称为抗辩权；权利人依自己的行为而使他人与他人之间的法律关系发生变动的权利，称为可能权。与此同时，明确了可能权不同于期待权：可能权是指权利人依自己的行为而使他人与他人间的法律关系发生变动的权利，如代位权、代理权等。[1]而期待权是现在尚未具备全部成立要件，将来有实现可能性的权利。[2] 可

---

[1]　梁慧星. 民法总论. 4 版. 北京：法律出版社，2011：75.

[2]　梁慧星. 民法总论. 4 版. 北京：法律出版社，2011：77.

能权与期待权之间最大的区别在于：可能权是针对他人相互之间的法律关系进行变动的权利，期待权则是指现在尚未形成而将来可能实现的权利。可能权与期待权是两种不同种类的权利，在根本性质上有差别。这为现实生活中民事活动设定权利和民事主体行使权利提供了准确的法律标准。其次，梁教授的分类增加了新产生的权利类型，并预设了开放式的分类标准。在第八种分类即"其他权利"中分为财产管理权、实质性的权利与技术性的权利及新产生的权利类型。① 其他权利这一分类本身是兜底形式的法律设定，它为新权利的产生、定位和民事权利分类体系的发展、完善提供了广阔的空间范围。这是顺应时代发展的权利分类方法，也为以后的新类型权利预留了空间，是法律具有前瞻性的具体体现。这也正是寻求用相对稳定的民事权利分类体系来兼容新兴权利的明智之举。最后，这些权利之间有可能竞合。当同一标的上有数个权利可以同时行使时，存在权利竞合的状况，最常见的是违约责任请求权与侵权责任请求权的竞合。梁慧星教授通过法条竞合说、请求权竞合说和请求权规范竞合说一一阐明了民事权利竞合的状态。

一言以蔽之，民事权利纷繁复杂、包罗万象，学者很难将所有的民事权利网罗无遗，我们应当正视民事权利分类体系不可避免的研究困境。民事权利分类体系也要经历不断演变的过程而逐渐走向成熟：从最初只区分财产权和人身权，到之后对人格权逐渐认可，再到后来新型权利如无体财产权、环境权等出现。不可否认的是，谢怀栻先生所主张的民事权利分类体系对我国民事权利的发展起到了不可磨灭的作用。他将民法学中基本的民事权利进行了清晰界定并分门别类，构建了体系简明、内容明确的民事权利分类体系。谢怀栻先生曾指出，对民事权利的研究，有了民法就已存在。② 民事权利会随着民法的发展而不断变化、创新与丰富。现今的民法学者竭力用相对稳定和较为完整的民事权利分类体系来涵括各种类型的权利，虽然仍称不上是完美的民事权利分类体系，但是学者试图在我国当前

---

① 财产管理权如失踪人财产代管人之管理权、监护人对被监护人财产的管理权等；实质性的权利分为财产权与身份权，技术性的权利如形成权、抗辩权、请求权；新产生的权利类型如日照权、环境权等。梁慧星. 民法总论. 4版. 北京：法律出版社，2011：77 - 78.

② 谢怀栻. 谢怀栻法学文选. 北京：中国法制出版社，2002：343.

民事权利多元化发展的时代潮流下，不断地使民事权利分类体系更具有科学性和严谨性：不仅对已有的和当前的民事权利进行归纳式分类，而且为新兴的民事权利预留充足的分类空间，使新兴民事权利的复杂性和综合性得到正视，使现今我国的民事权利分类体系更加趋于稳定并日臻完善。

二、探望权在我国民事权利分类体系中的体现

安德莱阿斯·冯·图尔（Andreas von Tuhr）称道，"权利是私法领域的核心概念，它是对纷繁复杂的法律生活的终极抽象"[①]。探望权是为现实生活中的亲子关系所需而由法律设立的权利。探望权属于民事权利的一种，它具有民事权利的特性。我国《民法典》婚姻家庭编明确规定了探望权制度，它是对探望权法律保护的具体体现。《民法典》第1086条第1款规定，"离婚后，不直接抚养子女的父或者母，有探望子女的权利，另一方有协助的义务"。法律不但规定了离婚后不直接抚养子女的父或母有探望子女的权利，而且也规定了直接抚养子女的母或父有相应的义务，即协助探望的义务。这是探望权制度中权利义务相统一的体现。法律赋予了当事人对探望权行使的方式、时间、地点等的自由决定权，即当事人根据自己的真实意思自由地选择最佳的探望权行使方式。只有当当事人对探望权的行使无法达成一致意见时，国家公权力才介入其中。与此同时，法律规定了探望权的救济制度，对探望权的救济体现在《最高人民法院关于适用〈中华人民共和国民法典〉婚姻家庭编的解释（一）》，其第6条规定："未成年子女、直接抚养子女的父或母以及未成年子女负担抚养、教育、保护义务的法定监护人，有权向人民法院提出中止探望的请求。"第68条规定："对于拒不协助另一方行使探望权的有关个人或者组织，可以由人民法院依法采取拘留、罚款等强制措施，但是不能对子女的人身、探望行为进行强制执行。"法律规定，当探望权受到侵害时，国家公权力机关以强制执行力保障其实现，即人民法院依法强制执行。此规定从权利救济的层面显现出探望权鲜明的民事权利属性。

民事权利的分类是理解探望权本质的重要途径，上文对民事权利分类

---

① Andreas von Tuhr，Der Allgemeine Teil des Deutschen Bürgerlichen Rechts，Bd. I，1910，S. 53.

体系的简要阐述，不仅是从整体上把握我国民事权利的一体化，而且是探析我婚姻家庭法中探望权性质的体系基础。从逻辑学视角出发，"分类即归类，是把具有共同特点的个体归入一类，并把具有共同特点的类集合成类的思维过程和方法"①。探望权在谢怀栻先生提出的民事权利分类体系中属于亲属权。② 按照法律规定，探望权是存在于父母子女之间的权利，它在归属和行使上都具有专属性，不被剥夺，不能转让、代行或抛弃。探望权实则包含了义务性的内容，它不仅仅是为了权利人的利益而设立，也是为了探望对象、探望相对方的利益和整个家庭关系的发展和延续而存在，因此，探望权具有利他性。此外，探望权还表现为：第一，以权利所根据的法律为区分标准，探望权属于私权。私权与公权相对应，探望权是民法上的权利，民法规定了自然人、法人和非法人组织从事民事活动的基本权利，探望权属于婚姻家庭法领域的一项权利，它无疑具有私权属性。第二，以权利之标的是否具有财产价值为标准，探望权属于非财产权。这是因为探望权不具有财产属性，它不能用金钱等物质来衡量，也不能通过买卖交易而获得。它属于身份权，是基于身份关系而取得的权利。第三，以效力所及的范围为标准，探望权属于具有相对性的绝对权。探望权属身份权的一种，具有绝对权的性质。然而，探望权的特殊之处是享有探望权的一方可以向直接抚养子女的另一方主张探望子女的权利，它是仅针对特定人主张的亲属权。第四，以与权利主体之关系为标准，探望权属于专属权。按照法律的规定，探望权是离婚家庭中不与未成年子女共同生活的父或母专享的一项权利，不得任意为其他自然人、法人或非法人组织所剥夺或代为行使。第五，以是否已具备全部成立要件为标准，探望权是一种既得权。法律规定，在离婚家庭中不直接抚养子女的父或母享有探望权。当其探望行为不当或有害子女的利益时，按照法律规定可中止其探望权。第六，探望权不属于其他权利。毋庸置疑，探望权不是新产生的权利类型。它存在于父母子女间的亲情关系中，一旦亲子关系存在，在离婚家

---

① 中国大百科全书出版社编辑部. 中国大百科全书：Ⅰ·哲学. 北京：中国大百科全书出版社，1987：309.

② 从谢怀栻先生对民事权利体系的分类标准来分析，亲属权的特点有：仅在具有一定亲属关系的人之间存在，在亲属关系发生时发生，在亲属关系消灭时消灭；具有专属性；具有义务性。谢怀栻. 民法总则讲要. 北京：北京大学出版社，2007：61.

庭状态下不与子女共同居住的父或母一方便自然而然地享有探望权，故可以将探望权理解为亲权的延续与发展。

具体而言，探望权在我国民事权利分类体系中的体现如下。

第一，探望权属私权范畴。民法为私法，民法所规定的权利属于私权。权利的产生源于不同主体的各自所需，这些需求所追求的结果便是利益，而利益通过主体的正当化程序参与及法律化评价成为权利。① 民事权利是民事主体为实现自身利益而拥有的一种法律上之力。"利益本质上是人民企求满足的要求、愿望或期待。"② 庞德把个人利益划分为：人格利益，即个人身体和精神的存在；身份家庭利益，即个人扩展的生活和物质利益，即个人的经济生活。③ 探望权是为实现个人利益中的人格利益而存在的。婚姻家庭法属于民法中的一个领域，探望权是亲子关系中一项举足轻重的权利，其实现的是父母子女之间的亲子关系所形成的利益，即离婚家庭中不直接抚养子女的父或母与未成年子女之间的精神利益，是离婚父母与子女间交往的延续。"权利的内容来自两个方面，一个方面是法律的直接规定，另一个方面则是当事人的自由约定。"④ 探望权的内容来自法律的规定，探望权主体必须亲自作出真实的意思表示，亲自履行探望行为。探望权为浓烈的血缘亲情构建起稳固的情感交融纽带，为亲密的亲子关系筑起有力的法律保护墙。现代法呼吁以权利为本位⑤，探望权作为婚姻家庭生活中关涉子女利益的一项权利其重要性自不待言。私权只有与法之力量相结合，才能得到真正的利益。私权是神圣的，探望权莫不如此。

第二，探望权是身份权。首先，探望权是一项非财产性权利，它本身不直接体现任何经济利益，不具有财产性，也无法转让、抛弃、继承。探望权的行使不会使父母子女间的情感联络被物质化。探望权所体现的是父母与未成年子女之间亲情交流与情感融合的愉悦、满足。当探望权受到侵

---

① 彭诚信. 主体性与私权制度研究：以财产、契约的历史考察为基础. 北京：中国人民大学出版社，2005：107-190.

② 张文显. 法哲学范畴研究. 修订版. 北京：中国政法大学出版社，2001：365.

③ Poscoe Pound，"Interests of Personality"，*Harvard Law Review*，vol. 28，1915，p. 349.

④ 卡尔·拉伦茨. 德国民法通论：上册. 王晓晔，等译. 北京：法律出版社，2003：281.

⑤ 张文显. 法哲学范畴研究. 修订版. 北京：中国政法大学出版社，2001：342.

害时探望权人可请求精神损害赔偿，这是非财产性权利的独特特征。其次，探望权与人身不可分离，它以特定的人身利益为内容。人身权包括人格权和身份权，"身份权系基于亲属间特定身份关系而产生"①。探望权具有身份权的三大属性，即特定性、稳定性和利益性。探望权建立在父母子女身份的基础之上并与该身份相伴始终。探望权处于整个社会关系中相对稳固的父母子女关系之中，体现了受法律保护的亲子之情的精神利益。身份权不同于其他权利的最大特点是：它的行使不仅仅是为了权利人的利益，同时也满足了相对方的利益。② 探望权的行使使父母与子女共同受益，使亲情关系得到增进与融合。最后，亲属权、荣誉权等都属于身份权。探望权作为亲属权，它是发生在父母与子女之间的权利。当婚姻家庭形成，父母双方结合并孕育子女时便形成了坚不可摧的血缘亲情关系，父母对子女的亲权便随之产生。然而，一些家庭中父母离婚造成了家庭的解体，使不与子女共同居住的父或母一方无法像在完整家庭状态下与子女随时随处地保持亲昵关系。探望权为此种非常态婚姻家庭状态下的亲子关系提供了亲情沟通的桥梁。亲子关系无论处于何种形式的非常态婚姻家庭状态下都不会被财产化，探望权竭力实现此种状态下父母与子女之间对亲情的牵挂与依恋。

第三，探望权是具有相对性的绝对权。探望权属于身份权的一种，"身份权虽非典型绝对权，但其在对外关系上显示了绝对权的性质，在对内关系上具有相对权的性质"③。同样地，探望权在对外关系上具有绝对性：它是在夫妻双方离婚后，不直接抚养子女的一方享有的权利。它在对外关系上具有对世性，任何第三人不得侵犯、剥夺。在这个意义上讲，夫妻双方离婚对外具有公示效力，不直接抚养子女的一方当然享有探望权。然而，探望权作为绝对权又独具其特殊性，其在对内关系上具有相对性，即其存在于离婚家庭的父母子女之间，在对内关系上对人性显现无疑。在探望权的权利义务关系中，一方面，享有探望权的一方即不与子女共同生

---

① 王伯琦. 民法总则. 台北：台湾印书馆，1977：24.
② 史尚宽. 亲属法论. 台北：荣泰印书馆，1980：31.
③ 段厚省. 论身份权请求权. 法学研究，2006（15）. 对此说法，还可参见史尚宽. 民法总论. 北京：中国政法大学出版社，2000：21. 杨立新，袁雪石. 论身份请求权. 法律科学（西北政法学院学报），2006（2）。

活的父或母一方作为权利主体有探望子女的权利，义务主体即与子女共同生活的另一方有协助探望的义务。另一方面，享有探望权的父或母只能请求相对方即母或父协助探望，即探望权的义务主体是特定的，其他任何人无权干涉探望权的行使。可见，在对内关系中探望权的请求具有特殊性，它主要体现在。其一，具有相对性。探望权是发生在离婚家庭中的权利，其存在于特定的当事人之间。这就意味着探望权的请求不能随意向任何人发出，而仅能向特定的义务人发出，即由不直接抚养方向直接抚养方发出请求协助的权利。其二，具有非公示性。由于探望权是发生在离婚家庭中的父母子女间的身份上的请求权，因此无须公示。通常情况下只需特定的当事人知晓，即离婚家庭中的家庭成员，尤其是离婚的双方知晓，第三人是否知晓并不影响探望权的行使。其三，探望权既为实体法上的权利又连接了程序法上的权利。探望权是一项独立的权利，它是基于父母子女的特殊身份关系以及亲子间无法割舍的血缘亲情而存在的。父或母基于婚姻关系的破裂而获得探望子女的权利。这种探望的请求不依附于任何权利而独立存在于实体法上。当探望权无法得到实现时，探望权人可单独提起诉讼，民事诉讼法为探望权提供了救济的途径。由此，探望权的行使连接了实体法上请求权的实现与程序法上给付之诉的提起。霍布豪斯曾精辟地总结道："同一种权益，对于应得者便叫作权利，对于应付者则叫作义务。"[1] 在探望权的行使过程中，享有探望权的父或母有权对子女的人身、财产进行与探望相关的行为，以子女的最大利益为考量，保证这些子女能和在完整家庭中成长的孩子一样感受到父母的关爱与支撑。探望权不但是维护离婚家庭中的子女的最佳利益的必然法律选择，而且也是调整离婚后父母与子女之间的权利义务关系的法律表现形式。

第四，探望权是专属权。专属权包括专属享有权和专属行使权。[2] 身份权为专属行使权，探望权是身份权的一种，因此探望权属于专属行使

---

[1]   L. T. Hobbouse, *The Elements of Social Justice*, Routledge/Thoemmes Press, 1993, p. 37.

[2]   专属享有权指专归于权利人自身享有、不得让与或继承的权利，但可由他人代位（为）行使，如终身养老金权。专属行使权是指不仅专属享有，其行使与否，也专由权利人为之，他人不得代位（为）行使。龙卫球. 民法总论. 2 版. 北京：中国法制出版社，2002：131.

权。从探望的权利与主体的不可分性足见其具专属行使性，即探望权由探望权主体专属享有和行使。探望权的专属性主要体现在：一是探望权是法律为离婚家庭中不与子女共同生活的父或母一方所设定的权利，其他人无权享有，因此探望权不得转让、抛弃或继承，也不得代位（为）行使。这是探望权的专属性的最根本表现。二是若探望权纠纷进入民事执行程序，一般不提倡强制执行。因为探望权与人身密不可分，探望权主体的专属身份以及父母与子女之间的血亲关系使探望权的执行一般不采用强制手段。通常情况下，一旦采取强制执行措施，不但会激化父母双方之间的矛盾，也会给未成年子女带来身心上的伤害。父母对子女所承担的最伟大的使命就是在其左右伴其成长，与子女一同经历人生仅有一次的未成年时期的美好时光。探望权的设立就是为了弥补父母离婚使子女缺失的家长的关爱和亲情陪伴。探望权法律规定的采取强制措施的对象仅是拒不履行协助义务的父或母一方，对未成年子女的人身以及探望权人的探望行为不适用强制执行。显而易见，探望权的专属性决定了探望权的享有及行使均存在特殊性。

第五，探望权是既得权。既得权和期待权相对。既得权是具备权利取得的一切要件的权利。期待权是法律保护的成立要件尚未完备的权利，即期待权是一种其构成要件介于"已经实现"和"犹未实现"（von den "schon" und "noch nicht" verwirklichten Tatbestandstücken）之间的法律地位。[①] 探望权属于人身权，它是既得权。现实生活中，正常的婚姻家庭关系中探望权隐性地存在于父母子女之间，因为通常情况下父母与子女间能够保持亲密无间的亲情，能够直接地接触、了解对方，父母对子女的关怀和帮助不存在障碍和距离。也即在正常的婚姻家庭状态下，父母行使亲权便能实现父母对子女的权利和义务。然而，一旦父母双方感情破裂，导致婚姻关系解体，迎面而来的是不可回避的父母与子女彼此间的距离感。不直接抚养子女的父或母一方若要与子女进行沟通与交往，需要通过探望权来实现。也即父母子女间存在亲子关系，在非常态婚姻家庭状态下，探望权就明显地在父母子女间发挥作用。在这个意义上讲，探望权是一种既得权，是法律赋予探望权主体在非常态婚姻家庭状态下行使探望权以弥合父母子女间感情裂缝的重要权利。父母养育自己的子女使之成长为

---

① Ludwig Raiser, Dinglicher Anwartschaften, J. C. B. (Paul Siebeck), 1961, S. 4.

健全的人乃父母之天职①，探望权就是为实现此天职而生的一项权利。

由上述可知，探望权能够在我国民事权利分类体系中找到自己应有的地位。从民事权利分类体系的视角观察探望权，有利于全面地研究探望权。法律的前瞻性召唤我们对探望权应有深刻的洞见，现实婚姻家庭生活的多变性需要我们对未来的探望权立法从容审视。权利的设立是权利行使的基石，权利的发展是权利行使的保障。随着现代社会的发展，人们的权利意识不断增强，人们对权利的关注程度与日俱增。探望权作为婚姻家庭法领域中的一项权利，在表面上看它似乎仅关系到家庭成员中某一个或某几个成员的利益，但实际上它产生于夫妻双方结合并建立在亲属血缘的自然事实上，这就决定了探望权不仅涉及某个个体的私人利益，也涉及整个家庭利益，更直接或间接地关涉国家利益和社会公共利益。② 因此，从剖析探望权的权利归属着手，是揭示探望权本质的必然路径。

第二节　探望权与相关权利

一、探望权与亲权

众所周知，血缘关系是人与人结合所产生的与生俱来的"天然关系"。它不仅是人类社会政治、经济、文化文明等诸多社会核心要素的基石，也是婚姻家庭领域内风气习俗、传统习惯以及法律制度形成的根基。这种血浓于水的骨肉亲情自然而然地在伦理道德领域形成了父母子女间的礼仪规则，如慈、孝、教、养等。同时，随着时代的进步与发展，在法律领域父母子女间的权利义务也应运而生。这种父母子女间的权利义务有别于一般的权利义务，它不会因个人主观愿望的不同或客观环境的变化而发生改变，它是在血亲土壤上孕育而生的权利义务。亲权体现了父母子女之间的法律关系，它是父母对未成年子女的当然权利和义务，具有维系家庭关系与维护共同秩序的功能，故与监护制度不同。③

---

① 我妻荣. 亲族法. 东京：有斐阁，1974：316.
② 陈爱武. 人事诉讼程序研究. 北京：法律出版社，2008：12.
③ 王利明. 民法总则研究. 北京：中国人民大学出版社，2012：43.

（一）亲权的概念及法律关系

亲权的英文表述为 parental power，英国 1989 年《儿童法案》中表述为 parental responsibility；法语旧称 puissance paternelle，在 1987 年被修改为 autorite parentalo；德语旧称 elterliche Gewalt，在 1980 年被修改为 elterliche Sorge。亲权作为古老的法律制度最早可追溯至古罗马法和日耳曼法，我国古代的父权制度是我国亲权制度的雏形（前文已述）。关于亲权的定义，学者间众说纷纭。日本学者我妻荣先生认为："现代法亲子关系的核心内容是父母对子女哺育、监护、教育的职责，在民法上规定为亲权。"[①] 我国大陆学者杨大文教授认为："亲权是双亲的权力的意思。"[②] 杨立新教授认为："亲权是指父母对于未成年子女之身体上和财产上的养育管教和保护管理的权利义务制度，内含监护权在内的多项身上照顾权及财产照顾权。"[③] 我国台湾地区学者史尚宽先生认为："亲权在近代立法谓以教养保护未成年子女为中心之职能，不仅为权利，同时为义务。"[④] 王伯琦先生曾言："许多基本概念之阐释，仍有待于努力也。"[⑤] 概念越辨越明晰，对其内涵需如抽丝剥茧般逐一地探究才能得其本质，亲权[⑥]也不例外。笔者认为，亲子关系基于血缘和姻缘而产生，父母对子女的教养和保护是以血缘情感为依托的。费孝通先生曾用三角形比喻父母子女之间的关系逻辑：父、母、子女分别为三角形的三个点，这三个点连结而成的三角形深根固柢。亲子关系包括婚生父母子女之间、非婚生父母子女之间、养父母子女之间以及具有抚养关系的继父母子女之间的关系。我国民法学界对子女的界定包括自然生育的子女和人工生育的子女。由此可见，现代亲子关系不但要适应时代的需求而含义较为广泛，更是要以最有利于子女为出发点。事实上，亲权是基于父母子女之间的关系而产生的，它是用法律来诠释这种不容置疑的血缘亲情。

基于这种亲子关系形成的亲权从根本上体现了如下几点：第一，亲权

---

① 我妻荣. 亲族法//法律学全集. 东京：有斐阁，1874：316.

② 杨大文. 亲属法. 北京：法律出版社，1997：263.

③ 杨立新. 人身权法论. 北京：中国检察出版社，1996：868-869.

④ 史尚宽. 亲属法论. 北京：中国政法大学出版社，2000：657.

⑤ 王伯琦. 民法总论. 北京：法律出版社，1957：9.

⑥ 在现代，亲权的说法逐渐被父母照顾取代. 德国民法典. 陈卫佐，译注. 北京：法律出版社，2010：487. 但本书为明确探望权与亲权之关系，采用亲权为宜。

着眼于子女利益的最大化。任何一项法律制度的制定都应立足于立法的本旨，婚姻家庭法也不例外。依我国婚姻家庭立法的理念，子女利益最大化已日渐成为我国亲属法上的首要原则。亲属法之儿童利益最大化原则，如同民法之诚实信用原则，俨然成为公认的现代婚姻家庭法的"帝王条款"①。亲子关系涉及子女利益，亲权的行使直接关系着子女的发展，可以说，亲权行使得恰当与否在很大程度上会影响到子女的未来。因此，亲权制度是子女成长过程中至关重要的一项法律制度，子女利益最大化原则理应贯彻在其中。第二，亲权充分地体现了父母对子女的抚养、哺育、管教及关爱。自古以来，父母对子女的养育被视为一种天职。一方面，子女是家庭成员中最为弱小、娇嫩的群体，子女的成长需要父母的辛勤培育与百般呵护。父母对子女的保护不仅仅是让子女丰衣足食，更是要提供心灵和情感上的支撑与慰藉。故让子女时刻感受到来自家庭的安全感和来自父母亲人的温暖是亲权制度设立的初衷。另一方面，子女是未来的希望，其生存权利的实现、身心健康地成长与国家繁荣、民族兴旺及全人类的共同发展有着密不可分的内在联系。苏联著名教育家马克连柯曾说过："我们的儿童是我们国家的未来的公民，也是世界的公民，他们将创造历史。"②可以说，亲权不但是家庭责任的担当，更是社会责任的承担。第三，亲权理应贯彻父母共同行使原则和男女平等原则。亲权的发展经历了从古代父权占绝对统治地位到现代父母共同行使亲权的过程。反复的生活实践已证实，父亲和母亲对于子女的成长具有同等重要的影响力。洛克曾言："因为父母是子女之保护者，而始握有亲权，因此其若停止对子女之保护，则相对地要失去对子女之权力，此权力与养育、教育子女形影不离，二者不可分。"③ 在现代亲权制度下，父母共同承担对子女的义务和平等地享有应有的权利是题中应有之义。父母相互协商，共同行使亲权不仅能防止任意一方出于私利而滥用亲权，也有利于子女利益的最大化。与此同时，两性平等不仅是人类自古以来孜孜以求的目标，也是法律崇尚的公平正义在

---

① 熊进光，曾祥欣. 代孕技术背景下亲权归属问题探析：从全国首例代孕引发的监护权纠纷案说起. 行政与法，2017 (6).

② 何国华，燕国材. 马克连柯教育思想研究. 长沙：湖南教育出版社，1986：127.

③ 林秀雄. 婚姻家庭法之研究. 北京：中国政法大学出版，2001：192.

婚姻家庭法领域的具体诠释。"平等被认为是一切人都可以享受的权利和正义。"① 在亲权中，男女平等一方面体现在父母之间平等地享有亲权并共同地负担对子女的义务，另一方面体现在父母双方以平等的态度、公平的思想对待子女，无论是儿子还是女儿，都要相同对待、同等保护。第四，亲权是由婚姻家庭法予以调整和规范的典型身份权。婚姻家庭法是调整婚姻家庭关系的法律，其中，亲子关系是婚姻家庭关系中的主线。亲权属婚姻家庭领域的一项法律制度，它必然具有亲属法的特质。亲权调整的是具有特殊身份关系的主体之间的关系，即父母子女之间的血亲关系，故在具有法律强制力的同时，更不缺少婚姻家庭法特有的习俗性、伦理性和团体性。同样，亲权是自然属性和社会属性的有机结合体，它不但需要遵循家庭生活中血亲关系天然形成的自然规律，而且要引导家庭成员间的利益平衡和倾向保护，以保证自然属性在家庭和谐、社会安定、人类发展的轨道上运行。综上，亲权的定义可被归纳为：是指基于父母子女的亲子关系而产生的父母对子女在人身和财产方面的教养、照顾、管理及保护的权利和义务的总称。

在现代亲权法律关系中，由父母行使亲权，即父母是亲权的权利主体。通常情况下，对于婚生子女而言，其父母双方都是亲权的享有者。对于非婚生子女而言，如未经生父认领，原则上生母是其亲权的享有者；如经生父认领，各国对亲权人的认定有所差异。由血缘所形成的亲情关系，任何人都无法改变，也无须任何人选择。正如费孝通先生所言："血缘所决定的社会地位不容个人选择。世界上最用不上意志，同时在生活上又是影响最大的决定，就是谁是你的父母。"② 自子女出生起由亲生父母行使亲权，能使子女在第一时间感受父母的关爱，这种关爱是任何人无法替代的。它最大限度地给予了子女心理和精神上的安定与满足，是血缘亲情温柔地赋予子女温暖。对于养子女而言，养父母子女关系已建立的，在收养关系存续期间由养父母行使亲权；在收养关系终止或被撤销后，才由亲生父母行使亲权。"养子女之根本目的，在于人为创设亲子关系，故在未开之社会即有养子制度之存在，盖出于人之为亲的本能。"③ 自收养关系成

---

① 皮埃尔·勒鲁. 论平等. 北京：商务印书馆，2007：283.

② 费孝通. 乡土中国 生育制度 乡土重建. 北京：商务印书馆，2011：73.

③ 史尚宽. 亲属法论. 北京：中国政法大学出版社，2000：585.

立时起，子女与养父母就正式建立了亲子关系。基于亲生父母对养父母子女关系的认同，为避免子女的利益因亲生父母与养父母争夺亲权而遭受损害，并为维护家庭关系的稳定长久，在收养关系存续期间应由养父母行使亲权。在具有抚养关系的继父母子女家庭，亲权主体为生父和继母或生母和继父，即与子女共同生活的现有家庭中的亲生父亲或母亲及其配偶。亲权行使的对象是特定的，仅为未成年子女，成年子女被排除在外，即成年的无行为能力人和成年的限制行为能力人都不是亲权行使的对象。亲权的义务主体为除父母以外的其他任何第三人，他们负有不得侵害亲权的不作为义务。至于亲权的客体，有学者认为是未成年子女①，但在现代"亲子本位"的亲权理念的指引下，亲权的客体应为未成年子女的人身和财产。亲权的内容是亲权的核心，通说认为，亲权的内容包括人身和财产两大方面。人身方面的照护包括教育权，居所指定权，惩戒权，子女返还请求权，身份行为的代理权及同意权，抚养、照顾义务，赔偿义务。财产方面的照护包括财产管理权、财产用益权、财产处分权、财产事务的代理及同意权。

（二）亲权的性质、特征及意义

关于亲权的性质，理论界众说纷纭，争论不休，主要有三种说法，包括单纯的权利说、权力说、权利义务一体说。权利说认为，"亲权是父母保护教养未成年子女的权利，亲权是专属于父母的一项身份权"。权力说认为，"亲权是以保护教养未成年子女为目的的一种传统的民法上的身份权，是父母对未成年子女的一种权力"。权利义务一体说认为，"亲权是指父母对未成年子女身份上和财产上的以保护教养为内容的权利和义务的总称"②。笔者赞同亲权是权利和义务的结合体的说法。③ 婚姻家庭法是产生重大变革的法律领域。审视亲权的发展历程，它已从古代以父权为上的亲权制度逐渐发展为现代父母双方共同行使亲权，已从抛弃子女对父母的绝对服从和父权的绝对支配过渡到父母关注子女利益并给予子女人身上的保护和财产上的照管。现代亲权立法理念已摒弃将子女看作亲权的客体及子女在家庭中无独立地位的陈旧家

---

① 陈明侠. 亲子法基本问题研究//梁慧星. 民商法论丛：第6卷. 北京：法律出版社，1997：66.

② 寻子佩. 对有关亲权性质几种观点的批判：兼论亲权立法模式之选择. 法制博览，2013（6）.

③ 刘引玲. 亲属身份权与救济制度研究. 北京：中国检察出版社，2011：174.

庭观念，相反，其愈来愈彰显保护弱势群体的利益和追求家庭成员间利益的平衡，子女对家庭的重要性愈发突显。现代社会提倡个人权利是私法领域立法的价值核心。同样，在婚姻家庭法领域，父母的权利义务相伴相随以最大限度地实现子女的利益是家庭自治的价值核心。现代家庭模式通常是以父、母、子女组成的核心家庭或者以父母、子女以及（外）祖父母组成的三代人主干家庭。相比以往时代，现在，子女在家庭中的地位已大大提高。父母权力的亲权时代不复存在，亲权是权利和义务的结合才是亲权内容之所在。"称之为权利，意味着履行这项业务不受他人的恣意干涉"①。亲权中既包含父母基于血亲身份对子女专享的权利，也包含父母作为子女的家长应尽的义务，这才是亲权的本质所在。简言之，亲权是一项尊重父母权利自治又保障父母义务履行的法律制度，其功能之发挥尽在实现子女利益之最大化。

亲权的特征有如下几个方面：第一，亲权是独立存在的基本身份权。这是亲权的最根本特征。人身权包括人格权和身份权，亲权基于父母对子女的特殊身份而形成。这种亲子关系是一种天然的血亲关系，是缘于身份而形成的。"亲权是身份权中的基本权，亲权、配偶权、亲属权具有同等地位，它们共同构成亲属法上的基本身份权。"② 亲权不依附任何其他权利而存在，也不会因父母婚姻关系的解除而中断或终止，故亲权的独立性显而易见。第二，亲权是专属权。亲权仅为父母专属享有的权利，其他任何人不得以任何理由行使亲权。父母是未成年子女最贴近的保护者，法律赋予父母以亲权既是人之常情，也是法律责任之使然。这种专属权利以教育、保护子女为目的，不得滥用、放弃或让与。亲权的内容虽范围广泛，包括了对子女的人身照顾的权利和对其财产照护的权利，但仅限于监护子女之必要且符合子女之利益。③ 第三，亲权是具有相对性的绝对权。亲权作为存在于父母子女关系中的特殊身份权，其在对外关系上表现出绝对性，在对内关系上具有相对性。一方面，亲权基于父母身份而产生，故其行使主体是父母，现代社会中亲生父母、养父母以及形成抚养关系的继父母都享有亲权。其他任何第三人都负有不得侵犯亲权的义务，当亲权受到

---

① 我妻荣，有泉亨. 日本民法·亲属法. 夏玉芝，译. 北京：工商出版社，1996：131.

② 杨立新. 婚姻家庭法. 北京：人民法院出版社，2009：240.

③ 林菊枝. 亲属法专题研究. 台北：五南图书出版公司，1985：139.

侵害时，法律规定了救济途径，即用侵权责任来填补亲权所遭受的损害。这是亲权作为排他的绝对性的对世权的体现。另一方面，父母行使亲权对子女来说具有相对性。因为亲权行使的对象是未成年子女，无论是身份上的照顾还是财产上的照护，亲权都是特定的，以达到保护未成年子女为最终目的。第四，亲权包含了权利义务双重内容。亲权基于父母身份而产生，这种特殊的身份决定了亲权的行使主体只能是父母，其他任何人不享有亲权。亲权行使的接受方是未成年子女，亲权的目的是保护、教养自己的子女。这就意味着亲权的内容不仅仅包含权利，义务也是其应有之义。因此父母对子女进行管教、抚育、照护等既是权利也是义务，父母不得放弃、转让，也不得滥用。法律规定了限制亲权的情形，亲权一旦被滥用，必然受到限制。亲权要以实现子女利益最大化为宗旨，这样亲权的行使才有意义。第五，亲权具有时间性、利他性。亲权仅在子女未成年时存在，子女成年后亲权自然消灭。这缘于亲权设立的初衷是给予尚未形成独立生存能力的未成年子女以应有的父母保护。父母与未成年子女生活在一起，培育他们生存的能力，教导他们生活的真谛，使其在成年之前充分感受到家庭的教育与呵护，在成年之时有足够的能力和勇气独立地面对世界和开始自己的生活。父母的亲权止步于子女成年之时，子女在成年后即便因各种原因成为无行为能力人或限制行为能力人，父母不会再享有亲权。因此，亲权以父母对未成年子女这种特殊的身份为前提，依照法律规定而享有并为未成年子女的利益而行使。

　　每一部法律中的法律规定实则是其所内涵的思想外化为具有约束力的规则。① 亲权无疑用法律的形式诠释了这样一种思想，即父母对未成年子女的成长而言具有不可替代性，父母应最大限度地维护子女的利益。在现代社会，亲权作为一项独立的法律制度，独具其存在的意义：首先，从现实层面来讲，亲权的设立有利于全面地保护未成年子女的利益。亲权的产生建立在亲子关系上，它是人世间最自然、亲近的血缘关系，其他任何情感都无法比拟和超越这种父母子女之间的亲情。子女的未成年时期是人生中至关重要的阶段：它不仅是子女生存最需要亲人无微不至的照顾的黄金成长期，更是子女树立正确看待世界的人生观念和形成为人处世能力的关

---

① 弗里德里希·卡尔·冯·萨维尔，等. 萨维尼法学方法论讲义与格林笔记. 杨代雄，译. 北京：法律出版社，2008：77.

键启蒙期。亲权是父母的权利和义务，保障和规范父母对未成年子女在人身照顾方面和财产照护方面的各项内容，进而实现在现实生活中全面地维护未成年子女的最佳利益。实际上，亲权的正当行使有利于增进亲子关系、稳定家庭关系、实现国家安定。其次，从法律层面来讲，亲权是调整父母与未成年子女之间浓厚的血缘亲情关系的法律制度。在婚姻家庭法领域，亲子关系是贯穿婚姻家庭法始终的一条主线，亲权专为调整父母子女关系而设立，婚姻家庭法对父母子女关系的重视由此可见一斑。亲权规范父母对未成年子女的行为，父母享有亲权但不得滥用亲权，父母履行义务且不得随意放弃权利。法律对亲权给予保护，同时对滥用亲权予以限制。未成年子女作为亲权行使的相对方应作出真实的意思表示来配合亲权的行使，进而增进与父母间的情感交流，使自己健康茁壮地成长。最后，从国际层面来讲，亲权制度是世界亲属法发展的大势所趋。关爱儿童、促进儿童的全面发展是全球持续努力的目标。儿童占世界人口的三分之一，保护儿童是人类社会的共识。① 世界各国几乎都有关于亲子关系的法律规定。尽管各国的家庭抚养模式和家庭教育方式不尽相同，但父母对未成年子女成长过程中的影响同等重要。心理学和伦理学研究显示：未成年子女成长的关键因素是家庭和父母的熏陶与感染。② 虽然两大法系关于亲权的立法模式各有迥异，但是对于亲权保障家庭，尤其是父母给予未成年子女的关爱和保护已达成共识。由此可见，亲子关系立法的法律步伐会不断地向前迈进。

（三）我国法律上亲权与探望权的关系

立足于我国国情和法学现状，至目前为止，我国始终没有出现过亲权这一概念，法律制度中也没有专设亲权一章。有学者认为，"我国几千年的家长专制、封建思想根深蒂固，若采用亲权概念会误解为法律将家长权利视为重心，会阻碍对未成年人利益的保护"③。亲权用语虽未曾出现在法律规定当中，但亲权一词为我国法学学者通用的法律术语，有关亲权的

----

① 汪金兰. 儿童权利保护的国际私法公约及其实施机制研究. 北京：法律出版社，2014：1.

② 彭刚. 剥夺与回归：我国未成年人监护权撤销制度的建构机理及其完善. 宁夏社会科学，2015（4）.

③ 曹诗权. 未成年人监护制度研究. 北京：中国政法大学出版社，2004：144-146.

内容散见于我国婚姻家庭领域的法律之中，并且其部分内容与监护制度的内容相重合。着眼于我国法律规定，父母对子女保护、教养的权利义务主要体现在如下法律规定之中：《民法典》第 26 条，《家庭教育促进法》第 4 条、第 14 条至第 23 条，《妇女权益保障法》第 70 条，《未成年人保护法》第 15 条、第 16 条，《预防未成年人犯罪法》第 15 条、第 17 条至第 21 条等。上述法律条文虽规定得较简单、抽象，尚未形成完备的亲权体系，但已然在竭力诠释亲权的完整内涵并显现出关于父母对子女保护、教养的规定必不可少，亲权的内容在婚姻家庭立法的发展中占有一席之地。随着社会生活的复杂多样及发展变化，我国的离婚率持续上升，离婚不仅导致一个家庭的破碎，而且引发了对未成年子女的亲权行使问题。离婚家庭中不与子女共同生活的父或母一方对未成年子女行使亲权的方式必然与正常婚姻家庭状态下行使亲权的方式有所差异。与此同时，当今社会男女双方的生活模式呈多样化态势，这也使父母子女相互之间的相处方式悄然发生着改变，亲权的行使已成为现代社会值得关注和研究的重点。从目前来看，为顺应时代的发展，我国《民法典》婚姻家庭编规定了有关探望权的内容，即《民法典》第 1086 条。探望权是专为离婚后不与子女共同生活的父或母一方继续行使亲权而作出的法律规定。即使探望权的法律规定过于笼统、单一，但我国已明确树立父母对未成年子女的亲权不因婚姻关系结束而终止的亲子立法理念。

　　从关于父母子女关系的法律规定来看，《民法典》明确规定了父母对未成年子女应当承担抚养、教育和保护的义务。我国的《未成年人保护法》、《妇女权益保护法》、《义务教育法》、《预防未成年人犯罪法》也规定了父母对未成年子女有抚养、照顾、教育、保护的权利义务：为未成年子女指定居所的权利义务、子女交还请求权、保障子女受教育的义务、照护未成年子女财产的义务、保护未成年子女的人身不受侵害的义务、对未成年子女侵害他人行为的赔偿义务、预防未成年子女犯罪的义务等。这些权利义务都是父母应尽的职责，充分体现了法律赋予父母对未成年子女的亲权的内容既包括权利又含有义务，两者不可偏废、缺一不可。相比旧时的亲权制度，现代关于亲权内容的法律规定是立法的进步，开启了以保护子女利益为首要的现代亲子立法时代，强调父母对子女的亲权不是父母的权力而是父母的权利与义务，是父母与子女之间的亲子关系在法律层面的集中体现。然而，我国关于父母子女关系的法律规定仍存有疏漏，如当父母在共同行使亲权过程中出现意见不一致的情况时如何处理，父母享有的亲权未得到善意行使时的具体法律制裁是什么，父母管理未成年子女财产时的注意义务的标准是什么，离婚后未与子女共同生活的父或母一方是否有对未成年子女的重大事项的决定权，除离婚以外其他非常态婚姻家庭状态如父母分居等情形下父母的亲权如何得到有效行使等。此外，婚姻家庭法对探望权的法律规定寥寥无几，亲权的内容与探望权的内容也未放在一起加以规定并形成体系。这些都是我国婚姻家庭立法亟须解决的难题，它们对于规范、保护以及促进亲子关系的发展具有重要影响。

探讨亲权与探望权的关系离不开它们产生的基础。血缘，严格说来，是指由生育所产生的亲子关系。[①] 正是父母子女间与生俱来的血缘关系产生了亲权，未成年子女的父母理所当然地成为亲权人。我国法律已明确区分了父母在正常婚姻家庭状态下和离婚状态下亲权的行使，学理上通说认为，在婚姻关系存续期间父母对子女行使的权利义务被称为亲权，父母离婚后未与子女共同生活的父或母对子女继续行使的权利义务被称为探望权。父母离婚后涉及子女的最重要问题是亲权人的确定即为子女选择适当的亲权人。世界各国关于离婚后亲权的行使有三种立法例：一是单方行使亲权，即离婚后由父或母一方单独行使对未成年子女的亲权。如《日本民法典》第 819 条规定："父母协议离婚的，应通过协议确定一方为亲权人。诉讼离婚的，由法院确定父母一方为亲权人……"[②] 二是父母双方行使亲权，即离婚后父母双方共同行使亲权。如我国《民法典》第 1084 条规定："父母与子女间的关系，不因父母离婚而消除。离婚后，子女无论由父或母直接抚养，仍是父母双方的子女。离婚后，父母对于子女仍有抚养、教育、保护的权利和义务。离婚后，不满两周岁的子女，以由母亲直接抚养为原则。已满两周岁的子女，父母双方对抚养问题协议不成的，由人民法院根据双方的具体情况，按照最有利于未成年子女的原则判决。子女已满八周岁的，应当尊重其真实意愿。"三是父母双方行使和单方行使相结合，即离婚后父母双方协商或由法院决定父母双方或一方行使亲权。如《韩国民法典》第 909 条第 4 款规定："于非婚生子女被认领情形及父母离婚的情形，由父母协议决定亲权人，不能协议或协议不成的，由家事法院依职

---

① 费孝通. 乡土中国　生育制度. 北京：北京大学出版社，2013：69.
② 日本民法典. 王爱群，译. 北京：法律出版社，2014：129 - 130.

权或者根据当事人的请求而决定。但是有悖于子女利益时，家事法院可以命令补正或者依职权指定亲权人。"① 目前，我国采取的是父母双方共同行使亲权原则，即直接抚养未成年子女的父或母一方行使亲权，另一方则通过行使探望权实现亲权。法院在审理确定离婚家庭中子女的亲权人的案件中，应以有利于保护未成年子女的最大利益为宗旨。离婚后父母无论是否与子女共同居住，都应以实现未成年子女利益的最大化来行使亲权。当与子女共同生活的父或母一方继续行使亲权时，另一方自然需要寻找适当的方式实现与子女的情感沟通和生活交往。法律专设探望权制度是现实社会生活的实际需求和亲属法理论发展的必然结果。

笔者认为，探望权是行使亲权的一种形式，是亲权在非常态婚姻家庭状态下，尤其是离婚家庭中父母子女关系的具体体现，或者说探望权是亲权的延伸。具体来讲，探望权和亲权的关系表现如下：首先，亲权和探望权都是基于血亲关系，由法律规定而产生的权利。亲权和探望权基于父母子女间的身份关系并由法律确认而存在。父母子女之间的亲权基于血亲关系由法律规定，不能由他人代为行使，不能放弃，非依法律规定不得剥夺或限制。法律对父母子女间权利义务的规定，不仅为在婚姻关系存续期间父母抚养、教育、保护子女以及管理财产等权利和义务奠定了法律基础，同时也为父母离婚后未取得抚养权的父或母一方享有探望权提供了法律依据。换言之，探望权是父母离婚后未与子女共同生活方（未取得抚养权的父或母一方）继续行使亲权的一种方式。当婚姻家庭处于正常状态时，探望权实则可以被看作隐匿于亲权之中，一旦婚姻家庭生活出现非常态情形，探望权便"挺身而出"以维系亲子关系的存续和发展。同样，探望权是基于父母子女之间的自然血亲关系由法律规定为法定权利，非依法律规定任何其他个人、组织都无权剥夺或限制，探望权人也不得滥用或放弃。其次，亲权是一种特殊的身份权，探望权也属于特殊身份权，具有明显的利他性。父母子女间无法泯灭的血缘亲情是任何事物都无法割断的，这决定了父母对未成年子女拥有特殊的身份，也即父母负有养育、照顾、保护、管教子女的权利和义务。亲权正是这种权利和义务的结合体，它包含了父母对子女的人身照顾和财产照护两个方面。亲权本质上是以自然血亲关系为基础的特殊身份权，探望权是亲权的潜在权利，只有在父母离婚后

---

① 韩国最新民法典. 崔吉子，译. 北京：北京大学出版社，2010：248.

才体现出来。亲权不因父母婚姻关系的终结而终止，但离婚导致父或母一方与子女发生了生活分离和居住隔离的现实客观状态。为了使不与子女共同居住的父或母一方与子女维系情感交流与生活联络，并能够继续行使父母对子女的权利和履行应尽的义务，隐藏在亲权之中的探望权便"破土而出"。探望权同样是父母对子女的权利和义务的统一体，父或母的探望不但给予子女物质和生活上的帮助，而且带给子女精神和心灵上的慰藉。探望权的本质和亲权的本质如出一辙，它们的行使都应当以未成年子女利益的最大化为目标。最后，探望权是为适应非常态婚姻家庭状态如离婚家庭状态而由父母行使亲权的一种特殊方式。亲权和探望权都具有高度的人身专属性，法律规定两者只专属于父母。"在我国，为配偶、亲子和亲属三种最基本的身份地位，其概括的权利，就是配偶权、亲权和亲属权，表现的是为夫、为妻的地位和权利义务，为父母、为子女的地位和权利义务，以及亲属之间的地位和权利义务。"① 父母与子女间的亲子关系因子女出生而自然形成，法律赋予父母亲权和探望权是为了未成年子女的健康成长，亲权是正常婚姻家庭状态下父母对未成年子女的权利义务的统一体，探望权则是因婚姻家庭状态的改变而由亲权演化而来的权利义务的综合体。因此，对于探望权，我们可以理解为亲权的延伸，亲权和探望权共同为亲子关系的延续与发展而存在。只有亲子关系消失，亲权和探望权才会彻底终止。在离婚家庭中，与子女共同生活的父或母一方继续行使亲权，不与子女共同生活的另一方父或母行使由亲权延伸的探望权，共同构建了完整的父母双方对子女的权利和义务。这种父母对子女专属的权利和义务使子女能够在父母关爱围绕的氛围内发育成长，感受完整家庭的温暖。从另一个侧面来讲，探望权是婚姻家庭立法在家庭生活模式发生变化的情况下为了更好地维护亲子关系而作出的法律选择。探望权在非常态婚姻家庭状态下发挥了其独特的法律功能。

总之，产生于古罗马法和日耳曼法的亲权，其发展历经从父权独断专制的家属制度演变到现代父母共同行使亲权的亲子制度。大陆法系和英美法系虽然对亲权的称谓有所不同，法律规定各具特色，但其实质内容都趋向于保护子女的利益、维护子女的权利和强调父母对子女的权利义务相统一。现代亲权制度内蕴着平等、自由的理念，对于维护家庭生活中亲子关

---

① 杨立新.亲属法专论.北京：高等教育出版社，2005：71-72.

正常婚姻家庭状态下　　　　　　　非常态婚姻家庭状态下

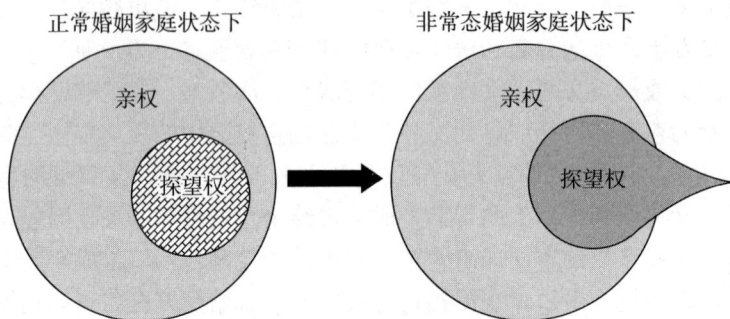

图 2 - 3　亲权与探望权的关系

系的和谐、实现未成年子女利益的最大化以及促进社会的团结稳定具有规制功能和作用导向。亲子关系的存续是亲权行使的基础。亲权为亲子关系的存在和发展起到了不容忽视的保障与助推作用，对未成年子女的个性培养和人格塑造具有无法替代的作用。亲权不仅为未成年子女的家庭教育和素质培养提供了亲密无间的亲子空间，而且为未成年子女的成长营造了安全温暖的生活氛围。探望权是行使亲权的一种方式，是非常态婚姻家庭状态下，尤其是离婚家庭状态下增进父母与子女间的情感沟通和行为交往的亲权体现。离婚对父母双方来说是人生中一次失败的感情经历，随之带来不可避免的是家庭破碎、家庭生活状态的混乱以及家庭成员关系的紧张，然而，父母关系的破裂绝不能使子女成为不幸婚姻的"牺牲品"。无论父母之间的关系或父母的生活方式发生何种改变，亲子关系坚不可摧，父母在子女成年之前仍对其享有应有的权利和承担应尽的义务。可以说，探望权的出现是亲权为适应父母生活模式的改变而作出的使未成年子女利益最大化的适时调整。随着我国婚姻家庭立法的进步与发展，男女生活模式呈现多样化，亲子关系更具复杂性和新颖性，有关父母子女间亲子关系的亲权法律制度将日臻具体和成熟，探望权的法律规定必将更为细致和丰富。

二、探望权与监护

在人生的发展历程中，未成年时期是每一个人必经的最稚嫩、脆弱的阶段。未成年人心智发育有待健全，其缺乏独立的生活能力，个人权益需要保护。为此，一直以来全人类共同的愿望是每一位未成年人都能够幸福茁壮地成长。未成年人是家庭的核心和希望，是国家的未来和期望，是推动人类社会前进的不竭动力。未成年人的成长离不开家庭、社会和国家的关爱与帮助。进入 21 世纪以来，在人权保障的国际化背景下，保护未成年人权益的法律举世瞩目。对未成年人的监护是关涉未成年人身心发展及权利实现的必不可少的内容，未成年人监护的进步有赖于社会实践的发展和国家法律的完善。未成年人监护制度的科学合理性对于保护未成年人的权益会发挥重大效应，正如有学者评价道："鉴于未成年人的成长状态及生活规律，监护是其权利实现和家庭保护的常态表现，未成年人监护已成为未成年人法律保护在制度设计上的主要安排和直接载体。"[1]

（一）监护的概念、特征及性质

监护是一项古老的法律制度，起源于古罗马法中的《十二铜表法》，至今已有两千多年的历史，拉丁文为"Turela"。古罗马法上根据赛尔维的定义，将监护定义为"由市民法赋予的对那些因年龄原因不能自我保护的自由人给予保护的一种权利"[2]。由此可知，古罗马法在早期赋予了监护人绝对的权威，监护实则是家长的一种权力，它为维护家族利益或继承人的利益而设置。这与现代监护制度的设立初衷大相径庭。随着社会的发展，至古罗马法后期，监护的功能从家庭利益维护逐渐转向个人利益保护。[3] 监护目的也发生了改变，即为被监护人的利益而设立，并且这一立法理念一直延续到现代。现代意义上的监护是指"对法律上因年龄或精神健康而缺乏自我保护的人给予必要的监督和保护的权利和义务"[4]。此定义侧重强调了对被监护人的保护和照顾。由此可见，古罗马法关于监护之规定的演变对现代监护制度影响深远。现代意义的监护制度通过设立监护，弥补无行为能力人和限制行为能力人的不足，使他们能够正常地从事民事活动并在人身和财产方面受到保护和照顾。相比较而言，在监护的立法体例上，大陆法系监护制度不同于英美法系监护制度。在大陆法系的各

---

① 曹诗权. 未成年人监护制度研究. 北京：中国政法大学出版社，2004：19.

② 桑德罗·斯克巴尼. 婚姻·家庭和遗产继承. 费安玲，译. 北京：中国政法大学出版社，2001：151.

③ 黄风. 罗马私法导论. 北京：中国政法大学出版社，2003：157.

④ 佟柔. 中国民法. 北京：法律出版社，1990：75.

国民法中，采狭义监护，即监护和亲权相分离，亲权制度有别于监护制度。"亲权是指父母对未成年子女的人身和财产的保护和管教。"① "监护是指父母以外的近亲属对未成年人及近亲属对精神病人的人身和财产的保护。"② 而在英美法系各国的判例中，采广义监护，即监护与亲权不分离，亲权包含在监护内，统称为监护权，即指父母和父母以外的其他人对未成年人和成年人的人身和财产进行监督和保护。两大法系对监护的界定存有差异，有"大监护"和"小监护"一说。

　　纵观我国的监护历史，将监护规定为一项法律制度的起步时间较晚。然而，最早的民间习俗如托孤、顾命和管家等可谓是监护的雏形。1903年，汪荣宝、叶澜编纂的辞书《新尔雅》，在"民法"类词条中使用了"后见人"一词。③ 1911年，监护第一次出现于《大清民律草案》。之后《民国民律草案》和《中华民国民法》开始沿用这一称谓，标志着中国近代民法正式确立监护制度。④ 新中国成立后，于1986年制定的《中华人民共和国民法通则》（以下简称《民法通则》）第二章第二节（第16条至第18条）专门规定了监护制度，之后《最高人民法院关于贯彻执行〈中华人民共和国民法通则〉若干问题的意见（试行）》第10条至第23条，以及《中华人民共和国侵权责任法》（以下简称《侵权责任法》）第32条作了补充规定，后《民法总则》第二章第二节专节规定了监护制度，其中第26条规定了父母子女之间的法律义务⑤，第27条明确规定了未成年人的监护人。⑥《民法典》沿用了《民法总则》的规定。江平先生将监护定义为，"指对未成年人和精神病人，设定专人以监督、管理和保护其人身

---

　　① 陶毅. 新编婚姻家庭法. 北京：高等教育出版社，2002：189.
　　② 龙卫球. 民法总论. 2版. 北京：中国法制出版社，2002：242.
　　③ 汪荣宝，叶澜. 新尔雅. 上海：文明书局，1906：32.
　　④ 曹思婕. 完善未成年人监护立法的思考. 理论探索，2016（4）.
　　⑤《民法总则》第26条规定：父母对未成年子女负有抚养、教育和保护的义务。成年子女对父母负有赡养、扶助和保护的义务。
　　⑥《民法总则》第27条规定：父母是未成年子女的监护人。未成年人的父母已经死亡或者没有监护能力的，由下列有监护能力的人按顺序担任监护人：（1）祖父母、外祖父母；（2）兄、姐；（3）其他愿意担任监护人的个人或者组织，但是须经未成年人住所地的居民委员会、村民委员会或者民政部门同意。

和财产利益的民事法律制度"①。可见，我国的监护制度采广义监护，其包含了狭义监护的内容和亲权内容。我国的监护对象包括未成年人和成年人，成年人监护分为对无民事行为能力或限制民事行为能力的成年人的监护和对完全民事行为能力的成年人的意定监护。目前为止，《民法典》将我国的监护类型拓展为法定监护、意定监护、遗嘱监护和指定监护。《民法典》中规定的监护制度是在《民法通则》之规定基础上的进步与发展，使我国的监护制度逐渐与国际监护制度相接轨。我国监护制度的发展体现在：一是依据自然人的年龄阶段和精神健康状况，针对未达心智成熟程度、精神健康存在缺陷的无民事行为能力人和限制民事行为能力人无法对其人身和财产进行自我保护而易于陷入风险之中的情形提供法律保护。二是充分尊重被监护人的意思自治，鼓励意定监护制度、遗嘱监护制度的设立和发展，提倡建立老年人监护和保障老年人监护的实施。三是借鉴国外监护制度的先进经验，全面地完善我国的监护制度，建立家庭监护、社会监护和国家监护于一体的监护体系，以最大限度地保护被监护人的利益。因此，我国监护制度的发展是从最初仅为保护民事行为能力欠缺人而专门设置保护人，拓展到同时针对完全民事行为能力人基于其真实意思表示而设定监护，这是以法律形式实现被监护人利益的最大化，维护社会秩序的稳定。我国的监护制度同样彰显着人性光辉和道德人伦，概莫能外地顾及亲属间情感关系的独特性，创建了由亲属作为首要监护人，特殊情形下也可由机构或其他特定关系人作为监护人的中国特色监护制度。② 监护制度无疑在助力于每一位自然人的民事行为能力得到实现，进而在其正常生活与顺利发展中发挥着至关重要的作用。一方面，监护制度强制性地规定了家庭成员与社会成员应当承担起对无民事行为能力人和限制民事行为能力人的照护义务，这不但保障了个体的生存与发展，而且维护了社会秩序和国家稳定；另一方面，监护制度也体现了民法尊重每一位具有完全民事行为能力的自然人的自由意志，鼓励他们通过设立监护使自己的人身和财产免受损害，通过监护人的监护行为来实现自己的正当利益。

从我国监护法律规定来看，监护具有如下特点：第一，监护主体具有

---

① 江平. 民商法学大辞典. 南京：南京大学出版社，1998：387.

② 龙卫球. 民法总论. 2 版. 北京：中国法制出版社，2002：242.

独特性。监护主体包括监护人和被监护人，监护人必须具有监护能力①，即监护人具有民事行为能力，能够承担起保护、管理、监督被监护人的人身和财产，照顾、管教被监护人的日常生活和事务，必要时代理被监护人从事民事活动、进行诉讼活动等。监护人可以是自然人，也可以是机构、组织，视具体情况按照法律规定确定。《民法典》规定的被监护人范围非常广，虽然被监护人既包括未成年人也包括成年人，既包含民事行为能力欠缺者也包含完全民事行为能力人，但是根据监护类型的不同，被监护人的范围各不相同。如法定监护中的被监护人限于未成年人和无民事行为能力、限制民事行为能力的成年人；意定监护中的被监护人仅为具有完全民事行为能力的成年人；遗嘱监护中的被监护人是被设定遗嘱监护的子女。第二，监护类型法定化，每个监护类型对应相应的监护情形。根据我国《民法典》的规定，现行的监护类型包含四类：（1）法定监护，是指由法律直接规定了未成年人和无民事行为能力或限制民事行为能力的成年人的监护。（2）意定监护，是指完全民事行为能力人与其近亲属、其他愿意担任监护人的个人或机构，组织进行协商而设定监护，在被监护人丧失或部分丧失民事行为能力时由协议确定的监护人依法承担监护责任。（3）遗嘱监护，是指被监护人的父母在担任监护人期间，以设立遗嘱的方式确立的监护。（4）指定监护，是指在对谁担任监护人发生争议的情形下，由法律规定的机构指定监护人。当指定不服时，法律规定了救济途径，即人民法院有最终决定权。第三，监护设有变更与终止且监护是独立存在的。监护一旦成立，不得随意变更或终止。监护权利义务关系一旦成立便不得自行更改，只能依照法律规定、监护协议进行变更或终止，且不存在监护中止。监护的设立是独立存在的，不依附于任何其他权利或义务，同样地，监护职责与相应的法律责任相对应。第四，监护制度中人民法院的地位不容小觑。法律规定人民法院对于担任监护人的争议、对不合格监护人的撤销、对监护人监护职责的监督以及其他监护纠纷，都是最终裁决者。这是司法机关贯穿于整个监护制度的独特体现。

---

① 关于认定监护人监护能力的因素，《最高人民法院关于适用〈中华人民共和国民法典〉总则编若干问题的解释》第 6 条规定，"……认定自然人的监护能力，应当根据其年龄的身体健康状况、经济条件等因素确定；认定组织的监护能力，应当根据其资质、信用、财产状况等因素确定"。

　　对监护的性质认定是正确运用监护法律制度解决社会生活实际问题的重要前提，而关于监护性质的认定，学术界一直存在权利说、义务说、权利义务一体说以及职责说之争。权利说认为："监护是一种身份权，是基于监护人的特定身份而产生的监护权。"① 义务说认为："监护是一种义务性的职位，担任监护人，对于公民来说，对上是基于保障社会安定的需要而对国家承担的义务，对下则是基于一定的身份关系对被监护人承担义务。"② 权利义务一体说认为："权利和义务是相对等的，为了保护被监护人，监护人可根据具体情况采取相应的措施，这就是权利。为了限制此种权利，监护人还必须有一些必要履行的义务，才能确实保障被监护人的各项利益。"③ 职责说认为："监护并不是一种权利，而是一种职责，且监护之内容专在保护被监护人的身体和财产，与身份权之内容在对人的支配上，绝无相同之处。"④ 笔者认为，从法律规定来看，监护是一种职责，它更注重监护人监护职责的内容及履行。我国《民法典》采纳职责说的观点，于第 34 条第 2 款规定，"监护人依法履行监护职责产生的权利，受法律保护"。该款明确规定了监护是一种职责。监护人承担监护职责不仅是对被监护人负责，也是对国家、社会负责。首先，监护的设立旨在保护被监护人的利益，从人身、财产等各方面全面地保护被监护人，使其通过监护人的监护行为实现与完全民事行为能力人一样地生活。与此同时，监护充分体现了尊重被监护人的自我决定权，只要是出于被监护人的真实意思表示所形成的监护是受法律保护的。监护人对被监护人既享有权利，又负有职责。⑤ 其次，监护人的监护行为不附属于任何权利或义务，它是独立存在的。监护也不因监护人的主观意愿而随意发生改变。从确定监护人、监护职责的履行到监护人资格的撤销、监护终止等，都是一切从有利于被监护人的利益出发，不以监护人的意志为改变。监护人的监护行为要受到我国关于监护之法律规定的约束。最后，法律明确规定监护人不履行监护职责应当承担责任，给被监护人造成损失的应赔偿损失。这是监护职责的

① 杨立新. 人身权论. 北京：中国检察出版社，1996：870.
② 李霞. 民法典成人保护制度. 济南：山东大学出版社，2007：27.
③ 龙卫球. 民法总论. 北京：中国法制出版社，2001：276.
④ 梁慧星. 民法总论. 4 版. 北京：法律出版社，2011：108.
⑤ 王利明. 民法总则研究. 3 版. 北京：中国人民大学出版社，2018：208.

典型特质。随着社会时代的发展，国家公权力已适时地介入未成年人监护领域，监护制度突破私法领域的局限，由"私"到"公"的监护人监护职责与国家行政权力相结合的监护时代逐渐开启了。由此可见，监护的履行不仅是个人对被监护人之利益的维护、对家庭成员的保护，而且是国家对被监护人全面保护和维护社会正常秩序的具体体现。反之，若将监护视为权利，监护人便可从监护行为中取得相应的利益，或者通过监护行为为自身获取利益，这显然有悖于监护设立之初衷。监护实则需集职权、义务和责任于一身，监护人的监护行为来自法律的强制性规定。从这个意义上讲监护职责的性质显而易见。

（二）监护设立的价值及监护与亲权的区别

到目前为止，现代民法上的监护独具其价值。总体而言，监护制度设立的价值体现在两大方面：

首先，监护充分发挥了对个体权益维护的价值。

第一，监护是对被监护人的救济。这是监护设立的最基本价值。被监护人由于民事行为能力欠缺，所能从事活动的范围很狭小且日常生活中会遇到诸多困难，甚至会将自己置于风险之中。法律为了弥补被监护人民事行为能力的欠缺，使其成为完整意义上的人，以达到法律追求的公正、平等，特设立监护制度以协助、代理无民事行为能力人和限制民事行为能力人进行各项民事活动，使被监护人的人身和财产免受不利因素的侵害。

第二，监护是对被监护人之合法权益的保护。民法提倡和保护意定监护、遗嘱监护，充分体现了民法私法自治的基本原则。按照法律规定，被监护人与监护人可通过双方的真实意思自愿地达成监护协议，由监护人对被监护人的人身和财产进行照护，使被监护人在日常生活、教育发展、财产管理、身心健康等各方面全面地受到帮助，使其感受到情感、心理和利益上的支撑，以实现在社会生活中按照自己的意愿从事民事活动。现代监护制度更突出自然人的独立人格与个人尊严。[①]

第三，监护同时也是对被监护人的管教与监督。被监护人由于欠缺民事行为能力，往往出于故意或过失会引发纠纷，监护人在保护被监护人的同时对被监护人进行正当且必要的管教，甚至监护人的监督可有效地阻止

---

① 陈苇，李欣. 私法自治、国家义务与社会责任：成年监护制度的立法趋势与中国启示. 学术界，2012（1）.

被监护人的违法犯罪行为，以防止对他人造成损害或对社会造成危害。因此可以说，监护旨在授予被监护人生存技能以满足被监护人的正当利益需求，促进其成长并消除社会潜在的不安定因素。

其次，监护充分展现了维护和谐稳定的社会秩序的价值。

第一，监护制度的设立是国家进步的迫切需要。国家越发达进步，国家法制越完备细致。任何制度不可能有游离于社会经济结构之外求其存在的理由。① 监护制度也不例外，它是新中国成立以来在我国政治格局稳固、社会经济发展、人民生活安定的大背景下，在民事立法领域中制定的关于自然人的一项不可或缺的法律制度。从监护历史来看，监护经历了从宗法监护过渡到亲族监护，再到兼具公法性质的监护的发展历程。这与国家的政治导向、经济基础、文化渊源、思想意识等密不可分。新中国成立后至今，我国在关注经济发展的同时更重视个体权益的实现，监护是自然人实现自身权益的有效法律途径，它不仅补救了民事行为能力欠缺者的瑕疵，使民事行为能力欠缺者实现了向正常社会人的"蜕变"，而且为完全民事行为能力人自由地从事民事活动提供了空间，赋权完全民事行为能力人在意思自治的范围内通过设定监护来实现自身利益。《民法典》第35条第1款规定："监护人应当按照最有利于被监护人的原则履行监护职责……"世界上许多国家都有类似的监护规定，如《德国民法典》第1901条第2款、第3款体现了有利于被监护人原则，英国2005年《意思能力法》第5条体现了最佳利益原则。② 使抽象的民事主体资格实现个体民事权益的落实，这正是监护制度本身的功效，也弥补了立法对未成年人、老年人等自然人保护之不足。

第二，监护制度的设立是生活发展的必然结果。"人类具有能动性，他们能够改造自然条件，创造'第二自然'即人所创造的物质财富和'第三自然'即人所创造的精神财富与社会关系，它体现了人的创造力量和社会的发展程度。"③ 人口质量和素质的高低决定着一个国家的经济发展水平、文明程度以及社会生活的质量。监护制度通过保护、照顾、管教、监督以及矫正等一系列监护行为，使人口素质和人口质量得到了改善和提

---

① 王利明. 人格权法新论. 长春：吉林人民出版社，1994：198.

② 李霞. 成年监护制度的现代转向. 中国法学，2015（2）.

③ 宋林飞. 现代社会学. 上海：上海人民出版社，1987：449-450.

升。民事行为能力欠缺者通过监护能够从事各种民事活动且享有权利并履行义务，完全民事行为能力人通过监护实现自我利益并创造自我价值，维护了交易安全和保障了交易秩序并建立起自主、自愿、自由的民事活动空间。可以说，监护是社会生产与发展对人口再生产的内在要求。在现代社会中，监护对自然人的生存和发展具有引领和助推功效。

第三，监护制度的设立是与国际法律相衔接使然。在人权理念的指引下，世界人权事业稳步推进，我国关于民事行为能力的法律制度也与时俱进地向前发展。对特定群体的保护必然离不开监护制度立法，尤其是随着人口老龄化的到来，老年人的生存和发展已成为全球面临的共同课题。监护对于老年人、未成年人等特定群体具有特殊的法律意义，监护为他们提供了更多的法律救济途径和权益保护的自我实现路径。随着监护制度的发展，监护制度不但确立了以家庭监护为核心的监护理念，也逐渐认同以国家监护为辅的立法理念。构建家庭监护为主、国家监护为辅的监护法律制度是世界监护法律的发展趋势，也正是我国监护制度构建的发展方向。因此，在某程度上说，监护是具体负载家庭及国家对自然人的保护、照顾、管教和监督责任的具体法律规定，它是人权意识、人文精神在世界范围内达成的基本共识。

关于亲权与监护制度，无论从纵向的历史发展视角还是从横向的同一发展阶段角度观察，亲权和监护都有密切的内在联系。纵观法学理论及立法发展，曾存在亲权与监护的分立和混同之争。"亲权、监护并列存在于立法和实践中都有迹可循。"① 现今，世界各国的立法大致分为两种模式：一种是大陆法系的亲权与监护并行模式，两者界限清晰、并行不悖；另一种是英美法系的广义监护模式，即监护的内容包含亲权，两者相互混同，统称为监护。不可否认的是，亲权与监护在对未成年子女利益的保护上有着一致之处。史尚宽先生认为，"监护为亲权之补充延长"②。但也有学者认为："现代亲权和监护仅存在形式差异而无实质不同，差别仅为父母之

---

① 叶英萍. 婚姻法学新探. 北京：法律出版社，2004：277. 夏吟兰，等. 21世纪婚姻家庭关系新规制. 北京：中国检察出版社，2001：306－310. 刘素萍，陈明侠. 监护与抚养//杨大文. 走向21世纪的中国婚姻家庭. 长春：吉林人民出版社，1995：178－180.

② 史尚宽. 亲属法论. 北京：中国政法大学出版社，2000：695.

爱与常人之情感。"①

　　将亲权和狭义监护进行比较，笔者认为，亲权和监护的主要区别在于以下几个方面。

　　第一，立法态度不同。亲权立法采放任主义模式，亲权人是未成年子女的父母，父母与子女之间的天然情感决定了父母是子女最为信赖、最为亲近的守护者，因此，法律对于父母行使亲权持较为宽松的态度，法律条文多为倡导性、指导性规范，总体来看法律规定对亲权的限制较少；而监护立法采限制主义模式，由于监护人的范围广泛，包括自然人、法人、其法人组织，因而监护人与被监护人之间的关系或亲密或生疏，因此，法律对于监护人的监护行为持相对严慎的态度，法律条文多是对监护人的强制性规范，国家公权力对监护在实体和程序上都加以限制，总体而言，法律规定对监护的限制较多，当监护不力时监护人需要承担责任。

　　第二，产生基础不同。亲权的产生基础是父母子女之间的血缘亲情，父母基于天然的亲子关系自然取得对未成年子女的亲权，无须法律干涉。法律基于对家庭隐私的尊重及对父母的信任，一般不加以监督，如父母将患有精神病的未成年子女送入精神病医院等场所救治不需要经过任何部门的许可。而监护的产生并不以血缘和亲情为前提，而是以法律规定为基础，监护人和被监护人之间因存在亲属关系、朋友关系或其他社会关系而形成监护，因而法律对监护人的义务规定较多且对监护人的监督规定必不可少。一言以蔽之，监护为亲权之补充、延长，亲权之行使，系因亲子间自然的爱，出于天性；监护则不必有这一基础，鉴于人之常情，不得不对它加以限制。②

　　第三，两者性质不同。亲权是父母对未成年子女的天职，这种特殊的身份关系夹杂着浓浓的亲情。它不仅包含了父母对子女管教、监督的权利，而且也包含着父母保护、养育子女的义务，同时在权利义务中蕴含着不可分割的人伦亲情。所以亲权的产生并非出于任何法律的规定，也无须任何机关的批准，亲权是权利义务的统一体。而监护是法律规定的监护人对被监护人采取的保护措施，监护人和被监护人之间不以感情为存在基

---

　　①　彭刚. 剥夺与回归：我国未成年人监护权撤销制度的建构机理及其完善. 宁夏社会科学，2015（4）.

　　②　史尚宽. 亲属法. 北京：中国政法大学出版社，2000：695.

础，他们之间更多的是理性关系。监护类型不同监护人也有所不同，监护人或因法律规定或因监护协议而产生。关于监护的"法律在相当程度上甚至只有义务规定而无实质性的权利规定"①，这使监护的职责性质跃然于纸上。

第四，主体范围不同。亲权的权利义务主体唯一且特定。父母子女间特殊的身份关系使父母对子女享有天然的亲权，亲权人即是父母，亲权的行使对象仅为未成年子女，即因年幼而心智不成熟且民事行为能力欠缺的人。而监护人和被监护人的范围较为广泛，享有监护权的主体既包括父母，也包括父母之外的亲属、朋友和法人、非法人组织。法律对不同的监护主体享有权的顺位有明确规定。在法定监护中，一般情况下，顺序在后的有监护资格的监护主体不得逾越顺序在前的有监护资格的监护主体而担任监护人。正是由于法律规定监护人有顺序之分，当存在对谁担任监护人发生争议的情形时，法律明确规定了人民法院的裁决权，这是司法机关的裁量权在监护制度中的集中体现。监护权的行使对象包括丧失亲权的未成年人、心智尚未健全的无民事行为能力人和限制民事行为能力人以及完全民事行为能力人。可见，监护主体的范围比亲权主体的范围宽泛得多。

第五，权利和义务内容不同。亲权因是权利义务的综合体，具有权利和义务双重属性。它不仅包含了父母对未成年子女的姓氏决定权、对子女个人事务的同意权、惩戒权、居所指定权、法定代理权、子女交还请求权以及财产的使用权、用益权等权利，也包含了对子女抚养、教育、人身照顾，对财产的管理、保护等义务。而监护作为一种职责，更多地体现出义务性内容，而无实质性权利，如"监护人对被监护人无惩戒权；除为了被监护人的利益外，非经法定程序不得处分被监护人的财产，尤其是不动产。监护人对被监护人只具有保护义务，一般不负抚养义务，甚至可因其监护行为取得报酬"②。可见，亲权所体现的内容兼具权利内容和义务内容，相比之下，亲权的内容比监护的内容更为丰富。

第六，社会功能不同。现代亲权以保护未成年子女的利益为宗旨，从亲权的设立、亲权的内容到亲权的行使、亲权的中止，无不体现父母对未成年子女的保护、照顾。亲权制度的存在不仅为国家保护下一代的成长发

---

① 邱鹭风. 关于完善我国监护制度的探讨. 南京大学法律评论，1998（2）.

② 曹诗权. 未成年人监护制度研究. 北京：中国政法大学出版社，2004：139.

挥了不可小觑的家庭作用和亲情功能，而且对于维护家庭关系的和谐，满足父母子女双方的情感需求起到了巨大的促进作用。而监护之设立除了为了弥补民事行为能力欠缺者的行为能力，使之和完全民事行为能力人一样从事民事活动，还为了实现被监护人的利益。法律对监护进行了全方位严格规定，即从监护的设立、监护人的认定到监护的行使、对监护行使的监督，国家公权力都可以适时地介入其中，同时人民法院充分发挥了其司法能动作用。由此而知，监护突显国家、社会、家庭成员对于弥补被监护人的民事行为能力的缺陷以及保护被监护人之利益与实现正当利益之需求的职责。

综上所述，亲权和监护的差异是显而易见的。尽管两者在主体、内容、行使方式上有部分重合，但它们仍然是两种不同的法律制度，自成体系。然而，我国民法学界普遍认为亲权已是过去式的概念，在法律规定中应当采用监护概念①，我国的民事法律制度中也从未出现过亲权一词。单就亲权和监护对未成年人的保护而言，父母对未成年子女的保护是天职般的守护，亲权淋漓尽致地展现了这种无与伦比的亲情；监护是法律赋予个体和组织对未成年子女进行照顾与监管的职责。通常情况下，当且仅当未成年子女的父母死亡或父母无法行使监护权时，父母以外的第三人或组织才承担起对未成年人的监护职责；特殊情况下，国家适当地介入对未成年人的保护当中，由国家作为隐性的力量承担起对未成年人的监护职责。"监护非家庭私事而已，其关乎社会利益……现今视监护事务为一己之事已非适宜，加之公权力介入乃势之必然"②。由此可得知，亲权和监护对未成年人的保护相得益彰。

（三）我国法律关于监护与探望权的关系

探究监护和探望权的关系问题，是为了更好地理解探望权的本质。监护与探望权的关系，是我国民法尤其是婚姻家庭立法必须厘清的基本法律问题。从我国监护和探望权的法律规定来看，监护和探望权分别立法，它们是两种不同的概念：监护是对未成年人和精神病人的人身、财产及其他

---

① 此说法参见刘征峰. 被忽视的差异：《民法总则（草案）》"大小监护"立法模式之争的盲区. 现代法学，2017（1）。

② 谢在全，等. 民法七十年回顾与展望纪念论文集：三·物权·亲属编. 北京：中国政法大学出版社，2002：293.

合法权益进行监督和保护的一种民事法律制度。① 探望权是指父母离婚后，不直接抚养子女的父或母对未成年子女享有的见面交流、情感沟通等权利。② 从监护的立法模式来看，我国监护制度采用广义监护模式，包含了亲权的内容，主要规定在《民法典》总则编中。而探望权的内容主要体现在婚姻家庭关系领域，规定在《民法典》婚姻家庭编中。

鉴于我国广义的监护立法模式，在离婚家庭中，监护权仍属于父母双方，即采离婚后父母共同享有监护权模式。而监护权的行使不同于正常婚姻家庭状态下，即与未成年子女共同生活的父或母一方单独行使监护权而另一方作为间接抚养人行使探望权。因此，探望权和监护既有联系又有区别。

首先，探望权和监护都规定人与人之间的身份关系，它们之间必然存在一定的联系，主要体现在：第一，探望权和监护的主体与对象在一定范围内有重合。现探望权制度规定，探望权的主体仅为离婚后不直接抚养子女的父或母一方，对象是未成年子女。监护制度中有关未成年人监护的规定中，父母是未成年子女的第一监护人，监护的对象是未成年子女。由此可见，探望权和监护都不否认父母与未成年子女间天然形成的亲密无间的亲情关系，父母理所当然地成为未成年子女的最佳守护者。第二，探望权和监护的具体内容有相同之处。探望权是父母离婚后亲权行使方式的改变和亲权内容的延续，其内容仍包含不直接抚养子女的父或母一方对未成年子女身份上的照护和财产上的管护，探望权实则是权利义务相统一。而监护也包含监护人对被监护人的人身和财产上的保护和管理，如《民法典》第 34 条第 1 款规定，监护人的职责是代理被监护人实施民事法律行为，保护被监护人的人身权利、财产权利以及其他合法权益等。虽然监护人的行为更侧重强调监护职责的性质，但监护内容涵盖人身保护和财产管理两大方面，缺一不可。第三，在一定意义上讲，在广义的监护立法模式下，探望权是监护的另一种表现形式。孙若军教授曾指出："探望权是由离婚原因而改变监护方式的权利，探望与监护两者相互关联，监护方式不变，探望权无从谈起，而如何行使监护，对子女的利益又是至关重要的。"③ 这表明，在未成年人保护的问题上，无论是监护还是探望权，虽表现形式迥异，但

---

① 魏振瀛. 民法. 北京：北京大学出版社，高等教育出版社，2000：59.

② 根据《民法典》第 1086 条的规定而定义。

③ 孙若军. 论探视权的立法和法律适用. 法学家，2002（3）.

保护未成年人的利益是其共同使命。探望权和监护在维护未成年人的最大利益上有异曲同工之处，这也正是我国法律制度之妙处所在。

其次，探望权和监护存在诸多差别，主要体现如下：第一，立法主旨不同。探望权的设立目的是最大限度地保护非常态婚姻家庭状态下，尤其是离婚家庭中未成年子女的利益，尽量减少未成年子女因父母关系破裂所受到的伤害，使他们能够和正常婚姻家庭状态下的子女一样健康快乐地成长。父母在未成年子女的成长过程中扮演的角色无可替代，父母任何一方都不得缺位。探望权是实现和满足离婚后不直接抚养子女的父或母一方继续对未成年子女关爱、照顾和进行情感交流的法律载体，对于未成年子女的全面发展和身心健康起到了不容忽视的作用。而监护制度的设立本旨是保障被监护人的正常生活和维护被监护人的利益。监护对于民事行为能力欠缺者而言起辅助作用，是对自然人民事行为能力的补充，同时也是为了保护交易相对方的利益；监护对于完全民事行为能力人而言起照顾作用，是使自然人运用自由意志从事民事活动，维护善意、良性的交易秩序和维持稳定、安全的生活环境。第二，产生基础不同。探望权基于父母子女间的血缘亲情而自然生成。探望权可被视为亲权行使的特殊形式，是为适应父母离婚、家庭破裂的生活状况而采用父母子女间独特的沟通方式。这种客观存在的亲子血缘关系是探望权的产生基础，其背后蕴含着家庭伦常与亲情伦理。而监护的产生要符合法律规定，通常只要有利于保护被监护人的利益便可产生监护关系。因此，监护人和被监护人之间或为亲属关系或为朋友关系，甚至为行政隶属关系，并不以具有血缘亲情关系为监护产生的必要前提。第三，法律性质不同。探望权源于亲属法领域，是非常态婚姻家庭状态下出现的一种特殊的亲权延续形式。它是父母基于特殊身份而享有的对未成年子女的权利和义务的统一体。监护是民事法律领域中关于自然人的一项基本民事主体制度，它专为使被监护人能够正常地享有权利和承担义务以及实现被监护人的正当利益而设立，并不以身份关系的存在为唯一根据。监护制度中更多地强调监护人对被监护人的职责，以保护被监护人为立法根本。特别要强调的是，在监护制度中，国家对被监护人以义务为主要内容的社会责任是其特性所决定的。第四，主体范围不同。探望权产生的基础决定了其主体是特定的且范围狭小，即探望权的主体是离婚家庭中不直接抚养未成年子女的父或母一方，探望权行使的相对方仅为未成年子女。① 监护作为一种社会职责决定了监护的主体范围广泛，即监护人既可以是自然人，也可以是法律规定的有关机构、组织，被监护人包括未成年人和成年人。第五，制度规定不同。鉴于我国探望权研究尚浅，法律规定得抽象、笼统，婚姻家庭法对探望权的规定主要包括三大制度：主体制度，规定探望权的归属；内容制度，规定探望权的行使方式、时间；限制制度，规定探望权的中止、探望权诉讼。相比探望权，监护制度在《民法典》中得到了较为全面的规定，包括监护主体制度——监护人和被监护人的范围、监护人的选任方式、选任机关等，监护内容——监护职责、履行方式等，监护类型——法定监护、意定监护、遗嘱监护和指定监护，监护终止——监护终止的原因、监护人侵权的民事责任。第六，体现的社会价值不同。探望权只为实现未成年子女利益最大化而产生，在父母权利和未成年子女利益之间倾斜保护未成年子女的利益，以竭力避免离婚带给未成年子女的身心伤害。这是婚姻家庭法倡导家庭给予未成年子女应有的关爱与呵护并引导和规范父母对子女应当履行的职责，探望权制度将这一点展现得淋漓尽致。监护则不仅是民法对特定群体给予的充分保护，即对民事行为能力欠缺者之民事行为能力予以补救，而且是私法自治基本原则在民事主体制度中的具体表现，即成年人可以根据自己的自由意志而形成监护，以实现自身利益和个人价值。探望权制度和监护制度共同彰显国家对民事主体中特定群体的人文关怀。

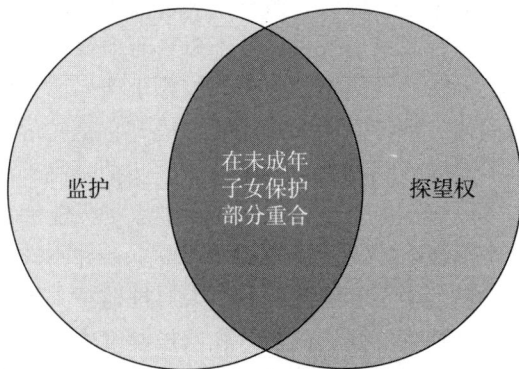

图 2-4 监护和探望权的关系

① 从《民法典》第 1086 条的规定来看，探望权的主体仅为离婚家庭中不直接抚养未成年子女的父或母一方。

　　总体观之，根据我国监护立法模式，我国法学界对监护是亲权的补充达成理论共识。探望权是在非常态婚姻家庭状态下，尤其是离婚家庭中父母行使亲权的特殊形式，在某种意义上讲，它是监护形式的改变。但更确切地说，监护和探望权在父母离婚后针对未成年子女的保护上有交叉和重合，无论探望权或者监护，这两种法律规范不仅是法律逻辑的应和，而且是生活实践的融合。鉴于探望权和监护各自调整对象的特殊性和差异性，仅就未成年子女而言，探望权和监护设立所考量的首要因素是血缘亲情和父母职责。按照我国婚姻家庭法的规定，探望权的行使主体是不直接抚养未成年子女的父或母一方。按照《民法典》中的监护制度规定，法定监护中父母是未成年子女的第一顺位监护人。由此可以看出，一般情形下关于探望权和监护的法律规定都竭力在未成年子女利益最大化与父母权利与义务的协调之间寻求最大的平衡，以期每一个未成年子女在成长历程中尽可能地被父母的关爱所围绕，进而形成并维持父母子女和谐共处的氛围。父母对未成年子女进行管教和照顾并给予关爱与帮助是探望权和监护都应当具有的内容。但探望权和监护又各有侧重：探望权着重强调在亲子关系领域父母对未成年子女的权利与义务，以实现未成年子女的最大利益为宗旨；而监护是从未成年人的民事行为能力欠缺视角出发关注父母作为第一顺位监护人所应当承担的监护职责和因监护而给未成年子女带来的利益。我国《民法典》第 1067 条第 1 款规定，父母不履行抚养义务的，未成年子女或者不能独立生活的成年子女，有要求父母给付抚养费的权利。该规定着眼于亲权内容中父母对未成年子女的抚养义务。而第 1068 条规定，"父母有保护和教育未成年子女的权利和义务。未成年子女造成他人损害时，父母应当依法承担民事责任"。该条内容则强调父母对子女的监护职责。《民法典》婚姻家庭编中虽未出现亲权一词，但它竭力对亲权内容和监护内容作出划分，并明确规定父母对未成年子女的权利与义务。诚然，亲子关系的产生和存在是人世间奥妙关系中最值得珍视的亲情关系，世界各国的法律对监护制度和探望权制度作出规定，都旨在为亲子关系的良性发展提供有力的法律支撑，因而无论是监护还是探望权，都试图为未成年子女共同撑开一把健康成长与权益保障的保护伞。

第一节　我国探望权的权利属性

　　民法博大精深，它是一部以权利为本位的法律，它所规定的各项权利存在于人们的日常生活中，与民众的日常事务息息相通，可谓是"人们的权利宣言书"。德国学者安德烈·冯·图尔写道，"权利是私法的核心概念，同时也是法律生活多样性的最后抽象"①。民法的各个分支都离不开各项权利的行使及实现，毫无例外，婚姻家庭法中的权利也是如此。众人皆知，民法所形成的民事权利体系内容庞大且意义非凡，是民法学之壮举。谢怀栻先生曾写道，"民事权利体系不是一个简单的问题，在民法研究中值得一再地反

---

① 迪特尔·梅迪库斯. 德国民法总论. 北京：法律出版社，2013：62.

复地讨论、研究"①。在民事权利体系中，每一项权利都是独具特性的法律权利，其中，探望权是耐人琢磨的，唯有细细揣摩方能探其本质、究其根源。每一个人都有需求，国家对人的正当需求用法律加以保护，用权利加以固化。在某种意义上讲，人们对权利的不同追求实则也是摸索权利本质的历程。② 现实中存在着不计可数的"应有权利"，正是通过国家法律这个中介才得以上升为"法律权利"。而成为"法律权利"的根基是该项权利的本质属性。由此可见，任何权利的本质都是该项权利产生、发展、行使及实现的支撑点。无论研究何种权利，对权利本质属性的分析是观察权利必不可少的一种视角。到目前为止，探望权已普遍存在于世界各国的婚姻家庭法领域。探望权也是我国《民法典》婚姻家庭编规定的一项权利，是法律创造的婚姻家庭生活领域的惊喜。可以说，探望权不仅是民事权利体系中的重要因素之一，而且是民法中权利实现和权利保护的需求所在，探望权存在的合理性不言而喻。唯有对一项权利的本质属性掌握于心，才能真正理解该项权利实现的意义所在。因此，对于我国探望权的本质属性应当进行一番法律探寻。

一、身份上的请求权的理论根基

一直以来，人身权是民法的保护对象之一，虽然梅因早在 1861 年出版的《古代法》中提出了"从身份到契约"的论断③，但是身份关系和契约关系始终在人们的生活中缺一不可。《民法典》总则编在第五章"民事权利"规定了人身权。《民法典》第 2 条规定："民法调整平等主体的自然人、法人和非法人组织之间的人身关系和财产关系"。足见，中国步入 21 世纪以来，在民事领域愈加关注对人身关系的立法。《民法典》总则编将民法调整对象中的人身关系置于财产关系之前，强调了《民法典》对人身关系的重视。这与人们的人权观念的加强、人权意识的觉醒以及国家对人

---

① 谢怀栻. 论民事权利体系//谢怀栻. 谢怀栻法学文选. 北京：中国法制出版社，2002：362.

② 程燎原，王人博. 权利论. 桂林：广西师范大学出版社，2014：1.

③ 梅因在 1861 年出版的《古代法》中提出："我们可以说，所有进步社会的运动，到此为止，是一个'从身份到契约'的运动。"（梅因. 古代法. 沈景一，译. 北京：商务印书馆，1959：97.）

文精神的发扬、对人文理念的提倡密不可分。《民法典》总则编第五章"民事权利"中还特别规定了因婚姻家庭关系产生的人身权利,于第112条规定,"自然人因婚姻家庭关系等产生的人身权利受法律保护"。《民法典》这一规定不仅彰显了婚姻家庭生活中人身关系的重要性,而且为《民法典》婚姻家庭编中关于人身关系的立法起到了统领、指引作用。婚姻家庭法属于身份法领域,通常情况下,婚姻家庭生活中存在的人身权利都应当被纳入婚姻家庭编当中。在人类社会中,人格平等与身份差异共同构建起人身法大厦,我们必须通过研究得出它们二者在何种程度上、何种条件下符合现代法治的价值取向,进而能够接受和达到自由、平等、效率等价值的衡量与追求。[①] 人身权是与权利主体密不可分的、不包含财产内容的权利。[②] 人身权包含人格权和身份权。然而,综观我国的人身权制度和理论研究,相比较而言,我们不得不承认对人身权的研究偏重于对人格权的研究,且对人格权的认识已达到较高的法律层次,而对身份权的研究总是徘徊在边缘地带,相关的理论研究和法律规定至今尚不尽如人意。这或许与我国并没有明确地规定身份权概念有关,或许与我国学者对身份权研究不够深入相关。然而,在当今社会人们的目光不仅仅停留在财产权,也逐渐转向人身权。身份权和人格权共同构成了人身权,理应给予身份权充分的地位。无论在婚姻家庭领域还是现代社会生活领域,人们的身份和相应的权利义务紧密相连,身份权的重要性难以被忽视。

(一) 身份和身份权

身份(status)在拉丁语中是"站立"的意思,其为 stare 的过去分词,引申为"社会地位"。《辞海》中对身份一词的解释是"人的出身、地位和资格"[③]。《新华字典》对身份的解释为"人在社会上或法律上的地位"[④]。《牛津法律大辞典》对身份的定义为"特指一个人在法律上所居的地位,该种地位决定其在特定情况下的权利和义务"[⑤]。身份在《十二铜

[①] 童列春. 身份权的研究. 北京:法律出版社, 2018:12.

[②] 佟柔. 民法原理. 北京:法律出版社, 1983:33.

[③] 辞海(缩印本). 上海:上海辞书出版社, 1980:1973.

[④] 新华字典. 北京:商务印书馆, 1993:420.

[⑤] 戴维·M. 沃克. 牛津法律大辞典. 北京社会与科技发展研究所, 编译. 北京:光明日报出版社, 1998:855.

表法》中由"父权法"和"监护法（包含继承）"这两表加以规定，排在"获得物、占有权"等关于财产所有权的规定之前。① 身份在不同时代显示出不同的特点。② 在古代，个体身份无法摆脱家族的束缚，人格独立、个人自由和自决是无法达到的状态。男尊女卑的家庭地位以及男性家长的权力充斥着整个家族身份制度。与此同时，等级和特权在身份上留下了深深的烙印，等级分明和特权正当化维护着尊卑有序的政治秩序和社会治理。可见，古代的社会秩序是由身份秩序组合而成的，身份更多地意味着不平等地位。在经历了"从身份到契约"的运动后，契约关系和身份关系在社会的变迁中不断地勃兴。近代身份制度中逐渐铲除不合理因素，使个人成为独立的个体，并成为私法调整的基本单位。德国学者古斯塔夫·博莫尔指出，《德国民法典》中的人"乃是植根于启蒙时代、尽可能地自由平等、既理性又利己的抽象个人，是兼容市民及商人感受力的经济人"③。对身份的定义，"注入义务中心的观念，变狭隘的特权为普遍的权利，变目的的社会结合的财产法上的支配为本质的社会结合之身份法上的支配，变单方的支配为相互的支配"④，使身份概念趋于合理、科学。至现代在我国民法学上，"身份是指民事主体在特定社会关系中所享有的地位和资格"⑤。人们基于不同的身份享有不同的权利。这时更强调在特定社会关系内人基于身份的差别，但无论身份存在何种差别，人在法律上都是平等的。由此可知，身份具有如下特点：首先，身份具有特定性。身份存在于特定的社会关系中，若没有特定的社会关系作为基础，身份便无从谈起。如家庭关系中父母的长辈身份是相对于子女而言的，婚姻关系中男女之间彼此的配偶身份是相对于配偶而言的，同一家族之间的亲属身份是相对于除配偶、子女以外的其他亲族而言的，某一成员或团体所获得的荣誉也是相对于一定范围内的社会关系而言的。其次，身份具有稳定性。身份存在于相对稳定的社会关系中，临时性的社会关系如买卖、借贷等债权债务关

---

① 十二铜表法. 北京：法律出版社，2000：1.

② 早在19世纪，英国历史学派的奠基者梅因曾指出："'人法'的一切形式的'身份'都起源于'家族'所有的权力和特权，在某种程度上，至今仍旧带有这种'色彩'。"（梅因. 古代法. 沈景一，译. 北京：商务印书馆，1984：97.）

③ Boehmen, Einfuhrung in das burgerliche Recht, 2. Aufl., 1965, S. 83.

④ 王利明. 人格权法新论. 长春：吉林人民出版社，1994：196.

⑤ 魏振瀛. 民法. 3版. 北京：北京大学出版社，2007：667.

系中通常无所谓身份。如配偶身份是在相对固定的夫妻关系内形成的，亲属身份是在长期形成的家族成员关系中产生的。再次，身份体现利益性。在社会关系中，每一个民事主体都有不同的身份，他们基于各自的身份会产生相对应的利益，即不同身份意味着相异的利益，利益内容更多地体现为精神和心理层面的，这是由于身份与人身是不可分离的。有学者认为，私法身份的内容表现为权利、义务、权力、职责所表达的利益综合。[①] 最后，身份强调独立性和平等性。现代社会是人权理念深入人心的时代，每一个人都是独立的个体，因此每个人都是不依附其他任何人的。并且，每一个人在法律面前是平等的，它体现了个体在法律上的地位。人们处于特定的社会关系中，与相对方形成了不同的身份关系并建立了相对稳定的法律关系，法律为实现每一个人基于身份所产生的利益，在各方主体之间创造公平机会、进行利益权衡，最终实现法律上的平等。

在现代社会，民法上的身份所体现的价值突出地表现为几点：第一，身份体现了某个个体的法律地位。在法律关系中，每个个体因各自的法律地位不同而享有不同的权利并承担相异的义务。身份恰是个体法律地位的集中反映，即在一个法律关系中，某特定个体相对于其他任何第三人在法律上有确定的地位。第二，身份是国家通过法律赋予民事主体的身份利益，是其在特定的社会关系中所拥有的地位和民事法律能力。统治者治理国家需要每一个民事主体具有各异的身份并依此享有不同的权利与承担不同的义务。这样，便通过身份制度来实现利益的分配协调和保证个体的持续生存。每一个民事主体正是因身份的赋予，才能够在其各自的地位上充分地享有权利和适当地履行义务。第三，身份不仅与个体利益密不可分，同时与社会公共利益紧密关联。在现实生活中，强势地位与弱势地位相对地存在于市民社会之中，这是社会的基本生存状态。民法上的身份强调主体间的平等，在对待特定群体（弱势群体）的利益方面充分展现了法律的倾斜性保护，以实现从形式平等过渡到实质平等的法律追求。法律对不同身份的民事主体的利益进行平衡与协调，以实现法律保护每一位民事主体的正当利益之宗旨。第四，身份是社会发展、法治进步的必然产物。身份不仅是显示个人地位、保护个体利益、平衡各方权益的有效政治工具，同时是维护社会秩序、安定社会生活、保障国家发展的有力法律手段。"身

---

① 童列春. 身份权研究. 北京：法律出版社，2018：7.

份制度是组织社会的一种工具"①。作为一项组织工具，身份对人们的权利、权力、义务、责任进行配置，使每一个个体各司其职、各尽其责，促使社会不断地获得发展动力并形成和谐秩序。因此，身份是民事主体在特定的社会关系中处于相对稳定的地位而享有的与其自身密不可分并受法律保护的利益。②

　　毋庸置疑，身份权是民事主体基于身份而取得的权利。然而，学术界对身份权各执己见，主要有两种观点。一种观点认为："身份权亦称亲属权，由身份关系所生之权利，广义的包括亲属法上及继承法上之权利。"③另一种观点则认为："身份权包括亲属法上的身份权和亲属法外的身份权，亲属权只是亲属法上身份权的一种形态。"④ 笔者赞同第二种观点。当前我国法律中没有出现身份权概念，但实则已存在身份权的各种内容，正所谓"无身份权之名而有身份权之实"。身份权的种类繁多，但客观来讲大体分为亲属法上的身份权和亲属法外的身份权。虽然早期身份权只局限于亲属法领域，但是随着社会时代的进步和人们生活的需要，身份权不应当囿于亲属法领域，其他领域的，尤其是知识产权领域的身份权日渐突显，如著作人身权；并且知识产权领域中的商标权、专利权以及其他技术成果中的身份权愈加受保护。因此，亲属法上的身份权仅为身份权的一部分。而第一种观点即认为身份权为亲属法及继承法上的权利的观点过于片面，其疏忽了亲属法之外民法其他领域的身份权。而对于"身份权包括继承法上的权利"的说法，有学者曾提出反对意见："继承权由期待权转化为既得权并非由身份所决定，而是由被继承人的意思或法律拟制的意思所决定。"⑤ 笔者认为，继承权的取得虽和继承人与被继承人的关系及地位有关，但以被继承人的意思表示为主要构成要件，如遗嘱、遗赠。继承法应是兼具人身属性的财产法，故继承法上的权利不属于身份权。身份权应包括亲属法上的身份权及亲属法之外的民法其他领域的身份权。魏振瀛教授对现代身份权的定义为"民事主体基于在特定社会关系中的地位和资格而

　　① 徐国栋. 人身关系流变考：上. 法学，2002（6）.
　　② 杨立新. 人身权法论. 北京：中国检察出版社，1996：49.
　　③ 史尚宽. 亲属法论. 台北：荣泰印书馆，1980：30.
　　④ 徐国栋. 人身关系流变考：下. 法学，2002（7）.
　　⑤ 史浩明. 论身份权. 苏州大学学报（哲学社会科学版），2001（4）.

依法享有的民事权利"①。

现代身份权的最重要的特点主要有：其一，身份权是民事主体享有的权利，它已然成为私法权利体系中的一项重要权利。身份权又有别于其他权利，它以义务为中心，是权利义务的统一体。其二，身份权有人身属性。身份权本身不具有直接的财产利益，它是为满足权利主体的精神、心理、情感的需要而存在的。即使扶养请求权、抚养请求权、赡养请求权都包含财产因素，但它们不同于财产权，而是基于身份而产生的维持权利主体的生存所必需的权利。其三，身份权具有伦理价值。身份权的内容主要体现在思想、精神层面，具有明显的伦理道德性，特别是亲属法上的身份权蕴含情感、责任等内容。这是它本身具有的特殊价值。其四，身份权不是民事主体的固有权利。身份权不会随着民事主体的出生而产生，也不会随着民事主体的死亡而消灭。身份权是因某种特定身份关系的建立而产生的，如配偶权、亲属权等。有些身份权在民事主体存续期间会消灭，甚至会被剥夺，如荣誉权；有些身份权在民事主体死亡后作为可继承的利益仍存在。其五，身份权的类型多样。身份权作为人身权的权利分支，其包含了形态各异、层级不同的权利。身份权本身就是一个权利的集合体，它对人身关系的维护和发展具有重要的作用。

总体观之，身份权是一个演进的概念，其经历了不同历史时期的发展。最早的身份权起源于古罗马时期，古罗马法学家盖尤斯将实体法划分为人法和物法，"为了探讨人法，身份的理论被看作是根本的"②。身份权在奴隶制和封建制时期仅指亲属法上的身份权，表现为父权、家长权及夫权，带有权力色彩，鲜明地体现出专制的人身支配性。进入资本主义社会后，尤其是第二次世界大战后，身份权发生了实质性的变化，已从深受专制体制束缚的支配权发展成为新型的具有排他性的平等的身份权。由此可见，现代意义的身份权是人类进步、文明发展的产物。其变化主要体现在：首先，身份权的主体范围逐渐扩大。身份权的主体已从古代社会的君主、家父、丈夫扩展到包括了自然人和法人、非法人组织在内的整个民事主体。身份权不再是特殊个体的专属权利。其次，身份权的内容趋于丰

---

① 魏振瀛.民法.3版.北京：北京大学出版社，2007：667.
② 阿尔多·贝特鲁奇.从身份到契约与罗马的身份制度.徐国栋，译.现代法学，1997（6）.

富。身份权已不局限于亲属法领域的配偶权、亲权等，也延伸到了荣誉权、知识产权等民法的其他领域。随着时代的进步和生活的需要，身份权存在于民法领域的范围会不断拓展。再次，身份权的保护形式发生了质的改变。身份权遭受损害后的保护已摒弃"以牙还牙、以血还血"式的同态复仇，向各种损害赔偿等救济方式的方向发展。身份权的保护也愈来愈追求平等、自由、民主的民法基本价值。最后，身份权的性质发生了质的改变。身份权实现了从古代身份权强调支配、权力、等级差别到现代身份权以自由平等、民主独立为主的转变。身份权已不再是某个个体或某个群体专享的权力，而是民事主体在身份关系的基础上形成的平等的权利。身份权是民事主体实现个体利益和促进社会进步的法律武器。总而言之，身份权实现了从权力到权利、从支配权到请求权的转变。[1] 可以说，现代身份权是法治文明发展的必然结果。苏格拉底（Socrates）曾说过，"正义和一切其他德行都是智慧"[2]。现代社会对身份权的法律制度设计同样需要凝结此种智慧来实现真正意义上的正义。对于身份结构的差异和身份利益分配的不均需要依靠法律来寻求不同身份个体之间的利益平衡，通过不同身份者之间的博弈与妥协来满足整个社会中每一个个体最低限度的利益需求。

随着身份权的发展，现代身份权的种类不断增多并逐渐形成了身份权体系。身份权体系包含了各种形式、内容丰富的身份权。理解身份权体系对于各种身份权的行使和保护具有非同小可的意义。从目前的身份权体系来看，身份权的分类主要有两种模式。史尚宽先生将身份权等同于亲属权并进行两种分类：一种是基本的身份权与支分的身份权。基本的身份权是基于基本的身份地位而产生的权利，通常包含七种，即为亲属之权利、为夫之权利、为妻之权利、为亲之权利、为子之权利、为家长之权利、为家属之权利。[3] 支分的身份权是由基本身份而支生之个体权利，如由为亲属之权利支生亲属的抚养请求权、亲属继承权，由为夫之权利支生对于妻之财产的管理权及对于妻之同居请求权等，由为妻之权利支生对于夫之同居

---

① 孙若军. 身份权与人格权冲突的法律问题研究：以婚姻关系为视角. 北京：中国人民大学出版社，2013：21.

② 色诺芬. 回忆苏格拉底. 吴永泉，译. 北京：商务印书馆，1983：117.

③ 史尚宽. 亲属法论. 北京：中国政法大学出版社，2000：36.

请求权及日常家事代理等，由父母之权利支生亲权（包括对于子女的婚姻、收养之同意权），等等。① 另一种是形成权、支配权和请求权。形成权又可分为使亲属关系发生变动之身份形成权与使身份权发生变动之身份权利形成权，支配权分为对他人人身之支配权与对他人财产之支配权，请求权如认领请求权、抚养请求权等。② 杨立新教授则以身份权的地位作为标准，分为基本身份权和派生身份权。基本身份权是基于基本身份地位所形成的权利，包括配偶权、亲权、亲属权。③ 配偶权最先是由英美法系国家提出的，它是指男女双方基于配偶身份而享有相互之间的配偶利益的权利。亲权是指父母基于其身份地位对未成年子女的人身和财产进行监督、照护的权利和义务的总称。亲属权是指具有亲属身份的人（父母与成年子女、祖父母与孙子女、外祖父母与外孙子女、兄弟姐妹）之间享有亲属利益的权利。派生身份权是从基本权利派生而来的权利，如由为亲属的权利而派生的赡养请求权。这些具体权利性质各异，可被分为支配权、请求权、形成权。④

由上述可知，对身份权的分类可从以下角度分析：从权利客体的不同视角进行分类，身份权可分为配偶权、亲权、亲属权、监护权⑤、荣誉权、知识产权法上的身份权。其中，配偶权、亲权、亲属权和监护权共同构成了亲属法上的身份权（简称亲属身份权）。单就亲属身份权而言，从纵向视角进行分类，亲属身份权又可分为基本身份权和派生身份权。亲权、配偶权、亲属权、监护权共同组成基本身份权。派生身份权则包括了由亲权、配偶权、亲属权、监护权派生出的与亲属身份相关的种类繁多的

---

① 史尚宽. 亲属法论. 北京：中国政法大学出版社，2000：36.
② 史尚宽. 亲属法论. 北京：中国政法大学出版社，2000：36.
③ 杨立新. 人身权法论. 北京：人民法院出版社，2002：176.
④ 杨立新. 人身权法论. 北京：人民法院出版社，2002：109. "在诸多的由基本身份权派生或支分出来的各个身份权中，作形成权、请求权、支配权的划分，有利于明确派生身份权的性质，也是必要的。"（杨立新. 人身权法论. 北京：中国检察出版社，1996：63.）
⑤ 对于监护权，有学者反对将其归入身份权，如赵菁. 诉讼时效的适用范围研究. 黑龙江省政法管理干部学院学报，2017（4）；也有学者认同将监护权归入身份权，如段厚省. 论身份权请求权. 法学研究，2006（5）。笔者认为，在监护权中一部分监护类型，特别是法定监护，具有身份权的特征。

权利。基本身份权和派生身份权之间的关系可被形象地比喻为母子关系，即派生身份权是以基本身份权为前提的，所谓"皮之不存，毛将焉附"，派生身份权的产生和消灭都是以基本身份权的存在或消灭为基础的。从民事权利的作用视角进行分类，派生的亲属身份权又可分为形成权、请求权、支配权。对身份权层层紧扣的分类是身份权体系形成的关键，这些分类对于保护不同类型的身份权具有重要意义。

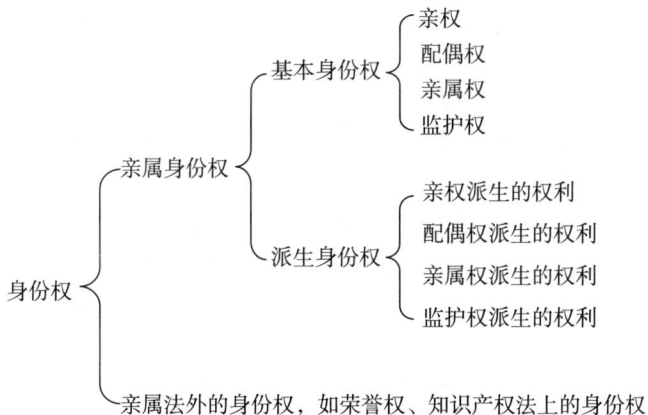

图 3-1　身份权的分类

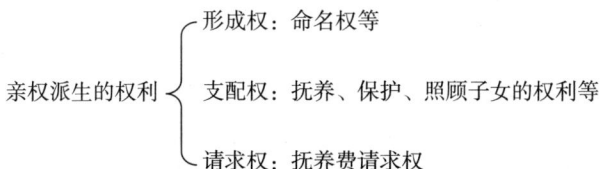

图 3-2　亲权派生的权利分类

　　诚然，任何事物都是发展变化的，身份权体系也不会一成不变。在人们的生活关系发展的过程中，新的身份权定会层出不穷，身份权的分类也将发生新的变化。如现今学者对于按照权利的作用和功能身份权被划分为形成权、支配权、请求权外，是否包含抗辩权有不同观点，如无效婚姻的抗辩权、未成年子女为对抗父母的不当亲权行为而请求人民法院限制或剥夺父母亲权的抗辩权、子女暂不具有赡养能力的抗辩权等，是否属于身份权体系中与支配权、形成权和请求权处于同一地位的抗辩权。对于身份权体系中是否包含抗辩权，笔者认为，按照权利的作用和功能来划分的身份权体系中包含抗辩权，理由为：一是从民事权利理论来看，对我国民法中民事权利体系以权利的作用来进行划分，可分为支配权、请求权、形成权和抗辩权四种。身份权作为民事权利的其中之一，按照此种标准分类理应包含上述四种权利类型。二是从现实生活的实际出发，身份权中的抗辩权已客观、真实地存在于我们的生活当中，如无效婚姻的抗辩权属于永久性的抗辩权，未成年子女为对抗父母的不当亲权行为而请求人民法院限制父母亲权的抗辩权属于延期的抗辩权等。另有学者提倡按照身份权的身份体进行分类。① 这些都反映了身份权分类理论的时代特色。在新时代身份权的类型不断增多是顺应事物发展规律的结果。总体来看，学者尝试按照不同的分类标准对身份权体系进行细化都是在努力地使身份权体系趋于完整和制定完善的身份权制度，同时也是为身份权的正确行使作出理论指引。

　　无论对身份权采用何种分类方法，现代身份权的客体是身份利益而不是某个自然人。这就决定了身份权是具有相对性的绝对权，即身份权的绝对支配性中仍包容着相对请求权的特性。② 单就亲属身份权而言，亲属身份权是基于特定的亲属身份关系而产生、以亲属身份利益为内容的权利。③ 身份权同时具有对内的对人性和对外的对世性。一方面，身份权对内具有相对性。这是身份权最为重要且特殊的特性，即身份权在对内关系上是相对的，特定主体之间的权利义务是相对而言的。身份权在对内关系上兼具权利和义务的性质。④ 在身份权的对内权利义务关系中，双方地位平等，不可能发生任何一方凌驾于另一方之上的情况。与此同时，在对内的权利义务关系中以义务内容为主，以权利内容为辅，身份权的对内关系始终是以义务为重心而形成的权利义务关系，因身份利益需要通过相对方履行义务来实现。史尚宽先生曾指出，"身份权不独为权利人之利益，同时为受其行使之相对人行使之义务"⑤。权利人和义务人之间互负权利和

---

① "以身份权所属的身份体为标准，分为家庭身份权（包括配偶权、亲权、亲属权）、社区身份权、村社身份权、市民身份权、农民身份权、国民身份权、人的身份权。"（童列春. 身份权研究. 北京：法律出版社，2018：90-99.）

② 关于此种理解已有学者论述. 史尚宽. 民法总论. 北京：中国政法大学出版社，2000：22.

③ 雷春红. 论亲属身份权. 法政探索，2012（2）.

④ 段厚省. 论身份权请求权. 法学研究，2006（5）.

⑤ 史尚宽. 亲属法论. 北京：中国政法大学出版社，2000：35.

义务。另一方面，身份权对外具有对世性。这由身份权是绝对权的特性所决定，即身份权对外是可以对抗任何第三人的。身份权与身份相伴始终，这就决定了其本身具有稳定性、专属性、亲缘性、伦理性等特质，且婚姻关系、亲子关系、亲属关系都具有公示性。因此，任何第三人都负有不得侵犯特定主体享有的身份权的义务，这也就意味着特定的身份权主体专属地、绝对地占有和支配特定的身份利益。对于亲属身份权而言，亲属身份权并不是典型的绝对权，即它同样是具有相对性的绝对权。如配偶权，在对内关系上，配偶双方具有相对性，配偶之间互负配偶应当享有的权利和应予承担的义务；在对外关系上，配偶双方对于任何第三人有要求不得侵害其基于配偶身份而取得权利的权利。"亲属身份权具有双重的请求权保护体系，即亲属身份权的保护请求权和侵权损害赔偿请求权。"[1] 杨立新教授曾指出："我国亲属法仅注重了身份权的内部关系，而没有很好地考虑它的外部关系。正是由于对身份权对外关系的忽视，对身份权对外表现的绝对权的性质还缺乏很好的认识，所以我国的亲属法也就对身份权不予以重视，这也是身份权受到冷遇的一个原因"[2]。一言以蔽之，在亲属身份权法律关系中，权利人在享有权利的同时也承担着与之相对应的义务。亲属身份权是基于道德、亲情及人伦在平等主体之间形成的对于身份利益的一项综合性权利。

（二）身份权请求权

在古罗马法早期，私权保护体系尚不健全，人们通过诉讼来实现权利并维护利益。[3] 然而，随着经济社会的持续发展及人们生活的丰富多样，仅仅依靠诉讼来实现权利已无法满足人们对权利的追求和对自身权益的维护，逐渐地，实体性权利和程序性权利分离开来。在法国，"学者将实体权利与诉权等同看待，诉权被看作是处于动态的实体权利"[4]；《法国民法典》对诉权进行了具体划分。在德国，请求权是德国民法上极为重要的概念之一。众人皆知，德国学说汇纂的代表人物温德夏特（Windscheid）是

---

① 雷春红. 论亲属身份权. 法政探索，2012（2）.

② 杨立新. 从契约到身份的回归：身份权若干前沿问题之探究. http://china. findlaw. cn/info/minshang/minfa/minshiquanli/renshenquan/stq/125659_4. html.

③ 朱塞佩·格罗素. 罗马法史. 黄风，译. 北京：中国政法大学出版社，1994：121-122.

④ 段厚省. 民法请求权论. 北京：人民法院出版社，2006：12.

德国法学发展史上的大功臣。他最早提出，"作为实体权利的请求权是从罗马法的诉权（action）中分离出实体性要素并将其构建为主观权利的产物"①，进而确立了实体法上请求权的概念。从此，请求权在实体法上作为一种实体性权利而存在，与诉讼法意义上的请求相区别。《德国民法典》第 194 条第 1 款对请求权作了定义，即"要求他人作出或不作出一定行为的权利"②。按照现代学者的理解，请求权可被区分为"债法上的请求权、物权法上的请求权、家庭法上的请求权和继承法上的请求权"③。由此可知，请求权概念已渗透到民法的各个领域，成为民法各编的基础法律概念并与其他权利共同构成了整个民法的私权体系。受德国法影响深远的日本、瑞士及我国等大陆法系国家对请求权都十分重视。魏振瀛教授曾指出，"德国法上的请求权理论是科学的，值得我国借鉴"④。到目前为止，请求权概念的界定已趋于一致，民法上的请求权是指在民事法律关系中权利人向他人主张为特定行为的权利。这种特定行为包括作为和不作为。请求权是法律赋予人们以满足自身利益的一种权利力量，请求权体系包含两个系统，即民事权利的请求权系统（也称本权请求权系统）和民事权利保护的请求权系统。⑤ 这两个系统有所不同。首先，本权请求权系统是指民事权利自身具有请求权性质，主要分为两种：一种为权利自身就是请求权，典型的权利如债权，债权自身就是请求权，债权人有向债务人请求履行义务的权利；另一种是权利具有请求权内容，如身份权中的抚养请求权，抚养请求权是抚养权利人向抚养义务人请求履行抚养义务的权利。⑥ 其

---

① Hans Otto de Boor, Gerichtsschutz und Rechtssystem, 1941, S. 16.

② Bernhard Windscheid, Lehrbuch des Pandektenrechts, Erster Band, achte Auflage, Literarische Anstalt, 1900, S. 159, Anm. 7.

③ Helmut Köhler, BGB Allgemeiner Teil, 20., völligneubearbeitete Auflage, C. H. Beck'sche Verlagsbuchhand-lung, 1989, S. 47.

④ 魏振瀛. 论请求权的性质与体系：未来我国民法典中的请求权. 中外法学, 2003 (4).

⑤ 前一个系统是具有请求权性质的民事权利，后一个系统是对民事权利进行保护的请求权系统，包括绝对权请求权（原权请求权）和侵权请求权（次生请求权）。杨立新，袁雪石. 论身份权请求权. 法律科学（西北政法学院学报），2006 (2).

⑥ 杨立新，曹艳春. 论民事权利保护的请求权体系及其内部关系. 河南省政法管理干部学院学报，2005 (4).

次，民事权利保护的请求权系统分为两个层面：原权请求权和次生请求权。一切民事权利都有原权请求权，而次生请求权是为救济受到侵害的民事权利而形成的请求权。原权请求权"以权利为基础，以实现和保护绝对权或相对权的完满状态、绝对权不被破坏的完好状态，相对权得以顺利实现"①。次生请求权"是基于他人违反民事义务或侵害民事权利而产生的权利，实质是权利人请求相对人承担民事责任"②。原权请求权因产生的基础不同可分为人格权请求权、身份权请求权、继承权请求权等。次生请求权实质上是对权利进行救济。需要特别注意的是：本权请求权不同于原权请求权，它们属于不同的系统范围。本权请求权是权利本身具有请求权内容，它是与权利本身共存的，属于本权自身的系统范围内；而原权请求权是为保护权利而具有的请求权，属于保护权利的系统范围内。本权请求权是民事权利自身的请求权系统，原权请求权和次生请求权共同构成了民事权利保护的二元结构的请求权体系。

民法体系的形成与发展离不开请求权的支撑与扩展。请求权具有其自身特殊的权利特性，而请求权体系本身是一个庞大的结构体。因产生的基础不同而形成不同的请求权，即请求权可以基于物权、债权、亲属关系、知识产权关系、继承关系等而产生。身份权是基于亲属关系、知识产权关系等而产生的，身份权请求权作为请求权体系中的一种，其地位往往被忽视。目前我国学术界关于身份权请求权的研究屈指可数且对身份权请求权的立法付之阙如，原因可能是学者对身份权的研究本就浅尝辄止，对身份权请求权更鲜有人关注。③ 通说认为，按产生的法律依据不同，请求权被可分为物权请求权、债权请求权、身份权请求权、人格权请求权等。请求权本身是对权利的一种保护方式。单从身份权而言，身份权属于绝对权，但它又不同于物权、知识产权等其他绝对权。身份权并不是典型的绝对权，这是由它对内的相对性和对外的绝对性所决定的。身份权不仅存在自身的请求权，同时也具有保护其权利的请求权。"身份权基于自身的绝对

---

① 杨立新，曹艳春. 论民事权利保护的请求权体系及其内部关系. 河南省政法管理干部学院学报，2005（4）.

② 杨立新，曹艳春. 论民事权利保护的请求权体系及其内部关系. 河南省政法管理干部学院学报，2005（4）.

③ 研究身份权较深入的学者代表是杨立新教授。

性、专属性和直接支配性而具有身份权请求权"①，并且"身份权本身可呈现出形成权、请求权和支配权等多种权利形态"②。与其他权利的权利属性相比较，身份权的权利属性并不单一，而是远比我们想象的复杂。身份权请求权是为保护身份权而建立的权利保护方式。杨立新教授认为："身份权的民法保护是双重的请求权保护体系。身份权自身已包含抚养请求权、赡养请求权等请求权。但这些请求权不是身份权的保护请求权。"③ 身份权请求权是指当民事主体的身份权受到第三人的妨害或者有妨害之虞时，身份权人有向加害人或者人民法院请求加害人为一定行为或者不为一定行为，以回复身份权的圆满状态的权利。④ 身份权形成权是指权利人基于身份而依其单方意思表示使法律关系发生、变更或消灭的权利。身份权支配权是指权利人直接支配身份利益、具有排他性的权利。可见，身份权请求权不同于身份权形成权和身份权支配权，它不能依照自己的意思使法律关系发生改变，也不能直接支配人身利益，而只能请求对方为一定行为（作为或不作为），以实现自己的权利需求。身份权请求权的存在对于现代社会具有重要意义：首先，身份权请求权作为请求权体系的一个组成部分，相较于其他请求权诸如物权请求权、继承权请求权等有不同的功能。身份权请求权和其他请求权相辅相成、缺一不可，它们共同构成了请求权体系的完整结构。其次，身份权请求权的存在对于保护身份权发挥了不可替代的作用。一旦身份权受到侵害，权利人就可行使身份权请求权，向加害人或者向人民法院请求加害人回复身份权的圆满状态。此为身份权请求权最为重要的意义。

　　身份权请求权应当成为独立的请求权。身份权请求权与其他绝对权请求权有相同之处，但因为身份权是具有相对性的绝对权，其又独具特点。它基于身份权而产生：一是它不仅具有预防身份权受侵害的功能，而且也有回复身份权至圆满状态的作用。德国学者拉伦茨认为，"人身亲属权（Familienrecht），即身份权请求权实际上具有服务的功能"⑤。身份权对

---

① 杨立新，袁雪石.论身份权请求权.法律科学（西北政法学院学报），2006（2）.

② 史尚宽.亲属法论.北京：中国政法大学出版社，2000：37.

③ "凡是绝对权都有双重的请求权保护体系，身份权也应当有双重的请求权保护体系。"[段厚省.论身份权请求权.法学研究，2006（5）.]

④ 杨立新，袁雪石.论身份权请求权.法律科学（西北政法学院学报），2006（2）.

⑤ 卡尔·拉伦茨.德国民法通论：上册.王晓晔，等译.北京：法律出版社，2003：325.

外可以预防任何第三人对权利人的侵犯，对内又可以向相对方请求履行义务。身份权这种对内对外的特性决定了当任何人侵犯身份权时，权利人有要求加害人承担停止侵害等相应责任的请求权。二是它分别包含了对内关系上的和对外关系上的请求权。在对内关系上表现为具有身份关系的相对人之间具有相对性的请求权，身份权的权利人只能向身份权的义务人提出请求；在对外关系上表现为身份权的权利人基于身份权作为绝对权的对世性而向任何第三人提出请求。这也是身份权具有公示性的体现，如婚姻、收养等需要经过国家行政机关的登记方产生相应的法律效力。三是当亲属间发生身份权纠纷时，权利人往往将协商与化解作为首选方式，行使身份权请求权是退而求其次的救济方式。亲属之间的身份权纠纷不同于一般的民事纠纷：亲属间掺杂着亲情、人伦、责任等，亲属间的原谅、宽容是化解矛盾、稳固家庭成员关系、促进家庭和睦的有利方法。将身份权请求权作为亲属间纠纷的另一种解决途径，不仅是伦理在身份权请求权行使过程中的体现，也是对亲属间身份权纠纷不刻板地囿于法律规范框架的宽容解决方式。诚如有学者言："身份权请求权运用的特点是伦理规范的作用会超越甚至替代法律规范。"[1] 四是身份权请求权不适用诉讼时效。身份权是具有相对性的绝对权，虽然身份权有时会牵涉财产利益，但是其本质是身份利益。诉讼时效是针对财产利益而设立的制度，若适用于以人身利益为客体的身份权有违诉讼时效制度设立之本旨。并且身份权具有高度的伦理性，例如亲属身份权将人的情感、身份、地位及家庭关系蕴含在其中，若适用诉讼时效，在某种意义上讲是对权利的限制。[2] 总体而言，身份权请求权的特点是由身份权本身是复杂的权利综合体所决定的，身份权请求权不是纯粹的绝对权，也不单单表现为相对权，其请求权的性质保障了身份权的权利人所享有的权利得到实现并使人们在婚姻家庭生活中找到归属感。

身份权请求权的内容与身份权的内容有密切关联。杨立新教授认为，"身份权属于亲属权，不仅它自己存在请求权，同时也存在保护其权利的

---

① 杨立新，袁雪石. 论身份权请求权. 法律科学（西北政法学院学报），2006（2）.

② "人身权不应适用诉讼时效，因为具有强烈的伦理性，直接关系到人作为人——生物意义上的人以及伦理意义上的人——应有的完整性，民法应该强力保护而非限制。"（杨代雄. 民法总论专题. 北京：清华大学出版社，2012：302-303.）

原权请求权"①。也就是说，身份权请求权包括身份权的请求权和身份权保护的请求权两个系统。身份权的请求权是其自身具有的性质，本身能够表现出请求权的权能，如抚养请求权、赡养请求权、探望请求权、配偶请求权等。若身份权的义务人不履行相应的抚养等义务，身份权的权利人可依据此身份权请求权来保障身份权利的实现。② 身份权保护的请求权是指对身份权予以保护而形成的请求权。从身份权保护的请求权的内容来看，其包括了两个方面的内容：一是以身份权的存在为基础，保护身份权不被侵害的请求权（称为原权请求权）。二是由身份权派生出的请求权，即民事主体在其身份权受到不法妨害或有受到妨害的危险时，可向加害人或人民法院请求加害人作为或不作为以阻止妨害发生或回复身份权的圆满状态的权利（称为次生请求权）。身份权保护的典型请求权包括妨害预防请求权和妨害排除请求权，以及因身份权的义务人违反身份权的自身请求权而产生的作为请求权。在对内关系中，当身份权的义务人不履行其应当履行的义务时，身份权的权利人基于此而产生身份权的保护请求权以寻求救济。如当抚养请求权的义务人不履行抚养义务时，抚养请求权的权利人可据此而行使身份权的保护请求权。妨害预防请求权是指当身份权有受到不法妨害的危险时为权利人设定的保护身份利益的权利。典型的妨害预防请求权主要包括配偶权的妨害预防请求权、亲权的妨害预防请求权、亲属权的妨害预防请求权、监护权的妨害预防请求权、知识产权的妨害预防请求权等。这里所谓妨害是指阻碍或有害于身份权的权利人实现身份利益。身份权的妨害预防请求权的构成要件包括：第一，加害人妨害的是身份权，即妨害的客体是权利人的身份利益。我国台湾地区民法学者王伯琦先生曾言："人之身体本身，绝不能成为权利之客体……其成为权利之客体者，为存在于自身或他人精神上之利益"③。第二，民事主体的身份权有受到妨害的危险，即存在妨害发生的可能，身份权并未受到实质损害。若实质损害已经存在，则应主张身份权的妨害排除请求权。第三，加害人的妨害

---

① 杨立新.侵权行为法专论.北京：高等教育出版社，2005：132.
② "身份权本身已经包含请求权。"[杨立新，袁雪石.论身份权请求权.法律科学（西北政法学院学报），2006（2）.]
③ 王伯琦.民法总则.台北：台湾编译馆，1979：25.

行为确已存在并具有违法性。① 第四，加害行为与妨害事实之间存在因果关系。妨害排除请求权是当身份权受到不法妨害时权利人享有的请求加害人作为或不作为，以回复身份权至原本状态的权利。同样，典型的妨害排除请求权主要包括配偶权的妨害排除请求权、亲权的妨害排除请求权、亲属权的妨害排除请求权、监护权的妨害排除请求权、知识产权的妨害排除请求权等。身份权的妨害排除请求权与身份权的妨害预防请求权在构成要件上基本相同，不同之处是身份权的妨害排除请求权的构成要件之一是民事主体的身份权受到了实质妨害，即权利人的身份利益已经受到实质损害；并且，这种实质损害既可以是反复发生的行为所致，也可以是持续性存在的行为所致。需要注意的是：第一，无论是身份权的妨害预防请求权还是身份权的妨害排除请求权，鉴于身份权是具有相对性的绝对权这一特性，其遭受的妨害来自身份关系中的相对人或者身份关系之外的第三人。当身份关系中的相对人或身份关系之外的第三人妨害身份权时，身份权的权利人对加害人的请求具有相对性。第二，身份权是一种复杂的权利，是包含了很多权利内容的综合体。例如亲权的妨害预防请求权又包含了不同的类型，其中探望权的妨害预防请求权就是亲权的妨害预防请求权的一种类型，而探望权的妨害排除请求权也是亲权的妨害排除请求权的一种类型。

以上所述可证明身份权在民法权利体系中意义重大，它基于自身的特殊性而应当具有独立的法律地位。然而，长久以来，人身权包含人格权和身份权，虽然人们对人格权进行了深入研究，但是对于身份权始终没有给予充分的重视。很多书籍中，当讨论到人身权时，对人格权浓墨重彩，对身份权则鲜少提及。"与人格权研究的热烈景象相比，身份权研究显得过于冷漠"②。但这些都不能否认身份权的存在以及它对于人们社会生活的重要性。并且随着社会时代和科学技术的进步，人身权对人们日常生活的影响随处可见。这也召唤学者对人身权的理论研究不能仅仅停留在现有水平，人身权的理论研究和制度构建要从整体上得到不断的发展。我们意识到，身份权的性质也随着历史的演变和社会的发展而发生了变化，从古代

---

① 违法性是指违反法律规定和违反公序良俗。杨立新，袁雪石. 论身份权请求权. 法律科学（西北政法学院学报），2006（2）. 笔者赞同此观点。

② 杨立新. 人身权法论. 北京：中国检察出版社，1996：14.

典型的专制性的支配权演变为具有相对性的绝对权。身份权已经包含了各种不同的具体身份权。亲属身份权作为身份权中的一种，它的享有及行使关系着人类社会最为基础、最为核心的社会关系——婚姻家庭关系。亲属身份权以维护亲属之间的利益为宗旨，突显伦理亲情和强调权利义务的统一。亲属身份权制度的构建实则是对人们因血缘、亲情组成的基本生活状态所给予的法律制度保障。在婚姻家庭法领域，身份上的请求权不可避免。更何况，请求权本是民法权利体系中不可或缺的部分。如此思维，才能形成缜密深刻的思考，避免遗漏，切实维护当事人的合法权益。[①] "不得侵犯他人受法律保护之范围的义务存在于任何绝对权与债权"[②]，而身份权作为一种具有相对性的绝对权受到法律保护是应有之义。此外，我国民法典是将私法自治贯彻始终的一部法典，请求权能是弘扬追求权利、崇尚自由、维护合法利益的法律精神之体现。在身份权领域，身份权请求权的基础理论及法律规范也应当是贯彻于婚姻家庭法领域始终的。身份权请求权基于其权利本身的复杂性、时代特质的突显以及现实生活的需要、社会进步的呼唤，必将日益引起学术界的关注和研究。法律的发展与延展，得益于法律规范的构建与完善。身份权请求权同其他法律规范一样，是法所确认的价值体现，是社会实践的调整标尺，是"那些能作为理想品性表现出来并同时决定个人和社会的行为方式的基本理念"[③]。这也正是身份权请求权存在的意义。

二、我国探望权的属性

对任何一项权利的全面掌握，都离不开对其属性的深入探究。理解探望权的属性是准确把握并指明其立法本旨的关键所在，更是充实与完善我国探望权法律制度的思维基石。因此，我们有必要全面地把握我国探望权

---

① 王泽鉴. 法律思维与民法实例：请求权基础理论体系. 北京：中国政法大学出版，2001：71-76.

② Comporti, Diritti Reali in Generale, in Trattato di Diritto Civile e Commerciale (Ⅷ), Milano, 1980, p. 23. Cfr. Luigi, Orsi. Pretesa, Enciclopedia del Diritto (ⅩⅩⅩⅤ), Prerogative-Procedimento, Giuffrè Editore, 1962, p. 369.

③ Miguel Reale, Filosofia do Direito, 14a edição, São Paulo, Editora Saraiva, 1991, p. 195.

的属性。由于我国探望权立法起步较晚且理论研究尚待深入，至目前为止，我国学术界对探望权属性的认识仍存有分歧，始终没有达成共识。总体来看，学者关于探望权属性的主流观点大致分为三种：第一种观点是权利说。该学说认为：探望权仅仅是一种权利。探望权是基于父母子女间的血缘而产生的一项权利，是以身份关系为基础的法定权利。"夫妻离婚后，探望孩子是未能与孩子一起共同生活的一方所享有的当然权利"[1]。第二种观点是义务说。该学说认为：探望权只是一种义务。顾名思义，探望权是不直接抚养子女的父或母一方对子女的一项法定义务。探望权作为义务必然伴随着责任，即当不直接抚养子女的父或母不履行对子女的探望义务时，该父或母一方应当承担相应的责任。探望权在形式和名义上表现为权利，但其实质和其内容是一种义务。第三种观点是权利义务统一说。该学说认为：探望权是权利义务的统一体。探望权既包含权利内容也包含义务内容，从保护未成年子女利益的视角出发，它不仅是不直接抚养子女的父或母的权利，同时也是不直接抚养子女的父或母的义务。探望权是一种权利，是针对不直接抚养子女的父或母而言；对于未成年子女而言，探望是离婚父母的义务，不能由当事人自行抛弃。[2] 笔者认为，探望权的本土化是我国探望权发展的趋势所在，我们对探望权属性的研究应当立足于我国重视亲情伦理的传统文化和中华民族家庭关系的特征。我国的探望权应当更多地突显亲情色彩、突出父母职责、强调对未成年子女利益的保护、注重家庭关系的和谐以及适应现实生活中探望权的行使。上述三种关于探望权属性的观点中，笔者认为，探望权是权利与义务的统一体的说法更为合情合法，恰如其分地展现了探望权的本质属性。探望权制度是存在于特殊主体之间的体现亲子关系的一项亲子制度，从保护未成年子女的利益出发，探望权对于父母而言应当既为权利也为义务。对探望权作此定位，不但有利于兼顾探望权法律关系中各方主体的利益，而且也突出地强调了使未成年子女利益最大化的立法理念。总体而言，对于探望权的属性，我们应当明确：首先，探望权是权利与义务的统一体，并且其义务属性占首位，权利属性占第二位。其次，单独考察探望权的权利属性，应阐明探望

---

[1]　郭丽红.探望权之性质探析.河南师范大学学报（哲学社会科学版），2010（4）.

[2]　蒋月.婚姻法执行效果分析与调查结构的启示//巫昌祯.婚姻法执行状况调查.北京：中央文献出版社，2004：211.

权是一项独立的权利。最后，应细致地揭示出探望权是一种身份权，它具有身份权请求权的属性。以下逐一阐述探望权的属性。

首先，探望权是权利与义务的统一体。就我国探望权的法律发展来看，把探望权单纯地归于权利或简单地列为义务都不足以界定探望权的全部属性。"权利和义务不是孤立存在与发展，二者一一对应，义务是权利的界限。"① 一方面，探望权产生的基础是父母子女之间的血缘亲情，它建立在人世间最为亲昵的情感之上。这种父母子女间的亲子关系是天然的、稳固的、亲密的、休戚与共的。父母与子女之间的情感交流、心灵交融及思想沟通都是相互的。因而，即使父母离婚，父母子女间的交流与沟通也不会发生改变。这体现在探望权的法律关系上父母子女之间的权利也应当是双向的，而不是单方面的。将探望权的权利主体界定为父母和子女双方是探望权制度设立的初衷，否则会与探望权的立法本旨背道而驰。父母子女相互享有探望的权利，这种双向性的权利存在于父母子女之间，是法律规定父母和子女共同维护亲子关系而专享的权利。与此同时，它是父或母在非常态婚姻家庭状态下行使亲权的具体表现形态。即使父母离婚，父母基于其专属的身份对子女应尽的义务仍然存在。王利明教授讲道："基于身份所享有的权利虽然在本质上是一种权利，但却是以义务中心，权利人在道德和伦理的驱使下自愿或非自愿地受制于相对人的利益，因而权利之中包含义务。"② 父母探望子女也是给予父母履行对子女的应尽义务的机会。探望权人没有履行义务时，必然应当承担相应的法律责任。这种义务属性也决定了探望权人不能放弃探望，否则将会受到法律制裁。另一方面，探望权以保护未成年子女的最佳利益为立法初衷。父母离婚后，未成年子女与父母共同生活的空间环境消失，子女需要面对仅与亲生父或母一方共同生活的新环境。而父母在子女未成年时期带给子女的作用和影响无人能及。为使父母子女间的亲情延续与发展，弥补不直接抚养子女的父或母一方与子女亲情交融的机会并最大限度地减少家庭破裂带给子女的伤害，探望权制度应运而生。探望权的内容不仅包含父母与子女间双向的接触、交流、沟通、团聚等权利，而且自然包蕴着父母对子女照顾管理、教育指导、关怀爱护等应当履行的义务。赋予子女探望父母的权利，这

---

① 公王祥. 法理学. 上海：复旦大学出版社，2002：197.
② 王利明. 人格权法新论. 长春：吉林人民出版社，1994：209.

样，子女也成为探望权的权利主体，有利于最大限度地保护子女的利益。从有利于未成年子女利益最大化原则出发，探望权从不直接抚养子女的父或母一方的视角而言是权利，更是义务，而从子女的视角而言更多地体现为权利。"子女利益与父母利益相比较，儿童福祉占首位，父母的权利、愿望、要求是第二位的。"[1] 探望权以未成年子女的利益为主，以使未成年子女健康成长为核心，同时兼顾父母的情感需求。因此，在探望权的行使过程中，父母对未成年子女的教育照顾义务、关怀爱护义务等是第一性的，处于首要地位，而父母对未成年子女所享有的诸如会面、联络、交流、沟通、团聚等权利是第二位的，处于次要地位。鉴于此，探望权是集权利与义务于一体的综合体，单纯地定位其为权利抑或义务都是一叶障目、以偏概全的片面观点。

其次，单纯探究探望权的权利属性，可以得出探望权是一项独立的权利。探望权的独立性主要体现在：第一，探望权制度本身具有独立性，即探望权在我国的法律制度体系中是独立存在的。探望权是婚姻家庭法规定的一项权利，它基于血缘亲情而产生并作为单独的权利被规定在《民法典》婚姻家庭编第四章"离婚"中，成为离婚制度的组成部分。这决定了探望权是由自然血亲衍生而来的，不依附其他任何权利而产生。与此同时，它也不会因其他义务未得到履行而丧失，其自身包含着探望的义务内容。探望权是在家庭关系处于非常态的状态下（法律仅规定为父母离婚）亲权的延伸，它所包含的权利和义务有别于在正常婚姻家庭状态下的亲权，由此可知，探望权的权利和义务构成了其自身全部的内容。第二，探望权的行使具有独立性。探望权的行使是为了实现权利人的身份利益，也即父母子女间的情感满足、心灵支撑及精神慰藉。"权利是为社会或法律所承认和支持的自主行为和控制他人行为的能力，表现为权利人可以为一定行为或要求他人作为、不作为，其目的是保障一定的物质利益或精神利益。"[2] 探望权以实现身份利益为宗旨而不依赖其他任何权利。无论是探望权的行使方式还是行使时间、地点都是灵活多样的，根据不同家庭的亲子关系而由当事人具体决定。当行使探望权有损未成年子女的利益时，依照我国目前的法律规定可以中止或终止探望权。需要明确的是，不直接抚养方未给付抚

---

① Judith Areen, *Family Law*, the Foundation Press, 1985, p. 464.

② 周永坤. 法理学. 2 版. 北京：法律出版社，2004：245.

养费或少给付抚养费并不能够成为中止探望权的法定事由。但是，探望权人不能滥用探望权，否则会因法律规定而受到限制。第三，探望权纠纷的解决具有独立性。探望权纠纷的解决机制包括探望权协商机制和探望权诉讼机制两种，但无论哪种解决机制，各自都具有独立性。探望权纠纷出现后，当事人协商是最先采用的解决方式，因为探望权纠纷有别于一般民事纠纷，探望权的行使是亲子关系的流露，探望权的本旨就是维护未成年子女的利益，同时兼顾与平衡探望权法律关系中各方主体之间的利益。然而，不同家庭中的亲子关系不尽相同，父母是最为熟悉和最为亲近的未成年子女保护者，由探望权法律关系中的主体进行磋商最终确定探望权的归属是化解矛盾解决纠纷的最佳方式。在诉讼机制中，当事人可在离婚诉讼中要求一并解决探望权，也可单独就探望权纠纷提起诉讼。这表明探望权纠纷并不必然地依附离婚诉讼。通过当事人协商或由人民法院判决都是探望权纠纷解决独立性的具体表现。

最后，探望权是身份权的一种，它具有身份权的请求权能。"身份权是自然人基于身份而享有的权利"[1]。毋庸置疑，探望权是由亲子血缘自然衍生而来的，这种血缘亲情决定了父母子女之间产生了特殊的身份关系。探望权就是缘于这种亲昵的父母子女间的身份关系而产生的法律权能。探望权具有身份权的特点：第一，探望权主体之间具有特殊的血亲关系，即探望权是基于特殊的身份关系而取得的。我国婚姻家庭法规定探望权的主体是父母，父母对于子女而言以其特殊关系的身份上的排他性而当然地成为探望权的行使者。探望权发生在父母子女之间，它充分显示了在特定亲情关系中父母子女各自所处的特殊地位，因而它具有专属性、稳定性和非财产性，而这无疑是身份权的显著标志。当然，随着近年来探望权司法实践的发展及探望权理论的发展，探望权主体的多元化必将提上立法日程，探望权主体的规定也将逐渐向扩大化趋势迈进。第二，探望权的客体是身份利益，即因亲子关系而产生的身份利益。父母子女间的血亲身份必然产生某种身份利益，它集中地表现为探望方与被探望方双方之间的情感交流、思想交汇、亲情交融与心灵沟通，它是心灵与精神上的慰藉、满足与愉悦，也是亲情的延续、保温及升华。因此，探望权所产生的身份利益是因父母子女双方的特定地位而产生的具有支配性的无形利益，它具有双向性、不

---

[1]　张俊浩. 民法学原理. 北京：中国政法大学出版社，1991：159.

可放弃性及不被剥夺性。第三，探望权的行使具有不可替代性（专属性）。父母子女间的亲情关系稳定而持久、真挚而热烈。探望权的产生是亲子感情和现实生活所需，不仅任何第三人无法代替其拥有和行使，而且不能委托他人代为实现。由父母子女专属行使的探望权由法律规定并受法律保护，固化了探望权与人身无法分割的不可分离性。此外，现实生活中，身份权的行使会随着现实情况的改变而发生变化。父母离婚使父母与子女处于非常态的父母子女生活状态中。这种非常态婚姻家庭状态下的父母子女关系与正常婚姻家庭状态下的父母子女关系存有差异，是不容回避的现实难题：离婚使不直接抚养子女的父或母一方与自己的子女接触存在诸多不便甚至障碍。婚姻家庭的破裂虽不能使父母子女间亲子关系的性质发生改变，但却使非常态婚姻家庭状态下父母子女间权利义务的行使与正常婚姻家庭状态下父母子女间权利义务的行使不可能完全相等同。为了最大限度地降低未成年子女因父母婚姻关系破裂所遭受的伤害，给予不直接抚养子女的父或母与子女充分相处的机会，探望权制度产生了。总而言之，探望权是法律专为满足不直接抚养子女的父或母一方与子女之间的亲情交往及心灵慰藉而专门作出的制度设计，使身份权的特性展现得淋漓尽致。

婚姻家庭法规定的探望权具有身份权的请求权能。毫无疑问，婚姻家庭法上的请求权是基于婚姻家庭法的法律关系而产生的请求权。任何权利，无论是相对权还是绝对权，为发挥其功能，或回复到不受侵害的圆满状态，均须借助于请求权的行使。[①] 探望权也不例外：探望权作为民事权利中的一种，其请求权属性显而易见。探望权的请求权能包含两个层面：一个层面是探望权的自身请求权，另一个层面是探望权的保护性请求权。两者共同构成了探望权的请求权能二元体系。首先，探望权的自身请求权也被称为探望权的本权请求权，是指探望权本身所固有的请求权权能，也即探望权本身具有请求权的性质。探望权的本权请求权属于探望权具有的请求权内容。[②] 依据我国法律规定，父母是探望权的权利主体，最典型的探望权自身请求权对于享有探望权的父或母一方而言，是指其有权请求另一方（直接抚养子女的母或父一方）给予自己与子女接触的机会，如请求

---

①　杨立新，袁雪石. 论身份权请求权. 法律科学（西北政法学院学报），2006 (2).

②　前文已述，民事权利的本权请求权包含两种：一种为权利自身就是请求权，另一种是权利具有请求权内容。

与子女短期会面，请求与子女单独相处，请求在子女长假期间让子女长期留住，等等，直接抚养子女的母或父一方应当履行协助义务。诸如此类的请求权能同时也是探望权本身行使及实现的方式。其次，探望权的保护请求权是对探望权进行保护的请求权，包含探望权的原权请求权和探望权的次生请求权，即当探望权受到不法妨害或有受到妨害的危险时，探望权人可向加害人或人民法院请求加害人作出一定行为以阻止妨害发生或回复探望权于圆满状态的权利。"原权请求权在所有的民事权利中都存在"①，探望权的原权请求权是探望权所固有的保护请求权，它与探望权同时产生，也同时消灭。"身份权属于亲属权，不仅它自己存在请求权，同时也存在保护其权利的原权请求权"②。探望权的次生请求权是基于侵害探望权的行为而产生的保护请求权。探望权的妨害预防请求权和探望权的妨害排除请求权是典型的探望权的保护请求权。"该请求权系权利之表现，而非与权利同其内容也。在权利不受侵害时，该请求权则隐而不显现，然若一旦遭受侵害，则随时发动"③。探望权所受到的不法妨害或妨害危险来自探望相对方或第三人，这是由探望权是具有相对性的绝对权所决定的，即因探望权的相对性而产生了父母子女之间以义务为中心的探望权对内关系，因探望权的绝对性而产生了父母子女与第三人之间以权利为中心的探望权对外关系。探望权的对内关系和对外关系共同构成了探望权的完整法律关系。一方面，基于探望权的对内相对性，探望权具有请求权性质。在对内关系上当直接抚养子女的父或母一方违反法定探望义务，给探望权人的探望造成妨害或有妨害的危险时，享有探望权的母或父一方则有向其请求作为或不作为的请求权，即请求相对方不得妨碍探望权的实现。另一方面，基于探望权的对外对世性，探望权具有绝对权的性质，在对外关系上表现为当探望权遭受妨害或者有受妨害之虞时，探望权人享有向加害人请求停止妨害或排除妨害危险的请求权。此时，探望权人对于任何第三人的绝对权利转变为直接地向加害人请求履行的相对权利，即权利人可直接向加害人或者通过人民法院请求加害人停止妨害或者排除妨害危险。显然，探望权的保护请求权针对不同程度的对探望权的妨害而设置了相应的保护请求

---

① 杨立新，袁雪石. 论身份权请求权. 法律科学（西北政法学院学报），2006（2）.

② 杨立新. 侵权行为法专论. 北京：高等教育出版社，2005：132.

③ 梅仲协. 民法要义. 北京：中国政法大学出版社，1998：37.

模式。因此可以说，探望权的实现与探望权的请求权权能密不可分，这也是请求权二元体系在探望权中的具体体现。

　　总而言之，家庭关系是人类社会中最基本的社会关系，父母子女间的关系又在家庭关系中居于核心地位，维系与发展亲子关系的探望权在非常态婚姻家庭状态下，尤其是离婚家庭中不可或缺。从《民法典》的规定来看，探望是在离婚家庭中父母与子女相互之间双向的情感交流与心灵慰藉。父母子女间除物质层面的支持外，精神层面的支撑也是必不可少的，甚至可以说相比物质支持而言，精神支撑更为重要、珍贵。这也正是当代中国社会逐渐建立起以情感交流为主导、以财产依附为辅助的新型家庭关系的原因。家庭的生育功能中"生"与"育"两者不可偏废，同等重要。"生"是保证人口繁衍、延续人类发展、保障社会存在的基础性功能，而"育"则是帮助子女成长、塑造子女人格、培育国家栋梁的关键性功能。探望是"育"的功能的集中展现，探望权也是顺应时代发展、适应生活现实、培育子女成长、维护家庭和谐、延续亲子关系以及满足亲情需求的立法之举。对探望权属性的探析是衡量探望权立法方向的标尺之一。探望权是权利与义务的统一体，强调探望权的父母职责与对子女利益的保护。探望权是一项独立的权利，突出了探望权行使的专属性与不可剥夺性。探望权作为身份权的一种，其请求权能对于探望权的行使具有关键作用。探望权的属性不仅决定了探望权的对内和对外双重法律关系，而且决定了探望权在婚姻家庭法领域占有无可替代的一席之地。

第二节　探望权的请求与抗辩

　　请求与抗辩是法律的一种思维方式，它们关系密切，相互依存又相互排斥。通常情况下，一方当事人行使请求的权利，要求相对方为特定的行为，相对方提出抗辩，从而形成请求与抗辩的共存与对立。它是从双方当事人之间进攻与防御的视角对法律关系进行梳理。[①] 所谓请求是向他人提出作为或不作为的要求。所谓抗辩是用以对抗请求，表现为阻止请求或妨碍请求，而不是否认请求。在同一个法律关系中，对法律关系主体按照进

---

　　① 刘召成. 德国法上的请求权体系. 河南省政法管理干部学院学报，2010 (6).

攻和防御的标准进行区分，也就形成了请求权和抗辩权的区别。^① 由请求权和抗辩权构成的法律方法被梅迪库斯教授（Medicus）称为德国私法方法论的脊梁。^② 这种请求与抗辩的思维方法被德国广泛推崇，并在全世界范围内逐渐地被当作一种重要的法律能力，为每一位法律人所必备。请求与抗辩的思维方式有其存在的重要意义。法律关系中请求与抗辩不仅是法律关系主体各方主张利益的维权方式，也是法律关系中权利主体用以阻止他人不当行为的捍卫手段。因此，在民法领域，请求与抗辩不可谓不是寻求权利救济与消除非法侵害的基本路径。与此同时，运用请求与抗辩的思维方式对于法官解决案件纠纷和平衡各方利益会产生神奇的力量，它不仅为法官理顺民事纠纷事实提供明确的思考方向，也为司法案件的最终判决提供清晰的裁判路径。请求与抗辩，在某种意义上讲，是在当事人之间分配共同的对象，即针对同一利益一方获利则另一方受损。某种意义上讲，请求与抗辩是当事人之间利益与主张的博弈。作为民法分支的婚姻家庭法理当采用请求与抗辩这种缜密深刻的法律思维方式，用以在婚姻家庭法律关系中权衡当事人之间的利益，尽量满足各方主体的正当需求，使婚姻家庭法律关系中权利人的权益得到全面的维护。探望权作为婚姻家庭法的内容之一，同样存在着请求与抗辩，请求与抗辩决定着探望权法律关系中当事人权利的实现和义务的履行，它们共同构成了探望权法律关系内容的核心，对探望权的行使具有重大影响。通过前文对探望权属性的分析可知探望权具有身份权请求权的权能，探望权必然包含着请求权能与抗辩权能。因此，下文试图探讨探望权的请求与抗辩，以期通过对探望权制度中请求与抗辩的分析，使探望权顺利实现并最大限度地保护未成年子女的利益。

一、探望权的请求

探望权的行使往往是探望权人以向相对方提出请求的方式实现权利。此种请求无须通过诉讼的方式提出就可满足权利人的利益，它的发生、行使及实现是探望权人的重要权利内容。可以说，探望权的请求就是探望权

---

① Medicus Dieter，Anspruch und Einrede alsRückgrateinerzivilistischen Lehr-methode，Acp，1974，p. 314.

② Medicus Dieter，Anspruch und Einrede alsRückgrateinerzivilistischen Lehr-methode，Acp，1974，p. 316.

制度中权利人的权利内容。正如"权利是一种观念（idea），也是一种制度（institution）……一项权利的存在，意味着一种让别人承担和履行相应义务的观念和制度的存在，意味着一种文明秩序的存在"①。此外，探望权的请求从侧面强化了私权自治的私法理念。该请求为探望权人自由行使权利和保护其权利提供了多种实现方式和更为广阔的空间。总体观之，在探望权的行使过程中探望权人提出请求居于枢纽地位，它的顺利行使是探望权实现的保障。所以说探望权的请求值得琢磨、思考和讨论，以使其尽可能"善其事"。探望权的请求是基于探望权这种具有相对性的绝对权而产生的。探望权的请求缘于父母子女间的亲子关系。亲子关系是与生俱来的，任何人都无法改变、摆脱和超越它；亲子关系是血浓于水的，任何情感都无法阻隔、代替和比拟它。即使父母离婚，父母子女之间的亲情也无法割断，父母子女之间的交往也无法阻拦，它是世世代代亘古不变的。然而，家庭是子女成长发展的基石，是心灵安定的港湾。不可否认，父母离婚造成了子女成长环境和生活方式的改变并带给子女无法衡量的心理压力与创伤。现实生活中子女的利益在父母离婚时显得微不足道，父母因婚姻家庭破裂往往会忽视子女的感受和利益，子女无法避免地成为婚姻关系破裂的最无辜受害者。因此，法律为离婚家庭设立探望权制度是十分必要的。探望权的请求实则是亲情流露的表现，它为父母子女间亲子关系的延续搭建起情感的桥梁，促使探望权的行使更为顺畅。探望权人提出请求不仅是为了满足父母子女双方对亲情的需求，更是为了最大限度地有利于子女的身体、心理、精神及情感的健康与成长，尽量地减弱父母离婚带给子女的伤害，竭力为子女带来本该由其拥有的完整的父爱与母爱。

简言之，探望权的请求就是探望权人为合理地进行探望而提出的要求。该请求的产生和存在，保障了探望权人权利的行使和义务人义务的履行。缘于探望权的属性和其自身的特殊性，探望权的请求独具特点。按照我国《民法典》的规定，探望权的请求具有如下特点：第一，探望权的请求具有长期性。父母离婚后不直接抚养子女方不与子女共同生活，该不直接抚养方需要通过行使探望权来与子女保持沟通、交流。不直接抚养方向直接抚养方提出探望子女的请求，以使探望权顺利实现。由于离婚家庭中父或母一方与子女不可避免地彼此分离，该探望的请求必将长期存在。也

---

① 夏勇. 中国民权哲学. 北京：三联书店，2004：165.

即在子女未成年时期，不直接抚养方都能够提出探望的请求。值得一提的是，现实生活中这种请求的提出及实现一般情况下首要且最有效的方法是父母双方通过协商达成一致意见。采用父母双方协商方式解决探望请求的长期性主要基于两个原因：一是每个家庭都有独特的生活模式。父母是最为熟悉和最为亲昵的未成年子女的保护者，由父母就探望请求作出协商一致的决定是最为恰当的方式。二是人民法院的执行力度有限。德国学者温德沙伊德曾指出，"私法权利是第一位的，而通过诉讼程序予以实现的可能是第二位的"①。相比于探望权的拥有及行使期限，人民法院的执行期限是法定且短暂的，通过人民法院执行无法满足每一个探望权人的探望请求。若长时期地向人民法院请求探望，不但会增加人民法院的业务量，而且必然会给当事人造成诉累，无法真正地解决每一位探望权人的探望请求。与此同时，通过人民法院实现探望对子女而言更为刚性，减少了家庭关怀的柔性色彩，在某种意义上讲没有真正实现通过探望增进父母子女之间的情感与营造和睦的亲子氛围的目的。第二，探望权的请求具有反复性。在子女未成年时期，父母双方的爱缺一不可，缺失任何一方的父爱或母爱，都会带给未成年子女诸如缺乏安全感等不安定因素。费孝通先生曾言，"单身母亲不能给予自己未成年儿子成长所需的全部生活方式，单身父亲同样也不能给予自己未成年女儿成长所需要的全部教育"②。家庭关系的解体仅仅意味着夫妻感情的破裂，并不能成为阻挠父母子女间亲情延续的借口。不直接抚养子女的父或母一方为了能够经常地体察到子女的身心发育与成长状况，势必要不止一次地向与子女共同生活的另一方提出探望的请求。这种多次、不间断的探望请求是父母履行抚养、教育、关怀、帮助子女成长的义务使然，更是子女从精神上、心灵上、身体上、物质上等各个方面对父母依赖和寻求关爱的表现。探望请求的反复性是探望权行使有别于其他民事权利行使的独特之处。第三，探望请求不受诉讼时效的限制。探望权是具有相对性的绝对权，而绝对权不受诉讼时效的限制已成为学术界的主流观点，对探望权理应不适用诉讼时效。况且，探望权行使是为了维护未成年子女的最大利益，使成长在离婚家庭中的孩子能够尽量

---

①   Julius Neussel, Anspruch und Rechtsverhitnis, Auslieferungserlag：Akademische Buchhandlung，1952，p. 32.

②   费孝通. 乡土中国　生育制度. 北京：北京大学出版社，1998：126.

地与在父母关系尚未破裂家庭中的孩子一样，感受到父母同等的关爱与支撑，因而在子女未成年时期父母行使探望权是必要且可行的。若将探望权的请求期限囿于诉讼时效期限内，显然与探望权的立法初衷背道而驰。探望权的请求是人身请求权的一种，它是基于人身利益而发生的请求，与父母的主体资格及人身利益不可分割。即使探望权人怠于提出探望请求，探望权也不会因诉讼时效的经过而丧失。因此，探望权的请求不应成为诉讼时效的适用对象，它也不会因诉讼时效期限的规定而丧失法律上的保护。

探望权属于身份权的一种，具有身份权请求权的权能，其自身构成了探望权请求权的二元体系结构，即探望权的自身请求权能和探望权的保护请求权能。探望权的请求基于探望权请求权的二元体系结构主要分为两个方面的请求：探望权的自身请求和探望权的保护请求。根据我国法律对探望权主体的规定，探望权的自身请求是指在父母子女间以义务为中心的对内法律关系中，享有探望权的父或母一方请求与子女共同生活的另一方给予自己探望子女的机会。探望权的保护请求是指在父母子女间以义务为中心的对内法律关系中以及父母子女和第三人间以权利为中心的对外法律关系中，当探望权受到妨害或者有受妨害之虞时，享有探望权的父或母一方向加害人提出停止妨害或者消除妨害危险的请求。探望权的两种请求紧密相连、相互衔接。探望权的自身请求是探望权最基础、最首要的请求，也是探望权的第一性请求。而探望权的保护请求是探望权第二层意义上的、实施保护的请求，具有救济性，因而是探望权的第二性请求。探望权的对内请求和对外请求二者缺一不可、相辅相成。

首先，从探望权的自身请求来看，它是探望权本身所具有的请求，即享有探望权的父或母一方请求相对方（与子女共同居住的另一方父或母）给予探望子女的机会。与此同时，享有探望权的父或母一方可以请求另一方履行协助探望的义务。通常情况下，除探望行为不利于子女的身心健康外，在探望权人的请求下，与子女共同生活的父或母应给予其探望子女的充分机会。现实生活中，每一个离婚家庭的具体情况不尽相同，因此，每一个探望权人提出的探望请求也各不相同。探望权的自身请求包含的内容较丰富，其中主要包括请求探望的方式和请求探望的时间两个内容。（1）请求探望的方式目前主要有两种：一种方式是探望权人请求以直接探望的方式来探望子女，即享有探望权的父或母一方请求通过与子女见面的方式实现探望。享有探望权的父或母请求与子女见面，与子女共同居住的另一方应当予以协助。父母与子女见面实现了眼神交流、语言沟通、情感宣泄及心灵交汇。父母子女间的直接接触是增进感情最便捷的方式，父母在与子女见面时能够观察到子女的实际生活状况，体察到子女的心理和情绪，了解到子女的精神面貌和情感状态。此种直接、实际的探望方式不仅是父母子女间相互交流的最佳途径，也是当前离婚家庭中享有探望权的权利人请求探望的最常见形式。通常情况下直接探望的方式是实现探望权的主要方式。另一种方式是探望权人请求以虚拟探望的方式来探望子女，即享有探望权的父或母一方请求与子女通过邮件、视频、短信、通话等多种方式来实现探望。虚拟方式的探望请求是随着我国科学技术的进步、网络技术的发达而产生的新型探望请求。现实生活中，不与子女共同生活的父或母由于存在与子女居住距离遥远、工作繁忙等情形，客观上难以以见面的方式探望子女时，借助网络、邮件、手机等高科技媒介实现探望是最佳的选择。此种虚拟探望的方式不但克服了远距离障碍，而且使享有探望权的父或母一方与子女随时随地交流、沟通变成了现实，自然而然地拉近了彼此间的距离和情感。虚拟探望的请求无疑给探望权法律关系的各方主体提供了便捷。从目前来看，虚拟探望的方式作为实现探望权的辅助方式发挥了作用。（2）探望时间的请求主要分为短期看望的请求和长期留住的请求。对探望时间的选择主要考虑子女的利益，享有探望权的父或母根据子女的日程安排和作息时间适时地探望子女。通常父母探望子女的时间被安排在周末，周末既是子女的休闲时间也是父母的休息日，享有探望权的父或母可以请求与子女共同居住的另一方许可其在周末与子女相处。在与子女相处的过程中既可以是享有探望权的父或母与子女单独相处，也可以是享有探望权的一方与子女及与子女共同生活的另一方共同相处。单独相处能够给予不与子女共同生活的父或母与子女独自接触的空间和时间，从而增进彼此间的情感交流；而共同相处则能够让子女真切地感受到父母双方的关爱和完整家庭的温暖。无论是单独相处还是共同相处，享有探望权的权利人都是以子女的意愿和感受作为初衷而提出探望请求的。探望权的自身请求因每个家庭情况的不同而有所差异，因此享有探望权的权利人对内请求的内容十分广泛，即享有探望权的权利人不仅可以请求自由选择探望的方式、时间、相处模式，还可以请求与子女共同生活的另一方予以协助，如当直接抚养子女的父或母决定带子女搬迁时，享有探望权的另一方可请求直接抚养方提前告知其情况，等等。由此可见，探望权的自身请求与家庭的现实状况息息相关，同时也是实现探望权的重要保障。

其次，从探望权的保护请求来看，它是对探望权予以保护的请求权，即当探望权受到妨害或者有受妨害之虞时，享有探望权的父或母一方可向妨害人提出停止妨害或消除妨害危险的请求。探望权的保护请求源于探望权人具有特定的身份，与子女共同生活的父或母以及任何第三人都负有不得侵害探望权实现的义务，正如"我们每一个人都应该对别人负责"的建议正在变得普遍。① 单就探望权而言，任何人都不应当作出妨害探望权的行为或产生妨害探望权的危险，以确保探望权的顺利实现。探望权的保护请求主要包括违反探望权本身的请求而产生的作为请求、停止妨害的请求和预防妨害的请求。这些请求的目的都是回复探望权的圆满状态，主要是针对妨害探望权的行为和妨害探望权的危险而提出。探望权本身有请求，但是此种请求并不是探望权的保护请求，而是探望权自身的请求。当探望权的相对人不履行协助义务时，探望权人会因此而有权提出作为请求。关于妨害探望权的行为和妨害探望权的危险的判断标准，通常认为有二：(1) 违反法律规定，不仅包括违反民法上的规定，也包括违反其他以保护他人为目的的法律的规定。(2) 违背公序良俗。② 停止妨害的请求是指当存在妨害探望权的行为时，享有探望权的权利人提出加害人立即终止妨害行为的请求。常见的妨害探望权的行为有：离婚后取得子女抚养权的父或母隐匿子女，使享有探望权的另一方无法行使探望权；第三人强行带走子女，使享有探望权的另一方无法探望子女等。此类妨害探望权的行为直接阻碍了探望权的实现，是严重妨害探望权实现的侵害行为。预防妨害的请求是指当出现可能妨害探望权的危险时，享有探望权的权利人向加害人提出阻止妨害危险发生的请求。常见的妨害探望权的危险包括离婚后与子女共同生活的父或母打算携子女远赴他乡，导致享有探望权的另一方存在无法行使探望权的可能；第三人企图带走子女且不为探望权人所知晓，致使探望权人有无法行使探望权的可能；等等。一旦发生妨害探望的危险，会使探望权人的权利存在遭受妨害的可能，因此预防妨害的请求是必不可少

---

① Jonathan Dlover, *Causing Death and Saving Lives*, Harmondsworth, 1977, p. 104.

② 杨立新，袁雪石. 论身份请求权. 法律科学（西北政法学院学报），2006 (2).

的。总体来看，探望权的保护请求是享有探望权的权利人为保障探望权回复到其圆满状态而提出的请求，是预防妨害探望权危险的发生或阻止妨害探望权行为的发生，从而保障探望权实现的救济请求。

二、探望权的抗辩

德国法学家梅迪库斯曾说过，"通过请求权抗辩权而思维是民法教学方法的基石"①。在同一法律关系中，抗辩与请求相对，当一方当事人提出请求时，另一方当事人可提出抗辩予以"抵抗"。它们是双方当事人提出各自主张并争取权利实现的必经之路。这种进攻和防御的意思自由是维护私法自治功能在权利主张中的突出体现。"抗辩起源于罗马法的抗辩（exceptio）制度，最初是介于原告请求和判决程式之间的一项诉讼程式，使被告有可能证明存在某种情形，足以让原告的请求丧失其合法性或有效性"②。抗辩无论是在英美法系中还是在大陆法系中都占有不可否认的重要的地位。在大陆法系，德国的代表性学者如萨维尼、温德沙伊德、阿尔布莱特等，在中世纪就对抗辩进行了分类，即事实抗辩和法律抗辩。③ 之后，抗辩在《德国民法典》有了明确规定，并随着德国法律制度的完善取得了长足的发展。19 世纪的潘德克顿学派区分了实体法上的抗辩与程序法上的抗辩，并基于权利的效力，又将实体法上的抗辩分为权利妨碍的抗辩、权利消灭的抗辩和权利受制的抗辩三种。法国民法彰显自然法精神和个人主义，和民事诉讼法一道，将抗辩严格区分为程序法上的抗辩和实体法上的抗辩，"exceptio"用来表述纯粹程序法上的抗辩，而"defense au fond"表示实体法上的抗辩。在英美法系，英国学者密尔松（S. F. C. Milsom）曾直言"抗辩程序创造了普通法"④，抗辩的产生和发展与实体规范体系的形成同步前进，足见抗辩在英国法上留下了深刻的发展轨迹。美国法上的抗辩制度含义特定，用积极抗辩

---

① 请求权基础的探寻. http://www.66law.cn/lawarticle/12586.aspx.

② 黄风. 罗马法词典. 北京：法律出版社，2002：106.

③ 尹腊梅. 民事抗辩的历史、语义与定位//廖益新. 厦门大学法律评论：2007年下卷. 厦门：厦门大学出版社，2007：7.

④ S. F. C. 密尔松. 普通法的历史基础. 李显冬，等译. 北京：中国大百科全书出版社，1999：54.

（affirmative defense）来表达①，在合同法、侵权法、财产法、家庭法等领域抗辩的身影无处不在。

由上可知，抗辩在法学的历史长河中从未有过缺位，从古罗马法起，直至现代各国的法律制度中，抗辩的内容不仅存在于程序法上，而且在实体法上也被挖掘与构建并日趋丰富。在我国，抗辩已被普遍认为存在于实体法和程序法中。佟柔先生主编的《中华法学大辞典：民法学卷》将抗辩分为实体上的抗辩和程序上的抗辩。② "程序法上的抗辩是用来抵御和对抗原告提出的一切主张的诉讼行为。实体法上的抗辩能对其他人权利的运用永久地或者暂时地予以阻却或限制"③。佟柔等学者认为实体上的抗辩可分为障碍抗辩（权利不发生的抗辩）、消灭抗辩和阻止抗辩，诉讼上的抗辩可分为妨诉抗辩和证据抗辩。④

关于我国探望权的抗辩应当明确如下内容：首先，探望权的抗辩属实体法上的抗辩。显而易见，探望权属于我国婚姻家庭法领域的一项制度，它被规定在我国婚姻家庭法当中。婚姻家庭法是民法的重要组成部分，与我们每个人的生活息息相通，它无疑属于实体法范畴。探望权作为婚姻家庭法中的一项权利，理应被含括于实体权利之中，探望权的抗辩自然归为实体法上的抗辩。探望权的抗辩是对抗探望请求而存在的，它在探望权的行使过程中可以提出。其次，探望权的抗辩对探望权的请求具有阻碍作

---

① 尹腊梅. 民事抗辩的历史、语义与定位//廖益新. 厦门大学法律评论：2007年下卷. 厦门：厦门大学出版社，2007：14.

② 柳经纬，尹腊梅. 民法上的抗辩与抗辩权. 厦门大学学报（哲学社会科学版），2007（2）.

③ Heinz Hübner, Allgemeiner Teil des BGB, 2. Auflage, 1996，S. 51. Dieter Medicus, Allgemeiner Teil des BGB, 8. Auflage, 2002，S. 221.

④ 佟柔. 中华法学大辞典：民法学卷. 北京：中国检察出版社，1995：39. 障碍抗辩，又称权利不发生的抗辩，系针对他方所主张的权利的发生，举出有障碍的事实进行抗辩，如主张该权利系基于恶意串通而发生等；消灭抗辩，系对于他方所主张的已存在的权利，举出有使之消灭的原因事实进行抗辩，如主张已经清偿或免除，或者已逾时效等；阻止抗辩，系指对于他方权利的行使，举出具有阻止效力的法律要件事实进行抗辩，如主张同时履行或者提出催告、检索抗辩等；妨诉抗辩，系主张原告之诉讼要件欠缺、不能合法成立，如指出无管辖权、系重复起诉或者存在仲裁协议等；证据抗辩，系主张原告举出之证据不合法、无证据力、不足凭信等。柳经纬，尹腊梅. 民法上的抗辩与抗辩权. 厦门大学学报（哲学社会科学版），2007（2）.

用。探望权的抗辩相对探望权的请求而言，如果抗辩成立，探望权的请求就会受到阻力，甚至难以实现；反之，如果探望权的抗辩不能成立，则探望权的请求就会受到法律保护，请求的内容顺利实现。探望权的请求和抗辩共同构成了探望权行使的完整内容。最后，从探望权的抗辩分类来讲，其有赖于自身产生的根源。探望权是由血缘亲情自然衍生而来的，因此，探望权通常情况下不能被剥夺。而障碍抗辩是主张权利自始不发生，在这个意义上讲探望权的抗辩不存在障碍抗辩。探望权的相对人在特殊情况下可提出中止行使探望权的抗辩，当出现终结探望权的情形时可提出终止探望权的抗辩。在探望权法律关系中，探望权的抗辩可能会对探望权的请求的实现形成阻挡，导致探望权人的探望权利暂时性地或永久性地无法实现。因此，探望权的抗辩可分为探望权的延迟性抗辩（探望权的阻止抗辩）和探望权的排除性抗辩（探望权的消灭抗辩）两种。探望权的延迟性抗辩（探望权的阻止抗辩）是指针对探望权的请求提出具有阻止探望权效力的主张予以对抗。探望权的排除性抗辩（探望权的消灭抗辩）是指针对探望权的请求提出消灭探望权效力的主张予以对抗。比较而言，探望权的延迟性抗辩仅是对探望权行使的限制，即在理由充分的情况下探望权的相对人提出此抗辩可短暂地停止探望权人行使探望权，在不存在中止探望权行使的情形消失后，探望权仍将继续行使，因此其也被称为探望权的一时抗辩；而探望权的排除性抗辩则要终结探望权的行使，即当出现终止探望权的情形时，探望权的相对人提出该抗辩可直接导致探望权的消灭，探望权人自此不得行使探望权，因此其也被称为探望权的永久抗辩。

第一，探望权的延迟性抗辩（探望权的阻止抗辩）。它是指当出现暂时中止探望权的正当事由时，探望权的相对人向探望权人提出暂时性地停止探望权的抗辩。毋庸置疑，探望权的相对人提出探望权的延迟性抗辩对探望权人和需要探望的子女双方都有巨大的影响：对于探望权人而言，探望权具有人身专属性，它是不直接抚养未成年子女的父或母一方专享的权利，不能任意被剥夺、随意被限制。对于需要探望的子女而言，探望权的行使需要全面地考虑子女的身心、情感、精神、健康等各个方面，不得违背子女的意愿，更不能与子女的利益相悖。我国《民法典》第 1086 条规定的暂时地停止行使探望权的法定理由是"不利于子女身心健康"。该规定虽简单粗略，但已明确表明可以"不利于子女身心健康"为由而提出延迟性抗辩。至于哪些具体情形能够使探望权的相对人提出探望权的延迟性抗辩，目前《民法典》还没有作出细致规定。尽管如此，法律对探望权的相对人提出延迟性抗辩予以明确规定无疑是至关重要的，今后的婚姻家庭立法应采用列举加概括的立法模式，从探望权人的各个方面进行综合考量，将不利于子女身心健康的各种情形排除在可行使探望权的范围外。当前的现实社会生活中，不利于子女身心健康的情形主要包括：（1）行使探望权的父或母一方患有传染性疾病、精神病等严重危害子女身心健康的疾病；（2）行使探望权的父或母一方对子女企图实施或已经实施如殴打、辱骂、性侵犯等严重危害子女利益的侵权行为或犯罪行为；（3）行使探望权的父或母一方有吸毒、赌博、嫖娼等不良嗜好或怂恿子女从事不良嗜好；（4）行使探望权的父或母一方有企图隐匿子女的危险或已有隐匿子女行为发生；（5）行使探望权的父或母一方有侵害另一方的监护权的行为，如不按照约定的时间、方式行使探望权，已严重扰乱另一方和子女的生活；（6）行使探望权的父或母一方因患有严重疾病等暂时丧失探望能力；（7）年满8周岁以上的子女自己明确表示不愿意被探望；（8）其他不利于子女身心健康的情形。在这八种情形中，第八项情形的认定由人民法院根据实际情况作出自由裁量。前七种情形是关于行使探望权延迟性抗辩的具体情形，第八项是兜底条款，即法律试图将尚未被具体列明为不利于子女身心健康的情形全部纳入在内。探望权法律关系中的主体针对上述任何一种情形都可以提出延迟性抗辩，当且仅当上述情形完全消失后，探望权的延迟性抗辩方可不予行使。由此可知，探望权的延迟性抗辩并不是彻底地剥夺或消灭探望权，而是当出现不适宜探望子女的情形时，出于对子女利益的考虑，暂时性地停止探望权的行使。

第二，探望权的排除性抗辩（探望权的消灭抗辩）。它是指当出现终止探望权的正当事由时，探望权的相对人提出终止探望权行使的抗辩。一旦提出排除性抗辩会导致探望权的终止，这就意味着探望权人自此丧失探望权。探望权基于其自身的特殊属性而不能被随意剥夺，探望权终止通常是因为出现了无法继续行使探望权的情形，可被称为自然终止探望权的情形。到目前为止，我国婚姻家庭法尚未规定终止探望权的情形，但这并不意味着探望权的排除性抗辩不存在。探望权终止的情形包括：（1）未成年子女已成年；（2）未成年子女死亡；（3）探望权人死亡。由这三种情形可知，探望权法律关系中当探望权人和接受探望者其中任何一方丧失探望权的主体资格时，探望权便自然终止，探望权的相对人可提出探望权的排除性抗辩。探望权设立的初衷是维护未成年子女的利益，保护未成年子女健康地成长，在未成年子女成年后，其自身的心智成熟程度使其具备维护自我利益的能力，探望权的设立已没有存在的必要。当探望权人或未成年子女任何一方死亡时，探望权人或者接受探望者缺失，探望权也当然消灭。探望权的终止符合一切事物都有其产生、发展、消灭的自然过程这一客观规律。探望权的排除性抗辩是探望权的相对人针对探望权的消灭而提出终止探望权的具体表现。未来我国的婚姻家庭立法对探望权的终止加以明确规定既是完善探望权法律制度的必然趋势，也为现实生活中探望权法律关系主体提出排除性抗辩提供明确的法律依据。由上述可知，探望权的排除性抗辩是彻底地终止探望权的抗辩，是完全地阻碍探望权行使的法定事由。

综上所述，探望权的请求与抗辩勾勒出探望权行使的完整过程。探望权是一种具有请求权性质的人身权，它是具有相对性的绝对权，这种权能属性决定了它的请求与抗辩独具特殊性。探望权的请求可以向对内关系中的相对人提出，也可以向对外关系中任何第三人提出。探望权的抗辩通常由对内关系中的相对人提出。梁启超先生曾言，"凡人之所以为人者有两大件事：一曰生命，二曰权利。二者缺一，时乃非人"①。在人类的情感中亲子之情可谓是最浓烈的情感之一，探望权是建立在这种自然的血缘亲情之上、具有其自身内在特殊性的婚姻家庭法上的一项权利。在探望权法律关系中，各方主体都是独立的权利主体，他们分别提出请求或抗辩是维护自我权利的具体表现。然而，在探望权法律关系中无论父或母还是未成年子女通过请求或抗辩提出何种主张，探望权的宗旨都是保护未成年子女，实现未成年子女利益的最大化。因为在家庭生活中，"子女有权利获得父母的帮助和关爱，使他们发展出最大潜能，形成健全的个性、完整的人格和完善的智力和能力；有权利知悉自己的权利和参与自己的生活决定并获得保护"②。家庭解体下成长起来的子女应当享有和正常婚姻家庭状

---

① 梁启超. 新民说·论义务思想//余涌. 道德权利研究. 北京：中央编译出版社，2001：引论：5.

② Carol Bellarny, "Human Rights and the Rights of the Child", in *Taking Action for Human Rights in the Twenty-First Century*, UNCSCO Publishing, 1998, p. 129.

态下的子女所拥有的同样权利。我们探究探望权的权利属性实则是为揭示探望权法律规范的客观意旨，我们试图准确地把握探望权的属性实则是要为我国未来的探望权立法起到引导作用。针对探望权的请求与抗辩进行对立性的思考，是把握探望权行使的重要途径。诚如王泽鉴先生所言，"此种关于请求与抗辩的对立，是每一位法律人所必须掌握的"①。对探望权的请求与抗辩的把握也是如此。总而言之，我国未来的婚姻家庭立法中探望权的请求与抗辩应是为实现未成年子女利益的最大化而设计的。

---

① 王泽鉴. 民法思维：请求权基础理论体系. 北京：北京大学出版社，2009：137.

第四章 探望权的立法分析

第一节 探望权的理念探析

一、探望权设立的立法宗旨

每部法律应当把某种思想作为能够发生约束力的规则表达出来。[①] 该种思想是立法者立法的初衷，是构架法律制度的源起，即它是法律制度设立的立法宗旨，是贯穿整个法律规范始终的核心。探求立法宗旨，应当探求立法者设立法律制度之真意，不应当拘泥于法律条文的字词本身。所谓探求立法者之真意，即剖析立法者制定法律条文的内心本意，探究法律制度所表达的价值取向和实施法律制度所追求的利益目标。可以说，

---

① 弗里德里希·卡尔·冯·萨维尼，等. 萨维尼法学方法论讲义与格林笔记. 杨代雄，译. 北京：法律出版社，2008：77.

立法宗旨是任何一项法律制度设立与完善的支撑点，是法律规范制定与构建的立法思路，因而它必不可少且尤为关键。"目的是全部法律的创造者，每条法律规则的产生都源自一种目的"①，并且"能作为理想品格表现出来并同时决定人们行为的基本理念"②。我们应当把立法宗旨作为立法的基础。立法宗旨，即立法目的，是指立法者通过制定法律规范意图调整社会关系的内在动机，是法律制定及法律实施的根本动因。③ 无论是法律条文的内在含义还是法律规范的外在形式，都要遵照立法宗旨来进行构建。有了立法宗旨，制度构建才能够有的放矢。无立法宗旨，制度设计便会零星无序、杂乱无章。④ 离开了立法宗旨，法律规范好似一盘散沙，相互之间缺乏逻辑性、关联性、紧密性与衔接性，无法形成统一完整的法律规范体系。立法宗旨是完整法律规范的立法主线，也是每一项法律规范的立法指引，无视立法宗旨的作用会导致具体法律规范的制定与运用存有偏差，纸面上的法律制度形同虚设。一言以蔽之，立法宗旨是法律规范的内在力量，法律规范是立法宗旨的外在表现。而每一项法律规范中又存在或远或近、或深层或浅显的立法宗旨，因而立法宗旨根据所表达层次的不同，可以被分为直接立法宗旨和间接立法宗旨。所谓直接立法宗旨，是指法律规范内容所表达的最直接的、第一性的立法目的，也称为第一层次的立法宗旨。所谓间接立法宗旨，是指法律规范内容隐含的更为抽象的、理想的立法目的，也称为更高层次的立法宗旨。因此，正确把握法律制度的立法宗旨，在具体的法律规范中寻找立法宗旨的踪迹，不仅是深入立法思想的源头所在，也是探究制度本身的必经之路。研究任何一项法律制度，明晰其立法宗旨是理所当然。

关于立法宗旨是否由法律条文明确加以规定，没有一定之规。至目前为止，学术界关于是否需要制定立法宗旨的法律条款存有分歧，大致分为

---

① E. 博登海默. 法理学：法律哲学与法律方法. 邓正来，译. 修订版. 北京：中国政法大学出版社，2004：328.

② Miguel Reale, Filosofia do Direito, 14ª edição, São Paulo, Editora Saraiva, 1991, p. 195.

③ 刘风景. 立法目的条款之法理基础及表达技术. 法商研究，2013 (3).

④ 部风涛. 文津法札. 北京：中国法制出版社，2011：119.

三种不同观点：必要设定说、废止设定说和区别对待说。① 笔者认为，对于一部法律而言，它应当有完备且严谨的法律体系，包含的法律内容应当具体、细致和完整，因此，在一部法律的开篇，通常在第一章，明确地规定整部法律的立法宗旨，能够起到提纲挈领的立法功效。这样既有利于明确整部法律的立法意图，也有利于指导具体法律制度的规定与实施。而对一项法律制度而言，是否需要在法律条文中写明立法宗旨，应当根据具体情况并区分不同立法情形区别对待。如果需要特别明示一项法律制度的立法宗旨，应当在规定该法律制度的条文中明确其立法宗旨。如果不需要特别明示一项法律制度的立法宗旨，可以在该法律制度的条文中不予规定，因为即使不用法律条文明确立法宗旨，立法宗旨实际上也暗含在一项法律制度的条文规定之中，并且与整部法律的立法宗旨相呼应、相协调。需要强调的是，立法宗旨与时代背景、一国国情、民族文化密不可分，它是时代发展的缩影，也是社会需求使然。因此，法律规范的立法宗旨不是一成不变的，而是与时俱进的，关于未来，人的头脑仅是勉强描述出大概的轮廓而不会准确地预见。② 立法宗旨会随着未来社会的不断发展而适时地作出调整与改变，这样，立法宗旨才可先进、科学且正确地指引法律发展方向。法律为人们的生活而设立并为人们的行为提供实践性的准则，它由经济发展水平所决定，并伴随社会进步与现实需要在合乎正义的道路上日臻完善。立法宗旨胜似法律规范的"眼睛"，它不仅承载着法律制度蕴含的深厚法学理论，而且对解决司法实践疑难问题指明了审判方向。在某种意义上讲，对一项法律规范的立法宗旨的洞察与揣摩，是培养每一个法律人的法律思维和法学能力的一条路径。

　　同样地，探望权法律制度也有其自身的立法宗旨，它的制定与运用都和其立法宗旨休戚与共。探望权的立法宗旨是探望权制度的灵魂，它揭示了探望权的本质属性，引导探望权的设立走向，协调探望权法律关系内容

---

① 必要设定说是指立法目的条款是各种法律文本的必备条款，缺之则法律文本不完整；废止设定说是指立法目的条款是法律文本中无关紧要的部分，除有明显设置必要的少数情况外，原则上都应当予以取消；区别对待说是指应当根据法律的类别以及实际需要，具体情况具体分析，区别对待。刘风景. 立法目的条款之法理基础及表达技术. 法商研究，2013（3）.

② 托克维尔. 论美国的民主：上卷. 董果良，译. 北京：商务印书馆，1988：417.

的完善。我国《民法典》对探望权仅用一个法律条文作出规定，该条文并未明确规定探望权的立法宗旨。然而，探望权的立法宗旨显露于探望权法律条文之中。对我国探望权的立法宗旨的考量十分必要，探求探望权设立的立法宗旨有助于我们更为透彻地剖析和全面地构建我国的探望权法律制度。从目前来看，我国婚姻家庭法学界多数学者认为，探望权的立法宗旨正在从以父母权利为本位向以未成年子女权利为本位过渡。笔者赞同此观点并认为：无论从我国探望权制度的立法完善还是从现今探望权理论研究的深入与司法实践的发展来看，探望权的立法宗旨正悄然发生着变化。这种改变与人们思想观念的转变和人权意识的增强密切相关。不可否认，未成年子女在现实婚姻家庭生活中始终处于弱势地位，法律对特定群体（弱势群体）的保护实际上是人本主义诉求的具体体现。社会的发展和时代的更替决定了人们的价值观念和思想意识不能停滞不前，而是需要不断地变迁与进步。在当今时代，在人本思想的宣扬与倡导下，婚姻家庭法中的各项法律规定更多地在争取人权、弘扬人性、维护人伦与追求平等的人本主义轨道上发展。与此同时，婚姻家庭法"着眼于自然世界和社会世界中的现象——亦即配偶之间、父母与子女之间的关系"，而非"法律世界中的现象和纯粹的法学范畴，尤其是绝对权和相对权的基本区分"[1]。因此，婚姻家庭法所调整的婚姻家庭关系更为具体细致，突出人伦秩序与亲情关系。它不同于合同法、人格权法等。婚姻家庭法的特点在于，由人与人相互之间的婚姻家庭关系建立起的共同生活秩序是先于法律而存在的，它表现出的事实状态由婚姻家庭法的各项法律规则予以规范和调整，因而包含探望权制度在内的婚姻家庭法律制度无不内蕴着民族主义、历史文化、风俗习惯、人伦道德。概括而言，婚姻家庭法不同于财产法[2]，婚姻家庭法的基本问题就是调整婚姻家庭成员之间的权利义务的平衡，达到个体之间的自由与利益的协调，寻求家庭共同利益的获得，维护和谐、稳定的家庭关系，进而形成安定持久的社会秩序。

　　2001 年修订的《婚姻法》第 38 条首次规定了探望权制度。鉴于当时

---

　　[1]　徐涤宇. 婚姻家庭法的入典再造：理念与细节. 中国法律评论，2019（1）.

　　[2]　美国学者罗伯特·S. 亨特认为："财产法的基本问题总的来说无非就是决定个人和社会关于资源的使用和开发的关系。"（约翰·E. 克里贝特，等. 财产法：案例与材料. 齐东祥，陈刚，译. 北京：中国政法大学出版社，2003：3.）

中国的国情和时代背景，探望权制度的立法宗旨是继续实现离婚家庭中父母对子女的权利。虽然第38条的规定在当时是及时且必要的，但是不可否认，2020年我国《民法典》第1086条仍沿用此规定，显然已不合时宜。《民法典》关于探望权的法律条文少而单薄，第1086条的内容简单粗浅，显现为纲领性、倡导性、指引性的法律规定，缺乏明确且具体的法律表述。从目前来看，我国关于探望权的许多内容仍处于立法空缺，导致司法实践中存在诸多困惑。毫无疑问，我国是一个拥有悠久的历史文化和传统思想的国度，我国的法律制度无不刻上民族意识和传统观念的烙印。关于探望权的法律规定与我国传统社会的父权观念密切相关。奴隶社会、封建社会都是以家族主义为本位，父权是家族主义的核心，它对中国法律，特别是有关婚姻家庭的法律制度，影响颇深。在男耕女织为主要生产方式和阶级等级观念根深蒂固的社会中，我国形成了父权、夫权、家长权占统治地位的阶级等级，同时也形成了以父权家长制为基础、以血缘亲族为纽带、以宗教伦理为信仰的中国传统家庭文化。在一个大家庭中父权家长制体现得淋漓尽致："父祖是统治的首脑，家族内的一切权力——经济权、法律权、宗教权都集中在他的手中，家族中所有的人口如妻妾子孙、旁系卑亲属等都在他的权力之下。"① 可见，家长权统领了家庭的财产权、生杀权、惩戒权，家长享有对子女的占有，视子女为他们的所有物，子女毫无人格可言。因此，漠视子女的权利和利益是古代亲子关系的典型特征。在传统父权主义的影响下，我国规定的父母子女间的探望权制度自然留下了这种根深蒂固的父权思想的印迹，家族本位成为传统亲子制度的宗旨。这导致了我国在探望权制度的内容设计上以父母为主体并主要围绕父母的权利展开规定。显然，2001年修订的《婚姻法》中有关探望权的规定，以及2020年《民法典》关于探望权的规定，都体现了以"父母权利为本位"的立法宗旨。

然而，探望权法律制度与现实社会生活中存在的探望权疑难无法对接的现象已日益突显。随着我国离婚率的逐年攀升，对离婚后未成年子女的利益难以给予有效保护的"疾患"愈加严重。而以父母权利为本位的探望权立法已无法解决现实婚姻家庭生活中的探望权纠纷。在现代社会，对未

① 瞿同祖.中国法律与中国社会//瞿同祖.瞿同祖法学论著集.北京：中国政法大学出版社，1998：6.

成年人利益的保护缺乏足够的法律依据，在婚姻家庭法领域也是如此，非常态婚姻家庭状态下，尤其是离婚家庭中，未成年子女的利益往往被忽视。这迫切地需要我国的婚姻家庭法站在未成年子女利益的视角给予更多法律关怀。因此，我国探望权制度的立法应当冲破传统社会父权观念阴影的笼罩，从家族主义的控制中真正地解放出来。我们应当对当前我国探望权法学理论研究以及现实生活中层出不穷的探望权纠纷进行全面的剖析，进而指明探望权立法宗旨的改变势不可挡。笔者认为，受当前我国主流社会意识形态和价值取向选择的影响，探望权的立法宗旨不失其独立性，同样可以包含探望权的直接立法宗旨和探望权的间接立法宗旨。探望权的直接立法宗旨也即探望权的第一层次立法宗旨，是保障离婚后父母亲权的继续行使及维护亲子关系的延续发展。探望权的间接立法宗旨也即探望权的更高层次立法宗旨，是实现未成年子女利益的最大化。总体而言，子女权利本位是我国探望权制度构建的立法走向。

探望权的立法宗旨实现从父母权利本位到子女权利本位的转变主要源于如下理由。

首先，探望权产生的根源决定了我国探望权立法宗旨的未来走向。在现代社会，家庭的组建以情感为导向。父母子女间的探望权源于任何其他情感都无法比拟的血脉亲情，这种血脉亲情结成的家庭情怀因父母子女的存在而永久存续，进而演变成生死与共的血缘共同体，正如"作为精神的直接实体性的家庭，以爱为其规定，而爱是精神对自身统一的感觉"①。来自家庭的爱与关怀，对于未成年子女而言更为重要：一个支离破碎的家庭带给子女无尽的恐惧与自卑，而一个温馨的家庭会燃起子女对人生的无限希望与力量。子女得到来自父母的关爱原本天经地义，它是世上任何情感无法替代的，也是任何物质无法弥补的。即使在形态各异的家庭中父母子女间的具体情形存有差异，父母探望子女都要以有利于未成年子女健康成长的方式进行。在未成年时期子女的心智处于稚嫩阶段，他们的认知能力的增长和形成独立自主的能力要经历循序渐进的过程。为此，对未成年子女而言，根据不同年龄阶段选择合理而恰当的探望方式是值得慎重考量的。探望权的行使弥补了父母对未成年子女爱的缺失，使父母履行了应尽的职责，使未成年子女和父母共同感受到家庭应有的幸福与温暖。在这个

---

① 黑格尔.法哲学原理.范扬，张企泰，译.北京：商务印书馆，1961：175.

意义上讲，探望权立法既是对血缘亲情的法律确认，也是对家庭关系的法律支持。父母对未成年子女的亲权不会因离婚而中断，亲子关系也不会因离婚而终止。相反，未成年子女的利益在非常态婚姻家庭状态下更应当得到足够的重视和尊重。

其次，国际社会处理儿童事务的基本原则标志着我国探望权立法宗旨的发展趋势。法治文明发展到今天，儿童利益最大化原则已经得到世界各国的基本认同，未成年人的健康成长是世界各国关注的焦点，未成年人立法将"儿童最大利益原则"作为共同的立法趋势。1989 年通过的联合国《儿童权利公约》是第一部保障儿童权利的国际性约定，它强调儿童的幸福和权利必须被重视与保护，并确立了儿童利益最大化原则。随后，世界各国通过不同的立法模式相继确立了儿童利益最大化原则。英美法系国家通常制定专门的儿童法以确保该原则的实施，大陆法系国家往往在民法、婚姻家庭法等各种单行法中体现保护儿童利益。2019 年 3 月 12 日十三届全国人大二次会议关于最高人民法院工作报告和最高人民检察院工作报告的决议中突出强调要"严惩侵害妇女儿童犯罪"①，2020 年《未成年人保护法》进行了第二次修订，揭示出我国将保护儿童利益提升到了新的法律高度。所谓儿童利益，包括儿童的眼前利益和长远利益，又包含儿童物质上的利益和精神上的利益。我国探望权制度涉及婚姻家庭法领域中未成年子女的利益，它理应毫不例外地遵照儿童利益最大化原则作出规定。未成年子女在父母离婚、家庭破裂过程中处于弱者地位，我们不得不承认有些父母对未成年子女的利益视而不见。法律若让未成年子女背负起离婚的沉重后果非但有失公允，反而会使未成年子女因不堪重负而误入歧途。基于此，我国婚姻家庭法在离婚法律制度的设计上更应当侧重关注和保护未成年子女的利益，让他们能够在身心愉悦、和平宽容的家庭环境下自由地成长、健康地生活。因此，我国探望权的立法宗旨应当与国际儿童立法原则和目标相接轨，在探望权的具体制度中规定当父母的利益与未成年子女的利益相冲突时，应当以未成年子女的利益为优先考量因素，必要时可以限制不直接抚养子女的父或母一方的探望权以保障未成年子女的利益。这样的探望权制度设计才能够真正地做到有利于未成年子女的幸福成长。

---

① 聚焦两高报告十大法治亮点. https://baijiahao.baidu.com/s? id=1627807371003965109&wfr=spider&for=Pc.

最后，父母对未成年子女义不容辞的义务和责任诠释了我国探望权立法宗旨的保护方向。在现代社会，父母对未成年子女的义务和责任是亲子关系的核心。探望权的设立同样是为非常态婚姻家庭状态，尤其是离婚家庭中不直接抚养子女的父或母一方继续履行对未成年子女应尽的义务和承担对未成年子女应有的责任提供机会和设定相应的法律后果。探望权制度的设立应一切为了未成年子女的利益，否则便形同虚设。日本学者我妻荣云："父母子女关系的特有效力是父母对未成年人进行哺育、监护、教育。这莫若说是权利和义务融合在一起的应尽职责。"① 可见，探望权制度并非一味地追求家庭成员间各方利益的平衡，而是倾斜性地保护特定群体（弱势群体）——未成年子女的利益。未成年子女在家庭解体过程中遭受的伤害和打击不应由其承受与承担，相反，离婚父母应当给予未成年子女更多关爱和帮助，消除家庭解体带给未成年子女的不幸，以最大限度地使未成年子女免受离婚带来的冲击，使未成年子女和其他正常婚姻家庭状态下的孩子一样无忧无虑地成长。一方面，父母应是未成年子女的守护者，家庭也应是未成年子女的温馨港湾，每一对父母作为未成年子女最亲近的人都应倾注他们各自对子女应有的关爱。父母对未成年子女的责任与义务从子女一出生便自然产生，它不会因任何原因而改变或消灭，即使婚姻关系终止，亲子关系仍将继续。另一方面，子女在未成年时期对父母有高度的依赖性，他们在心智发育、健康状况、教育情况、生活能力等各个方面都需要得到父母的帮助和关怀，这是自然人发展的自然规律。即使父母离婚，未成年子女也不应当脱离父母的照顾而成长，相反，生长在离婚家庭中的未成年子女需要得到更多的来自父母双方的关爱，否则，他们将会比在正常婚姻家庭状态下成长的孩子更脆弱和处于岌岌可危的境地。因此，探望权制度是离婚制度中亲子关系最重要的法律体现，它应全面地考虑未成年子女的利益需要与情感需求，使不直接抚养方对自己的子女履行与直接抚养方同等的父母义务与责任，使未成年子女不缺失父母任何一方的关爱并在稳定安宁的生活状态中无忧无虑地成长。

要而论之，立法宗旨的转变、发展与社会环境、生活状态、思维意识等各种因素密不可分。"法律者，社会力也。故法规者，随社会之变迁，

---

① 我妻荣，有泉亨. 日本民法·亲属法. 夏玉芝，译. 北京：北京工商出版社，1996：130.

时间之经过，同时必变其形态……纵使法规形体一时不呈变迁之迹，其实质必随社会之变迁而与之俱变，经时既久，与社会时状，必相为一致。"①立法宗旨是由立法者设定而形成的，由于人的主观意识不断地变化、升华，立法宗旨也不是静止孤立、停滞不进的，它会呈变迁之迹、发展之态；它会与社会生活的各种因素共同形成完整的有机体系，协调共存、融合并进。任何法律制度的立法宗旨都是发展变化的，探望权的立法宗旨也会随着国际立法环境的逐步演变、社会生活现实的反复实践、立法者立法思想的日渐升华以及人们对法治的需求的不断增强而发生进阶性的变动。但无论立法宗旨如何变化，它都要与一国的政治经济、伦理道德、思想文化、法治形态以及国际背景相匹配，达到总体协调一致的状态，使人们对法律的期望与立法宗旨的设立实现归同。这是立法宗旨的适时性、先进性的体现。也只有在科学、合理的立法宗旨的指引下，才能制定出遵循人类发展规律、符合社会发展方向和满足人们生活需要的良法，否则，立法宗旨就会因与国家发展趋势和国际整体环境不相协调，或与其中的某个或某些因素不相吻合而使法律制度的设立及实施受到无法避免的阻碍，甚至导致整体法律的制定与运用存在偏差，损害立法的权威与尊严。

　　婚姻家庭法中的离婚制度与结婚制度相比较而言更具复杂性。离婚不仅导致男女双方两个个体之间婚姻关系的终结，也使夫妻与其他家庭成员尤其是与子女之间出现了一系列的不利后果。虽离婚使男女双方获得婚姻自由并有机会重获爱情，在某种程度上提高了婚姻质量和生活幸福感，但与此同时离婚对父亲、母亲、子女、政府和国家而言都会产生无法规避的负面效果，尤其是离婚扰乱了未成年子女的成长：父母离婚打破了未成年子女对熟悉生活环境的生存依赖和对父母双方的心理依恋，扰乱了未成年子女正常的生活状态和亲子关系的熟悉模式。法律规定探望权为未成年子女与不直接抚养子女的父或母一方进行日常交往、情感沟通，提供心灵慰藉等提供了法律保障。随着解体家庭中亲子关系的发展以及人们现实生活的需求，探望权的立法是不断完善的，探望权的立法宗旨也必然随之发生演变。总体来讲，探望权的立法宗旨逐渐地从以保护父母权利为本位走向以保护子女权利为本位。今后我国探望权法律制度的内容将

---

　　① 穗积陈重. 法律进化论. 黄尊三，等译. 北京：中国政法大学出版社，1997：1-2.

日趋充实和丰富，保障离婚后父母权利义务的继续行使与履行以及维护亲子关系的延续与发展是探望权立法宗旨的应有之义，而保护未成年子女利益的最大化必将成为我国探望权立法宗旨的终极目标。探望权制度是我国婚姻家庭法中调整亲子关系的一项重要法律制度，其立法宗旨突出强调保障未成年子女的利益。基于此，探望权的适用范围将不再局限于离婚家庭，而会随着人们生活模式的多样化而不断地扩大。探望权应当从最大限度地保护未成年子女的利益、实现探望权人的探望权和维护亲子关系的延续发展的探望权立法宗旨出发，将其适用范围逐渐扩大到包含离婚家庭在内的非常态婚姻家庭状态。这既是立法发展的必然势态，也是人们生活的现实召唤。笔者坚信，在历经了修改、重构、完善与发展的立法过程之后，探望权法律规范"宜粗不宜细"的立法观念必将为"必要充实且粗细得当"的立法理念所取代，保护未成年子女的最大利益这一探望权间接立法宗旨将会引领探望权的直接立法宗旨即保障离婚后父母亲权的继续行使及维护亲子关系的延续发展，继续向前推进。当然，法律规范亲子关系不仅调整一个家庭的内部关系，更关涉整个国家的社会秩序。维护家庭中亲子关系的友好和睦势必会促进整个社会秩序的安定团结，"社会主义事业的发展（包括国家安全、政治、经济的稳定和秩序）"是当代中国法律规范根本的、不变的目的。[①] 探望权制度作为我国众多法律制度的一种，与其他法律制度一同朝着我国社会主义法治建设的根本目标努力迈进。

二、确立探望权的基本原则

基本原则是法律规范的重要准绳，是指引司法实践的重要指引，因此，基本原则具有崇高的法律地位。基本原则隐藏于法律规范之中，是立法宗旨的抽象展现；基本原则内化于法律规范之中，体现了法律的内在精神。基本原则并不是法条本身，却为法条所承载；它不直接涵摄事实本身，却给案件事实指明解决方向。基本原则贯穿于法律规定之中，体现着法律价值、法律思想和法律标准。它或许通过法律规定的内容明白地展现

---

① 刘志斌. 立法目的、法院职能与法律适用的方法问题. 法律科学（西北政法大学学报），2010（2）.

出来，或许从法律规定中借助"整体类推"或回归法律理由的办法推求出来。① "在从事法律规范时指示方向的标准，依凭其固有的信服力，可以使法律性的决定正当化。"② 立法者在制定法律的同时或嗣后构建法律制度的基本原则，因为这不但有助于其站在法学理论的高度全盘地认识和把握法律制度本身，采用法律形式将正确的意识和观念上升为国家政权意志，使法律制度朝着立法宗旨的方向发展，而且有助于其认真地权衡法律关系中各方主体之间的利益，系统地掌握立法宗旨和内在精神，使立法者的意志隐含于整部法律规范之中，形成统一完整的法律体系。我们每一位法律人在研究某一项法律制度时，应当细细揣摩该项法律制度的基本原则，因为它能够让我们清晰地领悟到该项法律制度的基本理念以及运用于司法实践的价值取向；让我们透过具体的法律规范捕捉到其背后深藏的法学理论和法律意义。纵观古往今来的法律，它们都有相应的法律原则作为指导准则。我国的民事立法历来重视基本原则的设立，因为借助于立法技术，基本原则能够较为直观地表达立法所欲追求的基本价值理念和法律规范所欲展现的理想生活蓝图。③ 我国正处在社会主义法治建设的进程中，人们对探望权制度完善的需求与日俱增。探望权制度的修改与补充离不开基本原则的影响。探望权的基本原则反映了探望权设立的立法宗旨和其蕴含的内在实质精神，是探望权法律制度一以贯之并持久适用的指导准绳，承载着探望权规则的内在价值。确立探望权制度的基本原则对于构建我国的探望权制度体系至关重要。

探望权法律制度属于婚姻家庭法律制度的一种，它受婚姻家庭法基本原则的调整和约束。由于婚姻家庭法有别于其他法律，因此婚姻家庭法的基本原则具有特殊性，这也决定了探望权的基本原则具有特殊性，也即探望权法律制度的基本原则与伦理思想融合交汇，体现了婚姻家庭法的伦理价值与立法宗旨的归同与契合。依据婚姻法的规定，探望权制度属于离婚制度中的一部分，它自身独具特性，故其有自己的基本原则。探望权的基本原则主要有两个特点：第一，探望权的基本原则突显亲情伦理色彩。探望权法律制度是规范亲子关系的法律制度，这是由探望权法律关系中各方

① 卡尔·拉伦茨. 法学方法论. 北京：商务印书馆，2003：389.
② 卡尔·拉伦茨. 法学方法论. 北京：商务印书馆，2003：389.
③ 易军. 民法基本原则的意义脉络. 法学研究，2018（6）.

主体的身份具有特殊性所决定的。探望权法律制度调整离婚后父母子女间的亲情关系并直接反映家庭解体状态下亲子间的权利与义务，其具有伦理色彩不言而喻。第二，探望权的基本原则兼具强制性和补充性功能。探望权制度的基本原则集中反映了立法者对离婚后的亲子关系所秉持的基本态度和所奉行的基本政策，因而，基于探望权的基本原则，探望权一方面对诸如探望权的中止等规定采用强制性规范，体现了国家对离婚家庭中亲子关系的必要干预；另一方面对探望权的行使方式等规定则采用任意性规范，体现了国家给予不同的离婚家庭根据各自的实际情况由父母共同选择和决定探望权具体行使内容的自由，如探望权行使的时间、方式、场所等可由离婚父母双方协商决定。总体而言，探望权制度的基本原则对于探望权立法、探望权的行使、探望权司法都具有普遍的指导意义和引导价值。

单就我国探望权制度来讲，因为探望权法律规定存在较多疏漏，尚未呈现出具体完整的探望权法律体系，尤其关于离婚后未成年子女的权利规定仍是空白，所以探望权制度所体现出的探望权基本原则并不完整。笔者认为，在我国探望权法律体系全面构建之时，探望权的基本原则也将会趋于完善。

笔者认为，到目前为止，探望权制度至少具有两大基本原则：一是未成年子女利益最大化原则，二是保障探望权人实现探望权原则。未成年子女利益最大化原则为首要原则，保障探望权人实现探望权原则为次要原则。这两大原则相互呼应，具有内在的一致性、关联性，它们共同反映和体现着探望权的立法宗旨并为实现立法宗旨而服务。以下分别论述探望权的两大原则。

第一，未成年子女利益最大化原则。

该原则是我国探望权制度的第一性原则。从世界范围来看，给予未成年人关爱和保障未成年人的幸福是全人类共同的愿望。有关最大限度地保护儿童利益的表述最早可追溯至 1924 年《日内瓦儿童权利宣言》[①]，未成

---

① 1924 年《日内瓦儿童权利宣言》第 2 条规定：儿童必须受到特别的保护，并应用健康的正常的方法以及自由、尊严的状况下，获得身体上、知能上、道德上、精神上以及社会上的成长机会。为保障此机会应以法律以及其他手段来订定。为达成此目的所制定的法律，必须以儿童的最佳利益为前提作适当的考量。谷景志. 论离婚亲子关系中的儿童最大利益原则. 北京：中国政法大学出版社，2007：3.

年子女利益最大化原则也逐渐为世界各国立法所接受并采纳。① 未成年子女利益最大化原则将未成年子女的健康发展和快乐成长放在第一位，将保护未成年子女的切身利益和享有的权利作为立法的基本目标。它可被称为亲子立法的首要原则。未成年子女利益最大化原则强调由过去的父母权利转变为现今的父母义务，由法律上注重父母的意愿转变为更多地关注未成年子女的意愿。② 未成年人利益最大化原则发展到今天几乎已被世界各国认可并付诸法律实践。我国已于 1991 年 12 月 29 日批准联合国《儿童权利公约》，自此正式承诺"关于儿童的一切行动，不论是由公私社会福利机构、法院、行政当局或立法机构执行，均应以儿童的最大利益为一种首要考虑""缔约国承担确保儿童享有其幸福所必需的保护和照料，考虑到其父母、法定监护人或任何对其负有法律责任的个人的权利和义务，并为此采取一切适当的立法和行政措施"③。从我国婚姻家庭法对婚姻的立法态度来看，自从婚姻家庭法确立婚姻自由原则以来，现代社会家庭观念日趋弱化，自主意识逐渐增强，人们一改以往对离婚唯恐避之不及的状态，导致离婚率逐年飙升，婚姻关系正经受着愈加猛烈的冲击与挑战。不难发现，在婚姻关系解体的过程中最无辜的受害者，同时也是最无能为力的牺牲者——未成年子女承受了本不应由其承担的残酷后果，未成年子女的利益在父母相互"厮杀"的离婚诉讼之战中显得微不足道。我国的探望权制度对未成年子女利益的保护微乎其微，更使离婚父母双方更多地关注自身利益的维护而将未成年子女的利益抛之脑后，给未成年子女带来了前所未有的打击与灾难。然而，现实生活中家庭是每一个未成年人成长的最基本生长环境，父母对未成年子女负有不可推卸的责任，缺失对未成年子女利益的保护无疑是内容不完整的探望权法律制度。因此，我们亟须将未成年子女利益最大化原则作为探望权制度的首要原则。它不仅应当表现出作为一项法律原则所具有的规范力与约束力，也应当上升为一种法律精神而间

---

① 参见英国 1989 年《儿童法》第 1 条、《美国统一结婚离婚法》第 402 条、澳大利亚 1995 年《家庭法改革法》第 68 条第 2 款、《德国民法典》（2005 年修订）第 1697a 条、《法国民法典》（2002 年修订）第 373—2—1 条、2004 年《日本民法典》第 819 条第 6 款等。

② Douglas G., Seb ba L., Children's Rights and Traditional Value, Dartmouth Publishing Company, 1998，p. 291.

③ 《儿童权利公约》第 3 条第 1 款、第 2 款。

接或直接地对探望权起到引导作用。虽然未成年子女利益最大化原则的表达形式不同，但是究其实质，探望权制度中的未成年子女利益最大化原则是指在探望权享有、行使的全过程中，应首先从有利于未成年子女的身心健康和成长发展出发，以保障未成年子女的利益与需求为首要目标；当父母或第三人的权利和利益与未成年子女的利益发生冲突时，应当优先考虑未成年子女的利益。未成年子女利益最大化原则要求我们给予未成年子女充分的尊重和全面的保护。未成年子女在婚姻家庭状态下处于独立的地位并享有独立的权利，他们不是父母的私有品，也不是社会的附属品，他们的利益同样需要得到法律的应有保护。关于未成年子女利益最大化的考量，应当结合特定的时空环境、特殊的社会国情以及时代的发展需求进行综合权衡。

当前，我国探望权制度的未成年子女利益最大化原则应当体现在如下几个方面。

首先，明确未成年子女独立的探望权主体地位。在离婚家庭中，探望权的行使对未成年子女至关重要：它是未成年子女与父母沟通、交往的主要桥梁，是感受彼此关怀、爱意的重要途径。因此在探望权中将未成年子女作为独立的主体显得尤为关键。探望权是一种身份权，它基于自然血亲而产生，这种父母子女间亲情交融的浓浓情意无法割舍也无法阻断。通常情况下，父母离婚后，不直接抚养方会思念、牵挂自己的未成年子女，未成年子女同样需要来自父母双方的爱，他们对不直接抚养自己的父或母一方有着强烈的想念之情。未成年子女幼小的心灵更需要得到父母的保护，需要感受到父母给予的关爱。赋予未成年子女探望权主体资格，使未成年子女也可以享有并自主地行使探望权，是探望权设立之意义所在。这样，探望权成为一种双向性的权利：不直接抚养子女的父或母一方享有探望未成年子女的权利，未成年子女同样拥有探望不直接抚养子女的父或母的权利。与此同时，该探望的权利没有法定事由时是不应当被限制的，更不应当被剥夺。法律规定的探望权主体不仅包括不直接抚养未成年子女的父或母一方，也包括未成年子女。对未成年子女来说，他们作为探望权的主体享有要求不直接抚养自己的父或母一方对其探望的权利，也享有拒绝不直接抚养自己的父或母一方对其探望的权利。这就保证了探望不能被强制进行，强迫任何一方行使探望权都与探望权的立法宗旨背道而驰。重新界定探望权的主体，不仅照顾了父母的情感需求，而且维护了未成年子女的切身利益。未成年子女在探望权法律关系中不应当处于被动的地位，其具有与不直接抚养自己的父或母同样的主动权，即有选择探望或不被探望的权利。这体现在探望权制度上，法条中应当明确规定"未成年子女是探望权的主体"。

其次，尊重未成年子女的意愿。在探望权制度中，仅仅确认未成年子女的主体地位是远远不够的，还需要将这种静态的主体权利贯穿于动态的探望权行使的全过程。在探望权行使的过程中，未成年子女作为权利主体真实地表达意愿，父母双方充分地听取未成年子女的意愿，是必不可少的。充分尊重未成年子女的意愿主要基于两个原因：一是不可否认，成年人在思维能力、行为模式以及思考问题的角度等方面都与未成年人存在差异，若探望权的行使完全遵照父母的意愿就会忽视未成年子女的感受，甚至侵害到他们的利益。只有充分给予未成年子女表达自己内心真实意愿的机会，同时听取未成年子女的意愿和不直接抚养未成年子女的父或母一方的意愿，探望权的行使才是适当、合理的。二是虽然未成年人与成年人相比，在年龄、行为能力、表达能力、智力发育等方面尚不成熟，但是这并不妨碍他们面对自己的亲生父母表达出自己关于探望的内心想法和真实感受。在现代社会，物质资料的丰裕和智力开发的飞速促使未成年人的发育速度已较以前更快，未成年子女的思维能力和自主意识都大大地得到了提高和增强。所以在探望过程中，应当充分地尊重未成年子女的真实意愿和内心感受，悉心听取他们的意见和表达。具体而言，对于未成年子女以八周岁为分界线：对于八周岁以上的未成年子女，只要他们的表达不违背其内心的真实意思，他们的意愿应当成为探望权行使的首要考量因素。对于八周岁以下的未成年子女，关于探望权的行使要根据具体情况作出正确的判断，他们的意愿应当成为探望权行使的重要考量因素之一。我国未来的探望权立法应当在法条中明确规定"未成年子女有权对探望作出自己的意思表示"。这就明确意味着当未成年子女对不直接抚养自己的父或母一方的探望表示抵触时，探望权的行使可暂时中止。此外，要给予他们充分表达自己真实意愿的机会，在探望权的行使过程中应当允许他们自由自在地、毫无顾虑地表达自己内心真实的意思。如在关于探望权行使的协商环节，不应当仅仅由离婚父母双方商定，未成年子女也应当参与其中。这样，探望的时间、地点、方式等会更符合未成年子女的意愿，也便于未成年子女的生活安排。我国未来的探望权立法应当在法条中明确规定："行使探望权的方式、时间、地点等由父母双方和子女共同协商确定，在协商过程中应当首先考虑子女的意愿"。

最后，在保障未成年子女的物质利益的同时，更应当保护其身心健康。"对于生活未成年人还不足够成熟，在他们进入成年之前，必须要受到一种特殊的对待、一种保护性的隔离"①。父母离婚不可避免地给未成年子女带来成长环境的改变、心理思想上的变化。现实生活中，未成年子女处于弱势群体的地位，他们的世界观、人生观、价值观尚未成熟，父母本应是他们人生的第一位老师，教他们如何看待世界、如何与人相处、如何培养能力、如何憧憬未来等等。然而，在自己人生幼小脆弱的时期，也是最需要父母呵护的阶段，自己最亲昵的亲人——父母离婚极易让未成年子女产生"遭受亲生父母抛弃"的情绪和心理，导致他们对人生、事物、世界、人性的看法发生偏离。他们会相对于在正常婚姻家庭状态下成长的未成年子女更为胆小、怯弱、自卑、孤僻，甚至会产生自闭、抑郁、仇视一切等心理。更何况，一旦离婚后的父母在抚养未成年子女时采用不当的，甚至是违法的方式对待未成年子女，即使未成年子女的物质生活条件得到保障，他们的身心与人格也会遭到难以估量的伤害，受到无法弥补的消极影响。因此，在未成年子女成长的道路上，相比物质条件的满足，身心健康和心理的安宁与愉悦对于他们来说更为重要。探望权的行使过程非常重要，因为不仅需要不直接抚养未成年子女的父或母一方为未成年子女提供充足的物质条件，更需要不直接抚养未成年子女的父或母一方对未成年子女进行呵护照顾、心灵沟通、情感交流及教育指导，为未成年子女营造一个完整的家的氛围，使他们真切地感受到父母对自己的在乎、关注、担忧及欣喜。人世间父母与子女的情感无与伦比，父母给予未成年子女心灵上的慰藉与支撑所产生的力量超乎想象。事实上，未成年子女的人格健全、身体健康不仅是一个家庭养育子女的共同目标，也是一个国家培育后代的重要愿望。家庭是未成年子女最初的成长环境，心灵培养与人格塑造对于他们的未来发展起着决定性的作用。国家的发展需要一代代未成年人的支撑与贡献，他们的力量与国家的命运紧密相连。因此，从长远来看，探望权制度在保障未成年子女的物质利益的同时，更应当注重保护其身心

---

① 菲力浦·阿利埃斯. 儿童的世纪：旧制度下的儿童和家庭生活. 北京：北京大学出版社，2013：33，51.

健康。这也是国家发展需求之所在。

第二，保障探望权人实现探望权原则。

该原则是我国探望权制度的第二性原则。该项原则不仅使未成年子女利益最大化原则的内容更加充实，而且促进了未成年子女利益最大化原则的实现。探望权的设立是父母子女间亲情关系的本质需求，它以最大限度地实现未成年子女的利益为首要目标，因探望权人实现亲子情感的需要和继续履行父母职责而存在。按照《民法典》的规定，探望权被赋予了离婚家庭中不直接抚养未成年子女的父或母一方。在我国，父母离婚后父或母其中一方拥有对未成年子女的抚养权，其可以与未成年子女共同居住和生活，而另一方却处于与未成年子女分开居住与分离生活的困境。通常从亲情的角度来看：一方面，这对于不直接抚养未成年子女的父或母而言无异于一种"煎熬"。他们与自己的未成年子女因长期分离而不能见面接触，心理的痛苦和伤感无法形容。而亲权是不能被剥夺的，即使父母离婚也不能因此而终止亲权的行使。探望权是亲权的延伸，行使探望权能够使不直接抚养未成年子女的父或母对未成年子女的权利义务得到实现，也即只有探望权人的权利得到有效的行使，探望权的立法宗旨才能够真正地实现。另一方面，未成年子女的成长需要父母双亲的陪伴与教导，任何一方都不应当缺位，更不可能由父或母一方代替另一方完成其应当履行的对未成年子女的义务。未成年子女仅仅拥有父或母一方的爱是远远不够的，取得抚养权的父或母一方给予再多的关怀也无法弥补另一方爱的缺失。"人由于有父母子女的关系，从而发生各种各样法律上的效力……但是，父母子女关系的最重要效力，而且是与其他亲属关系有本质不同的父母子女关系的特有效力，恐怕是父母应该处于对未成年子女进行哺育、监护、教育的地位"①。足见，父母双方对未成年子女的教与养同等重要。从国家角度来看，我国是有着几千年悠久历史文化的文明古国，自古以来对亲情尤为看重。子女是父母的骨肉至亲，父母与子女间的关系亲密无间。古代素有诸如"棍棒之下出孝子""孝子之养也，乐其心，不违其志""谁言寸草心，报得三春晖"等，描述父母对子女的教养及亲子之情的诗句。在现代社会，如果因为离婚而剥夺父母对子女与生俱来的教养权是有违古训、有

---

① 我妻荣，有泉亨. 日本民法·亲属法. 夏玉芝，译. 北京：工商出版社，1996：130.

悖伦理的。因此，为适应离婚家庭中父或母一方与未成年子女分离的生活状态并延续父母子女间的亲情关系，我国婚姻家庭法设立了探望权制度。探望权的设立不仅为实现父母双亲对未成年子女的共同抚养教育和不直接抚养未成年子女的父或母一方继续行使亲权提供了法律保障，也为避免与消除由离婚父母轮流抚养未成年子女所产生的不利后果作出了积极的法律努力。

从目前来看，保障不直接抚养未成年子女的父或母一方的探望权实现原则应当做到如下两个方面。

首先，不直接抚养未成年子女的父或母一方可自主地表达探望未成年子女的意愿。无可置疑，探望权既是不直接抚养未成年子女的父或母一方基于身份而应当履行的义务，也是其应当享有的权利。不直接抚养未成年子女的父或母一方作为探望权人可以根据自己内心的真实意思自主地行使探望权。法律允许不直接抚养未成年子女的父或母一方自主地表达探望未成年子女的意愿，一方面，可以尽量地减少不直接抚养未成年子女的父或母一方与未成年子女分离和夫妻双方离婚带来的双重打击，抚平其负面情绪和心理创伤；另一方面，也可以使不直接抚养未成年子女的父或母一方在宽松、没有压力的状态下与未成年子女接触、交往，促使其积极地行使探望权。行使探望权利的同时也是在履行探望义务，正如只有真正地享有权利才会更好地履行义务，父母的权利与职责同时存在、同等重要。至目前为止，《民法典》赋予不直接抚养未成年子女的父或母一方探望权主体地位未引发任何争议，其能够自主地表达探望未成年子女的意愿。与此同时，《民法典》规定行使探望权的具体内容由当事人协商决定，即赋权不直接抚养方与直接抚养方自主地决定探望权的行使内容。这些规定实际上是民法基本原则——意思自治原则在探望权制度中的充分体现。民法属私法范畴，意思自治原则是民法的核心原则。意思自治，简言之，是指当事人依照自己的内心意思，自主自愿地从事民事活动。它强调自由、自主、自治，基本点则是自主参与和自己责任。[①] 不直接抚养未成年子女的父或母一方作为探望权法律关系的主体，以与未成年子女建立深厚、浓烈的亲子之情为情感目标，以保护未成年子女的最大利益为现实目标，根据其内心意愿自主地行使探望权。这种探望行为本身不应当被任何人过多地干

---

① 张俊浩. 民法学原理. 北京：中国政法大学出版社，1997：21.

预、限制，除非其会损害未成年子女的利益。因此，在探望权制度中关于探望权人行使探望权的规定以任意性规范为主要规范，以强行性规范为补充规范。这充分说明：尽管探望权的立法宗旨是保护未成年子女利益的最大化，但是探望权法律关系中的各方主体——未成年子女、不直接抚养未成年子女的父或母一方和直接抚养未成年子女的父或母另一方——处于平等的法律地位这一点不可更改和动摇。

其次，取得子女抚养权的父或母一方负有协助探望权实现的义务。我国探望权制度规定享有未成年子女抚养权的父或母一方是探望权的义务主体，其负有按照协议的内容或法院的判决协助不直接抚养未成年子女的父或母一方实现探望权的义务。虽然法律规定对"协助探望权实现的义务"尚未作出明确具体的规定，但是该项义务已成为探望权内容中必不可少的组成部分。根据探望权本身的性质，取得子女抚养权的父或母基于其是未成年子女的父母这一特殊身份而履行该项义务，即"协助探望权实现的义务"是一项特定义务。随着今后我国探望权制度的发展，未成年子女作为探望权主体的地位应当由法律明确规定。取得抚养权的父或母既需要协助不直接抚养未成年子女的父或母一方行使探望权，也需要协助未成年子女行使探望权。这样，不仅有利于父母子女间亲子关系的维系与延展，也有利于离婚父母双方消除纠纷、弥合矛盾、缓和对彼此的抵触甚至仇恨情绪。以保障探望权实现为目的，具体来说，取得子女抚养权的父或母应当协助履行如下义务：一是应当与不直接抚养未成年子女的父或母一方以有利于未成年子女利益最大化为宗旨就探望权的行使进行协商。父母双方在协商的过程中应当充分征求未成年子女的意愿，并本着真诚、自愿、友好、善意的态度进行，以最终父、母、未成年子女三方主体就探望权的实现作出真实的意思表示并共同达成关于探望权行使的协议。二是应当配合探望权人按照协议约定的内容或人民法院判决/裁定的内容行使探望权，不能在未成年子女和不直接抚养未成年子女的父或母一方进行探望时故意设置有形或者无形的阻力或障碍而导致探望权无法行使。三是应当积极地促使未成年子女和不直接抚养未成年子女的父或母一方进行探望，如根据具体情况以有利于未成年子女的利益为首要考虑因素提供适当的地点、合适的时间、便捷的方式等促成探望的顺利进行。当未成年子女对探望有抵触心理时，只要探望有利于未成年子女的利益，直接抚养未成年子女的父或母一方可采取说服教育等方式，劝说未成年子女接受探望。总之，取得子女抚养权的父或母负有协助探望权实现的义务是探望权的应有之义。只有该项协助义务的存在，探望权的实现才能更为顺畅，探望权法律关系中各方主体的情绪也才会得到释放与平复，共同营造和谐的家庭氛围，促进未成年子女健康地成长。

家庭是构成社会的基本单位，它的和谐安定预示着国家的长治久安。若离婚家庭不断增多且家庭关系日趋激化，则意味着社会的动荡不安。因此每个国家都应当更加关注和重视离婚法律制度的完善与发展。任何一项制度，都在体现"独立、自主"的价值与承载"聚合"的价值之间寻找平衡点。然而，一项制度又常常会倾斜于"独立、自主"的价值抑或倾向于"聚合"的价值。[①] 离婚制度侧重于"独立、自主"的价值而忽视了"聚合"的价值，即离婚制度充分彰显了男女双方的离婚自由，却使家庭成员间的关系维系和父母对子女及家庭的责任相对淡化。在离婚制度中，必然会涉及曾为夫妻的男女双方和他们的子女，而未成年子女在男女离婚过程中往往处于被动、顺从的境地。未成年子女在离婚家庭中的权利若不受到法律的重视，必然会使未成年子女的利益遭受侵害。尊重未成年子女的意愿、人格与自由是未成年子女作为独立个体的要求与体现。"对未成年子女的保护事关国家安全和社会稳定，事关祖国未来和民族振兴，是涉及千家万户的大事，也是人民群众普遍关心关注的热点问题"[②]。因此，未成年子女利益最大化原则和保障探望权人实现探望权原则理应同时成为探望权制度的两大基本原则，它们相互之间具有内在的融贯性、一致性，它们共同构建起探望权的内在体系。[③] 具体来讲，探望权制度在顾及父母和未成年子女的利益的同时，更应当倾斜保护未成年子女的利益。这是因为父母离婚对未成年子女的伤害难以估量，未成年子女在自己最稚嫩的人生阶段被动地接受了与自己有最亲昵关系的父母的生活分离，承受了原本不应该承受的痛苦、压力甚至灾难。从这两大基本原则来看，未成年子女

---

① "独立、自主"的价值蕴含"社会进步所需的个人创造力"，"聚合"的价值蕴含"个人生存所必需的社会内聚力"。罗素. 权威与个人. 肖巍，译. 北京：中国社会科学出版社，1990：1.

② 保护好未成年人就是保护祖国未来. 北京青年报，2019-03-11.

③ "内在体系是指支配整个民法的基本原则以及这些原则之间的实质联系。"（卡尔·拉伦茨. 德国民法通论：上册. 王晓晔，等译. 北京：法律出版社，2004：沃尔序，1）.

利益最大化原则是首要原则、处于最高地位，它就像我国探望权制度的一面旗帜，统领着探望权制度的发展，而保障探望权人实现探望权原则是次要原则、处于相对较低的地位，它好似一艘紧跟其后的帆船，紧随探望权的完善不断地延伸。两大原则如影随形、相得益彰。我们在制定和行使探望权制度时，应当严格遵守这两大基本原则，以完善和延展探望权制度。就未成年子女而言，他们的权利和利益是无法用任何物质来衡量与替代的。我们应当意识到，离婚法律制度中对未成年子女利益的保护不但关涉一国未成年人未来的发展和成长的希望，在某种程度上也日益成为衡量一国未成年人发展水平和人权保障程度的标尺。父母离婚必然改变未成年子女的成长环境与生活方式，甚至会影响到他们的心态、思想、精神等各个方面，导致未成年人改变对生活的态度和对人生的看法。因此，未成年子女利益最大化原则为离婚制度中关注和保护未成年子女的权益提供了根本保障。就离婚父母而言，亲权不会因婚姻关系的结束而终止，取得未成年子女抚养权的父或母一方因与未成年子女共同居住而便于行使亲权并履行自己对未成年子女的义务和责任，但未取得未成年子女抚养权的另一方因与未成年子女分开居住，在行使亲权时不可避免地会受到或多或少的阻碍。因此，保障探望权人实现探望权原则为不与未成年子女共同居住的父或母一方（未取得未成年子女抚养权的父或母）继续行使亲权提供了法律保障，该父或母在享有亲权的同时也是在履行对未成年子女的照顾、教育、抚养的义务与责任。保障探望权人实现探望权原则①实则也是为未成年子女利益最大化原则服务的，这两大原则共同推进我国现代探望权制度所追求的立法宗旨。

探望权的基本原则与探望权的立法宗旨一脉相承，有异曲同工的法律效果。它们共同朝着为离婚家庭中的未成年子女营造充满父母爱意、温暖和谐的家庭环境的目标努力，使未成年子女最小限度地受到父母离婚带来的冲击，为他们的健康快乐成长搭建起法律保障的坚固城墙。

---

① 从探望权法律规定来看，保障探望权人实现探望权原则是指保障不直接抚养未成年子女的父或母一方的探望权实现原则。但随着探望权制度的完善，探望权人的范围应扩大。

第二节　探望权的内容审视

一、探望权的法律关系

　　法律关系的本源为社会生活中人们之间的社会关系，是由法律确认并经法律调整的权利义务关系。萨维尼对法律关系的定义为："各个法律关系是法律规定的人与人之间的关系"①，而不是任何离开法律规范的生活联系。② 法律关系实则是法律对现实社会关系进行的调整和纠偏，它有利于实现人们通过法律规定而得知其能够在各自独立支配的范围内行为与活动的实践意义。法律关系也是掌握各个部门法学基础理论缺一不可的基础工具。民法上的法律关系是民法的核心概念之一。民法包罗万象，其涉及的法律关系的种类纷繁众多，如按照民事法律关系的调整对象分为人身关系和财产关系等。每一种法律关系都独具其特点，是法学学者研究各自领域时不可或缺的重要内容之一。在婚姻家庭法领域，身份关系始终是极为重要的法律关系，它负载着组织家庭生活、维系家庭关系、增进亲子感情、稳定社会秩序、促进社会和谐的重要使命。正如"中国是泱泱大国，有十多亿人口，三亿多家庭，这三亿多家庭的自组织和被组织负载着十多亿人的幸福和人口再生产的重任，我一点都看不出它有任何理由比承担物质资料的再生产的财产法次要"③。身份关系的存在，在某种意义上讲是人类繁衍的重要标志，也是推动人类社会发展的根本基石。

　　不容置疑，探望权作为身份权的一种，其法律关系是值得探究的内容。探望权制度和亲权制度都是调整亲子关系的法律规范。亲权法律关系是指法律对已经客观存在的父母子女之间的亲情关系进行调整所形成的特定自然人之间的权利义务关系。探望权法律关系是离婚家庭中重要的法律关系，是指法律对离婚家庭中父母子女之间的亲情关系进行调整所形成的

---

　　① 萨维尼. 现代罗马法的体系：第1卷. 小桥一郎，译. 东京：成文堂，1993：298.

　　② Larenz，AT，S. 196f. //龙卫球. 民法总论. 2版. 北京：中国法制出版社，2002：105.

　　③ 徐国栋. 认真地对待民法典. 北京：中国人民大学出版社，2004：133.

权利义务关系。探望权法律关系的产生、发展、终止直接关系到父母子女之间的权利义务，连接着彼此的心灵沟通、情感交流和亲情延续。然而，不可否认，我国关于探望权法律关系的法律规定到目前为止并不完善，理由是：一方面，我国的探望权立法尚不成熟，这与我国对探望权的理论研究不足和法律规定的内容过于简单密切相关。探望权法律制度不完备直接影响到探望权法律关系的发展。另一方面，现代社会日新月异，家庭生活也随之发生着巨大改变，家庭"……正如迄今的情形一样，一定要随着社会的发展而发展，随着社会的变化而变化"①。探望权法律关系必然会在新的家庭模式和家庭关系的环境中增添新内容。因此，我国的探望权法律关系仍有很大的研究空间，它的发展也为今后我国探望权法律制度体系的构建留下充足的立法空间。

　　总体来看，探望权法律关系作为独立的法律关系，相比于其他法律关系而言，具有如下三个自身特点：其一，探望权法律关系的存在具有客观性和稳定性。探望权法律规范调整的是已经存在的法律关系，它是一种具有人伦色彩的、客观的、长期存在的身份关系。尚未形成的身份关系或主观臆想的身份关系都不被纳入探望权法律关系的范畴之内，即只有先有该种身份关系的发生，才会有法律予以调整和规范。这种客观存在的身份关系是基于父母子女之间的自然血亲而天然形成的亲子关系，它的存在持久而稳固，不易改变、不被剥夺。父母子女间的亲情关系建立在人伦基础之上，受社会风俗的影响并为维护社会秩序而存在。法律对此种关系予以调整而形成亲子法律秩序——探望权法律关系。由此可知，探望权的客观性和稳定性是其他任何法律关系都无法比拟的。其二，探望权法律关系中主体具有单一性与特定性。并不是每一个家庭都能够形成探望权法律关系，它需要具备法律规定的前提。探望权法律关系是在特定的家庭状态下父母子女之间形成的法律关系。从我国探望权法律制度来看，探望权法律关系仅存在于离婚家庭中（当然，随着我国探望权理论研究的深入和探望权制度的完善，探望权法律关系存在的空间范围会有所拓展），探望权法律关系存在前提的特殊性决定了其主体是单一的。在特定的家庭状态下，探望权的主体只能是自然人而不能是法人或者非法人组织，并且探望权存在于父母子女之间，主体范围只能被限定于父母和子女（探望权制度规定探望权

---

① 马克思恩格斯选集：第 4 卷. 3 版. 北京：人民出版社，2012：82.

的主体仅为不直接抚养未成年子女的父或母一方，但是随着探望权理论研究的深入和探望权制度的完善，探望权的主体也会日益丰富）。基于血缘而形成的探望权，使探望权主体之间体现了一种人伦秩序，流露着父母子女间的特殊情怀。与此同时，父母子女各自的不同身份决定了他们所处的地位是特定的，进而享有的权利和履行的义务存在差异。这种在非常态婚姻家庭状态下基于自然事实——天然的血缘关系而形成的探望权法律关系预示着父母子女作为权利义务主体的特殊性不言而喻。其三，探望权法律关系的内容具有紧密性与关联性。在探望权法律关系中，探望权法律关系的内容即探望权的权利义务是密不可分的，两者同时存在、共同行使。这是探望权法律关系最为突出的特点。例如父母离婚后，不直接抚养未成年子女的父或母一方有抚养教育、保护管教未成年子女的权利，但同时这也是其应尽的父母义务。正是有了抚养教育、保护管教的权利才会有相应的义务，两者无法分割。探望权法律关系中的权利义务高度关联、相互统一，无论是权利还是义务，它们共同构成了探望权的全部内容。与此同时，探望权应当依照法律的规定而行使。也正因为如此，探望权法律关系内容的实现维护了探望权立法所要保护的利益——未成年子女利益最大化。

众所周知，法律关系在结构上包含三要素，即主体要素、内容要素和客体要素，探望权法律关系的构成要素也不例外。毫无疑义，探望权是血亲关系的自然流露，是父母子女间权利义务的真实写照，它的主体要素、内容要素和客体要素必然彰显亲情色彩。以下逐一阐述探望权法律关系的构成要素。

第一，探望权的主体。

从我国《民法典》规定的探望权制度来看，只有不直接抚养子女的父或母一方被视为探望权的权利主体。然而，关于该条规定一直以来存有诸多争议。总体来看，我国婚姻家庭法学界对探望权法律关系的权利主体范围认识不一，尚未达成共识，但是对于只规定不直接抚养子女的父或母一方为探望权的权利主体这一法律规定，学者普遍认为探望权的主体范围过于狭窄，应当扩大探望权的权利主体范围。到目前为止，关于探望权的权利主体范围是否还应当包括未成年子女、祖父母、外祖父母、未成年子女的兄弟姐妹以及与未成年子女关系亲密的其他近亲属，看法莫衷一是（本章仅讨论探望权的权利主体，至于探望权的义务主体留待后文论述）。

首先，不直接抚养未成年子女的父或母一方是当然的探望权的权利主体。父母双方离婚的，我国《民法典》规定未成年子女跟随父或母一方共同生活，父母另一方必然与未成年子女分开居住并不能直接抚养未成年子女。不直接抚养未成年子女的父或母一方因未与自己的子女共同生活而不能每时每刻地照顾他们的衣食起居，不能与自己的子女随时随地地谈心聊天，足见不直接抚养方在与未成年子女的相处上存在时间与空间上的距离和障碍。这使他们不仅不能在第一时间地感受到未成年子女的需求，也不能时刻地与未成年子女保持联系。现实生活中，不直接抚养未成年子女的父或母一方即使不能与自己的孩子共同生活，也希望能够更多地享有接触孩子的机会，以时刻关注孩子的生活境况、了解孩子的成长状态并给予其更多的呵护与帮助。因此，探望成为彼此之间保持联系的纽带，它在现实生活中"弥足珍贵"。探望权的存在，不仅使不直接抚养未成年子女的父或母一方与子女彼此间的距离拉近了，使未成年子女感受到来自父母的温暖，心灵得到安慰，亲情得到满足，更重要的是，可以使不直接抚养未成年子女的父或母一方继续行使对未成年子女的亲权，能够将他们对子女应尽的义务和应当履行的责任进行到底，让未成年子女从中真切地感受到来自不与其共同居住的父或母一方（不直接抚养方）与直接抚养方的同等关爱，使未成年子女尽量少受单亲家庭的弊端所带来的危害，让他们和同龄的孩子一样，在完整的父母双亲关爱的怀抱中无忧无虑地成长。

其次，未成年子女应当成为探望权的权利主体。传统的婚姻家庭法始终持有一种观点：未成年子女是被探望的对象，甚至是探望权的客体，而不是独立的主体。这是深受我国古代父权专制思想的影响。父权、家长权、家父权是一种支配性的权利，它的专制性体现在对子女享有生杀权、婚姻决定权、子女财产所有权等，这足以使未成年子女在与父母的关系中始终处于被动地位，未成年子女仅仅被看作父母的附属物。但是该种观点不断地被质疑，尤其是近几年来它日益与我国探望权制度的立法宗旨和基本原则背道而驰。相反，承认未成年子女是探望权的权利主体恰恰是保护未成年子女利益最大化的需求所在，也是在亲子关系中子女和父母处于平等法律地位的具体体现。海希奥德（Hesiod）认为，法律乃是建立在公平基础上的一种和平秩序。① 在婚姻家庭关系中同样需要法律赋予每一个

---

① A. J. M. 米尔恩. 人的权利与人的多样性：人权哲学. 夏勇，张志铭，译. 北京：中国百科全书出版社，1995：6.

个体平等的权利，实现公平的空间与秩序。在现实生活中，离婚家庭中的未成年子女在单亲家长的陪伴下成长，而残缺父母任何一方的爱都是不完整的人生，未成年子女对于不直接抚养自己的父或母一方的情感渴望难以言表。因此，赋予未成年子女探望权的权利主体地位有利于他们自由自在地表达对不直接抚养自己的父或母一方的爱意，更有助于他们毫无顾虑地要求不直接抚养自己的父或母一方探望自己并履行其作为父母应尽的义务。这同时也使在个别情况下，未成年子女有自主决定拒绝探望的权利，这是对未成年子女的内心真实意思表示的尊重。由此可见，未成年子女成为探望权的权利主体对他们自己和不直接抚养他们的父或母一方都有所裨益。

再次，在特殊情形下，祖父母、外祖父母在有利于未成年子女利益的前提下可以成为探望权的权利主体。近几年来，关于祖父母、外祖父母探望未成年孙子女、外孙子女的纠纷层出不穷，社会各界关于将祖父母、外祖父母列入探望权的权利主体范围的呼声愈来愈高。这主要缘于祖父母、外祖父母探望孙子女、外孙子女是人之常情，人为地阻断祖辈对孙辈的看望、交流，必然有违人性和家庭伦理，有悖公序良俗。而且我国现代社会生活的实际情况是，在独生子女家庭占主流的家庭结构中，由于多数年轻夫妇忙于工作，通常都是由祖父母、外祖父母抚养未成年的孙子女、外孙子女，祖孙之间自然而然地建立起了坚不可摧的亲情和割舍不断的联系。即使父母离婚，祖父母和外祖父母依然爱护孙子女、外孙子女，有些家庭中孙子女、外孙子女对祖父母、外祖父母有着深深的情感依赖。在一些家庭中，父母离婚后祖父母、外祖父母继续关爱未成年的孙子女、外孙子女，祖父母、外祖父母的爱在抚平未成年子女幼小心灵的创伤和给予他们抵抗困难的勇气方面所带来的影响是无法估量的。相反，若断然地人为切断祖父母、外祖父母与孙子女、外孙子女之间的联系，无异于再次使未成年子女遭受打击和痛苦。这样不但不利于未成年子女的健康成长，而且会引发祖父母、外祖父母的强烈不满，甚至由家庭纠纷引发严重的社会问题。因此，隔代探望已然成为社会生活的迫切需求。然而，必须强调的是，法律兼顾祖父母、外祖父母和未成年子女双方的利益，以及考虑到直接抚养未成年子女的父或母一方的利益与实际生活情况，规定祖父母、外祖父母成为探望权的权利主体应当明确前提条件，即祖父母、外祖父母探望孙子女、外孙子女的情形应受到限制：《民法典》婚姻家庭编草案中规定"如果祖父母、外祖父母尽了抚养义务或者孙子女、外孙子女的父母一方死亡的"，祖父母、外祖父母可以探望未成年的孙子女、外孙子女。①这是法律既允许祖父母、外祖父母成为探望权的权利主体，又考虑到祖父母、外祖父母行使探望权不应当影响到未成年子女和直接抚养方的正常生活并不损害他们的利益。这正是探望权制度适应当代现实生活需要作出适时调整的重要表现。

最后，除特殊情形外，未成年子女的兄弟姐妹和与未成年子女关系亲密的其他近亲属不应当成为探望权的权利主体。这主要是由探望权的本质属性所决定的。探望权是行使亲权的一种特殊形式，它是亲权在非常态婚姻家庭状态下的延续。亲权的享有者是父母双方，他们基于对未成年子女的特殊身份而取得亲权，其他任何人都无权享有亲权。探望权立法应当是与时俱进的，因此，为适应我国探望权的现实需求和探望权设立的立法宗旨，适当地扩大探望权的权利主体范围是无可厚非的。虽然未成年人的兄弟姐妹和与未成年子女关系亲密的其他近亲属在父母双方尚未离婚时都与未成年子女有所交往，有些甚至会和未成年子女形成亲密无间的关系，但是过分扩大探望权的权利主体范围不仅会改变探望权的本质属性，而且使法律规定带有"随意性"。当且仅当未成年子女的兄弟姐妹和与未成年子女关系亲密的其他近亲属对未成年子女进行探望，有利于未成年子女的利益且不会给未成年子女的生活造成不利影响，同时其他人存在不能行使探望权的情形时，在个案中允许经未成年子女的兄弟姐妹和与未成年子女关系亲密的其他近亲属申请，并征求未成年子女的真实意愿，由人民法院裁决其是否取得探望权。笔者认为：现实生活中即使各方利益都有保护的需求与必要，法律权衡利益时总会有所取舍。民法上的利益位阶的标尺决定着法律的价值体现。当不能兼顾、满足所有利益时，保护首要利益是法律的优先选择。探望权法律制度恰恰体现了特定主体之间在探望权行使中的利益博弈。

综上所述，不直接抚养未成年子女的父或母和未成年子女应当成为我

---

① 《民法典》婚姻家庭编草案（二次审议稿）第 864 条规定："祖父母、外祖父母探望孙子女、外孙子女，如果其尽了抚养义务或者孙子女、外孙子女的父母一方死亡的，可以参照适用前条规定。"http://www.npc.gov.cn/npc/c8194/201907/48307957b4c1479f95014b33cba9b4ec.shtml.

国探望权的权利主体。祖父母、外祖父母的探望权主体地位是未来探望权立法重点研究的问题，现代生活的迫切需求急切呼唤将祖父母、外祖父母纳入探望权的主体范围，使其在法律规定的情形下成为探望权的权利主体。而无论是未成年子女的兄弟姐妹还是与未成年子女关系亲密的其他近亲属原则上不应当成为探望权的权利主体，至于他们在个案中是否能够成为探望权的权利主体，一定要以保护未成年子女利益最大化为前提，以不违背探望权制度的立法宗旨为原则。法律如此规定，扩大探望权的权利主体范围才是合法合理的，才是探望权制度存在的意义所在。

第二，探望权的客体。

探望权的客体决定了探望权的内容。关于探望权的客体，以前更多学者认为未成年子女是探望权的客体。但是随着我国对探望权理论研究的深入以及法律关系客体理论的发展，有学者提出未成年子女是探望权行使的对方当事人而不是客体，不能将两者混为一谈，进而认为将未成年子女作为探望权的客体是谬论。现今通说认为：探望权的客体是一种抽象的身份利益[1]，它是在不直接抚养子女的父或母一方与未成年子女进行探望的过程中产生的。这种抽象的身份利益是不直接抚养子女的父或母一方与未成年子女相互满足亲情需求的精神利益，不直接体现为财产价值。在探望权法律关系中，这种抽象的身份利益具有双向性：它不但是未成年子女的身份利益，也是不直接抚养方的身份利益。这正印证了身份权客体的特点——"身份利益不独为权利人之利益，同时为受其行使之相对人之利益而存在"[2]。

厘清探望权的客体与探望权行使的对方当事人对于认识探望权的客体具有重要意义。随着探望权理论研究的深入和探望权制度的完善，笔者主张，不直接抚养未成年子女的父或母与未成年子女应当互为探望权行使的对方当事人，因为当他们对彼此行使探望权时，未成年子女和不直接抚养未成年子女的父或母必然互为探望权行使的相对方。探望权行使的相对方具有双重性，这是探望权自身的属性特征和现实需求所致。由此可得，探望权行使的相对方和探望权的客体截然不同，厘清二者有助于全面理解探

---

① 杨立新教授指出："身份权的权利客体不应是特定身份关系的对方当事人，而是受法律保护的身份利益。"（杨立新. 民法总论. 北京：法律出版社，2009：253.）

② 史尚宽. 亲属法论. 台北：荣泰印书馆，1980：31.

望权法律关系。

第三，探望权的内容。

探望权的内容是指探望权法律关系中各方主体之间的关系。按照法律规定，探望权主体是不直接抚养未成年子女的父或母一方。然而，笔者认为，随着探望权权利主体范围的扩大，不直接抚养未成年子女的父或母和未成年子女都享有探望权。不直接抚养方与未成年子女相互之间通过采用一定的探望方式，定期或不定期地进行见面、沟通、交流和相处。由于我国科学技术的进步和现代生活形式的多样化，探望方式也越来越多种多样、灵活便捷。不直接抚养未成年子女的父或母与未成年子女彼此之间可以通过诸如书信往来、电话询问、网络交流、微信问候等方式进行探望，并且探望时间可长可短：短期探望可以是双方倾心交谈，相约一同进餐、一起参与活动等；长期探望可以是长假共同生活、度假旅游玩耍、长久陪伴学习等。无论采用何种探望方式和选择多长时间的探望，都要以有利于未成年子女的利益为首要目标，一切损害未成年子女身心健康的探望都应当中止。通过探望，探望权主体的权利和义务得到实现。需要特别强调的是，在探望权的行使过程中，直接抚养未成年子女的父或母与未成年子女因共同居住而常年生活在一起，他们继续保持着几乎与婚姻关系破裂前一样的相处模式，直接抚养方对未成年子女享有的亲权持续存在，也即直接抚养方对未成年子女继续行使人身照顾权、财产管理权和履行教育管教、监督督促的义务。在日常生活实践中，直接抚养未成年子女的父或母是未成年子女的贴身看护者。因此，直接抚养方在探望权法律关系中对不直接抚养方探望未成年子女的行为有监督权，当发现探望行为不利于未成年子女的利益时可以请求人民法院裁定中止探望。同时，直接抚养方负有协助探望权实现的义务。

总之，由于家庭生活千姿百态，探望权的具体内容会因家庭生活模式的不同而有所差别，但探望权法律关系已经无可辩驳地成为亲子关系的重要组成部分。亲情是人世间所有情感中最永恒的羁绊：父母对子女舐犊情深，祖辈对孙辈疼爱有加。探望权是传递父母子女爱意的情感丝带，是继续父母子女间权利义务的法律保障，也是表达隔代情感的心灵桥梁。探望权的行使直接关系着未成年子女的身心发展、人格塑造、人生观念的形成以及人生理想的选择。因此，理解探望权法律关系对于探望权制度的完善具有助推作用。

二、探望权的人文精神之源

众所周知，法律、道德、习俗在不同程度上调整着人们的行为：道德侧重于约束人们的内心，而法律更多地关注人们的行为，习俗则影响着整个民族的风气和人们的言行。婚姻家庭法是一国法治建设的重要组成部分。婚姻家庭法不同于其他部门法，因为它调整的是熟人社会中人与人之间的关系，不以强制性规范为主要法律规范，融合了道德因素与习俗因素，渗透着伦理情感、民族习俗和文化传统，且兼具自然法特征。民法中的婚姻家庭法强调其调整家庭成员关系的功能及自身的法律地位，这也正是婚姻家庭法独立性的展现。家庭是人类社会生存的最基本组成元素，它不仅维护着社会秩序的稳定与发展，而且维护着世界的和平与团结。家庭和谐安定在某种意义上讲代表着世界和平统一、宽容友善与公平正义，这也揭示出家庭所承载的保障世界和平与发展的功能。在婚姻家庭法领域，我国的探望权制度是众多婚姻家庭法律制度中的一种，它关涉亲子关系的维系与发展，它彰显人文精神色彩，这是无可辩驳的。"亲子关系，是仅次于夫妻关系的重要家庭关系。它虽基于天然血缘而形成，但融合了文化、伦理、道德等丰富内涵"①。在这个意义上讲，探望权是人伦道德和法律制度相协调的产物。探望权是基于由血缘衍生出的亲子情结，它是带有人性化的法律制度设计，它不仅蕴含着亲情伦理，更强调对未成年子女全面发展的父母保护：探望权为父母子女间的相处与团聚提供了机会，尽力弥补家庭解体带给彼此的伤害与痛苦；探望权为父母看望、关心、抚慰、教育、帮助未成年子女的成长搭建起桥梁，积极促使子女在生理、精神、人格、心理以及情感等各方面成长与发展，是父母履行对未成年子女之义务的必要途径。

总体来看，我国正在构建完整的探望权法律制度的立法道路上不断推进。这不仅是在顺应世界人权保护的大趋势，与国际探望权法律制度相接轨，而且源于我国深厚的传统文化底蕴，必将突显我国宪法保障人权之维。具体来看，我国探望权制度的人文主义精神主要体现在如下三个方面。

---

① 李桂梅. 中西家庭伦理比较研究. 长沙：湖南大学出版社，2009：257.

第一，探望权是我国婚姻家庭法顺应国际人权发展趋势的重要举措。

"人权"（right of man）一词起源于欧洲，又被称为人的基本权利或自然权利，是人之所以为人而本应享有的权利。人权固然发轫于西方国家，但它是全世界共同的产物，即人权是属于全人类的财产。人权思想最早萌生于古希腊哲学思想。在公元前6世纪，古希腊的思想家将自然哲学为主体的人道主义与法学上的权利概念相结合提出了平等人格观、本性自然观等观点。① 人权是指抽象意义上的人所应当享有的权利，也是道德与应然层面的权利。它不考虑各国具体制度和现有的物质条件，仅以人性为依据，主张人所应该享有的权利。② 在国际上，人人都是平等的主体，尊重并保障每个人的人权与尊严是国际人权立法的基本理念。《经济、社会和文化权利国际公约》、《公民权利和政治权利国际公约》和《消除对妇女一切形式歧视公约》都提倡尊重和保障人权。一个国家对人权的尊重程度影响着该国在世界政治格局中的形象，关涉该国的国家荣誉。反过来，人权平等与存在使国家和政府得以建立和存续。诚如美国《独立宣言》提及，人人生而平等，为了保障权利才建立了政府。③ 国际人权公约在我国法律制度中得到了适用，近几年来我国民众的人权意识不断增强，人权观念在每个人心中已成为衡量公平正义的标尺之一。有学者言，"人权体系庞大内容丰富，但无论人权如何复杂、广泛，人身权利始终是第一人权，是人权中最核心、最基础的部分"④。人身权利为人权的重要内容这一提法可追溯至近代资产阶级革命时期，随着人类文明的发展，人身权利被赋予了前所未有的神圣感，它已成为人权保护的重要内容之一。探望权属婚姻家庭法领域之人身权利的其中一种，自然包含在人权的具体内容之中。探望权由血缘关系衍生而来，它是家庭解体状态下父母对未成年子女继续行使亲权的另一种方式。亲权是父母基于其对未成年子女的身份而自然享有的人身权利，探望权则是在非常态婚姻家庭状态下父母基于其对未成年子女的身份而自然享有的人身权利。因此，任何随意中止或剥夺探望权的行为都是有违人性、反人权的，因而是被法律明确禁止的。探望权是基于

---

① 汪斌. 宪法人权视野下的民生刑法观研究. 武汉：武汉大学，2008.
② 郑贤君. 基本权利原理. 北京：法律出版社，2010：8.
③ 姜士林. 世界宪法大全. 青岛：青岛出版社，1997：1614.
④ 谭红. 人身权利的宪政之维. 济南：山东人民出版社，2009：67.

父母、子女的特殊身份而产生的人身权利，其立法宗旨是实现离婚家庭中未成年子女利益的最大化。基于此，未成年子女也应当成为探望权的权利主体。这也是人权平等和人权保障的应有之义。由此可见，探望权法律制度已逐渐在从雏形走向成熟，它贯彻以人为本的思想，突显我国社会主义法治的人权精神。探望权制度的完善是人权观念和权利意识不断强化的过程。人权保障无所不及，它萌生于西方世界并拓展到世界各国，存在于一国国内，更渗入每一个人的婚姻家庭。我国探望权制度的设立和发展顺应了当前世界各国人权保护的发展，尤其是对未成年人人权保护的趋势。探望权制度的存在是我国人权理念内化于婚姻家庭法领域的突出表现，它不仅是保障父母人权的亲属法律制度，更是保护未成年子女人权的重要法律屏障。

第二，探望权是我国伦理文化在亲子关系中的传承与发展。

"法律是一个民族文化的重要部分"①，我国探望权制度的设立和发展建立在厚重的中国伦理文化底蕴基础之上。这不仅是我国社会主义法治建设本土化在婚姻家庭法领域的集中体现，也是探望权制度本身设立之需求所在。家庭与文化、伦理不可分割，甚至可以称家庭是伦理文化的最初起点，正如钱穆所言，"中国文化，全部都从家族观念上筑起"②。黑格尔也曾言，"中国的民族精神是一种'家庭的精神'"③。因此，家庭中的亲子关系自然而然地流露出中国伦理文化的气息。探望权制度是调整亲子关系的法律制度，它规定了在父母离婚状态下父母子女间权利的行使、义务的履行和亲情关系的延续。一方面，探望权具有浓厚的伦理色彩。探望权制度深受我国伦理思想——家长制度的影响，"家长制度者，实行尊重秩序之道，自家庭始，而推暨之以及于一切社会也"④。这使探望权的法律规定侧重于规定父母权利而忽视未成年子女之地位和权利。然而，随着我国社会家庭结构的变化和独生子女时代的到来，未成年子女在家庭中的地位已然得到了重视和提高，其权利的享有和行使已日益成为现今社会关注的

① E.博登海默.法理学：法律哲学与法律方法.邓正来，译.北京：中国政法大学出版社，1999：作者致中文版前言：5.
② 钱穆.中国文化史导论.北京：商务印书馆，1994：51.
③ 卢梭.社会契约论.修订2版.何兆武，译.北京：商务印书馆，1980：9.
④ 蔡元培.中国伦理学史.上海：上海古籍出版社，2011：7.

焦点。父母权利的享有、义务的履行都是围绕保护未成年子女利益最大化而展开。为此，我国的探望权制度经历了从最初设立以突显父母权利为主到今后探望权立法趋势为以保护未成年子女利益为重心的过渡与转变。另一方面，探望权蕴含着文化情怀和家庭愿景。"和文化"是中华民族传统文化的精髓，维护家庭和睦是亘古不变的中国传统家庭观念的核心。《诗经》中早已有"父慈子孝"的思想描述：在一个家族内部，家父是家庭的总指挥，他具有绝对的权威和崇高的地位，应当本着宽宥慈爱的态度对待子女，而子女是家庭的组成人员，对尊长必须恭敬和孝顺。"父慈子孝"的思想观念深入人心，亲子关系也一向都被认为是一个家庭中最为基本的关系之一。对于一个家庭而言，子女是父母的未来，他们是父母之血脉、亲情、事业以及精神品格的支撑和延续，父母愿意为了子女付出所有精力和全部资财。子女也是整个家族的希望，他们承载着家族和父母寄予的使命与重托，他们会为了个人的发展、家族的荣耀和父母的期望而奋力拼搏。与此同时，亲子关系涉及一个国家的公序良俗和公共利益。整个社会由一个个家庭组合而成，每一个家庭中亲子关系的和谐友善共同维护着整个社会的良性运转，公共利益的维护需要每一个家庭发扬善良风俗和利他精神。这是中国"和文化"在家庭领域的具体呈现，也是中国传统亲子观念的发展趋势。探望权的行使和探望权制度的发展昭示着离婚家庭中父母子女间亲情的连绵不断和亲子关系的和谐稳定。

第三，探望权是《中华人民共和国宪法》（以下简称《宪法》）保障人权之维在婚姻家庭法领域的突出展现。

宪法是我国的根本大法，也是保障人权的最基本法律制度。《宪法》规定的人权包括人身权利，并明确提出要保护未成年子女。《宪法》第33条第3款规定："国家尊重和保障人权"。第49条第1款、第4款规定："婚姻、家庭、母亲和儿童受国家的保护。""禁止破坏婚姻自由，禁止虐待老人、妇女和儿童"。近年来随着人们人权意识的增强，作为人权组成部分的人身权利已日益成为人权保护的重要内容，诚如"人身权利决不应在宪法权利中失去一席之地，也不应只等同于一般宪法权利，它是一项最重要、最基本的宪法权利，是第一宪法权利"①。《宪法》作为我国的母

---

① 陈斯喜. 中国人身权的法律保护及其改革. 北京：社会科学文献出版社，2007：3.

法，其所保障的人身权利必然反映在部门法的相关规定之中。毫无疑问，与人身权利不可分割的婚姻家庭法中关于人身权利的法条居多，它保障权利主体的各项人身权利，如婚姻自由权、亲权、监护权、隐私权等等，王利明教授曾称其为"婚姻家庭法的社会保障功能"①。其中探望权分别涉及离婚家庭中父母和未成年子女的人身权利，它的制定关涉父母和未成年子女的人权保障，理应将二者的人权保护同等对待，不可偏废。然而，在探望权制度设立之初，未成年子女的权利保护常常被遗忘，未成年子女独立的探望权地位往往被漠视。因此，探望权制度中更多地规定了不直接抚养未成年子女的父或母一方探望的权利，却没有对未成年子女的探望权进行规定。这完全抹杀了未成年子女的独立人格，无视未成年子女的人权存在。我国《宪法》所强调的人权是人人平等，即保障每一个人都享有人权。在婚姻家庭中父母和未成年子女在亲子关系中的人权应是同等重要的，彼此之间应当相互尊重。今后我国的探望权制度在明确不直接抚养未成年子女的父或母一方拥有探望权的同时，也应当赋予未成年子女独立的探望权，给予他们充分的人格尊严和自主探望的能力。更何况未成年子女在离婚家庭中处于弱势群体的地位，实现未成年子女利益最大化理应成为探望权的立法旨意，它也为探望权的行使过程及实现路径指明了方向。李明舜教授曾说过："家庭是社会融合、保留和传递价值观的首要媒介，它提供了家庭成员尤其是婴儿和儿童成长所需的在情感、经济和物质方面的支持。"② 家庭对未成年子女的成长非同小可，父母对未成年子女的影响无可替代。探望权的设立旨在在非正常婚姻家庭状态下建立父母双系抚育，竭力使未成年子女不因父母离婚而缺失早期家庭教育，最大限度地让未成年子女感受到父母的关怀与爱护，进而达到亲子关系的持续发展和家庭关系的和谐共存。我国《宪法》中规定的人权保障必将在探望权制度中贯彻始终。

尊重人权，"是普遍的最低限度的道德标准的要求"③。人权理念已被

---

① 王利明. 民法典体系研究. 北京：中国人民大学出版社，2008：472.

② 民法总则为家庭建设确立正确的价值取向. [2018-01-08]. http://paper.cnwomen.com.cn/content/2017-03/21/036927.html.

③ A.J.M. 米尔恩. 人的权利与人的多样性：人权哲学. 夏勇，张志铭，译. 北京：中国百科全书出版社，1995：2.

纳入婚姻家庭法之中,人权保护的原则已融入婚姻家庭法律制度当中。显而易见,单从亲子关系来看,父母是世界上最易保护也是最有可能伤害到未成年子女的人(通常情形下父母对未成年子女的影响最大)。从人生的正常发展状态来看,未成年子女从出生起就在父母的怀抱里成长,未成年子女张开眼睛看待世界的第一眼是由父母亲自教授的。父母与子女的天然情感无可比拟。父母与子女应当在融洽友爱的氛围中共同生活与成长,但父母双方感情破裂带来了巨大的家庭不幸。父母离婚使未成年子女无辜地被动地承受着与父母一方分离的痛苦,使未成年人面临人世间亲情的最不幸境遇。而任何未成年子女都没有权利去选择自己的亲生父母。费孝通先生曾言,"世界上最用不上意志,同时在生活上又是影响最大的决定,就是谁是你的父母。谁当你的父母,在你说,完全是机会,且是你存在之前的既存事实"①。因此,如何最大限度地减少父母离婚给未成年子女带来的不幸,弥合给幼小心灵留下的创伤是法律应着重考虑的因素。霍布斯认为:"每个人都有尽力使自己的生命和肢体免遭他人侵犯的'自然权利'"②。探望权制度恰是法律对未成年子女"自然权利"的保护,它既体现人权保障的国际问题,也关涉国家和谐发展的基本问题,更与每一个离婚家庭的亲子关系息息相关。在家庭解体背景下探究未成年子女的权利保障问题,不仅要关注未成年人的生存权、发展权,而且要明确父母子女间的亲权、探望权的重要内容。需要明确的是,"剥夺父母照顾权并不是对父母的惩罚,而是对于父母不适合作为照顾权人这一事实的认定,是出于对未成年人利益的维护"③。《中国儿童发展纲要(2011—2020年)》明确指出:"儿童时期是人生发展的关键时期。为儿童提供必要的生存、发展、受保护和参与的机会和条件,最大限度地满足儿童的发展需要,开发、发挥儿童潜能,将为儿童一生的发展奠定重要基础"④。探望权制度的条文设计都是为了维护未

---

① 费孝通. 乡土中国　生育制度. 北京:北京大学出版社,1998:10.

② E. 博登海默. 法理学:法律哲学与法律方法. 邓正来,译. 修订版. 北京:中国政法大学出版社,2004:54.

③ 王丽萍. 亲子法研究. 北京:法律出版社,2004:181.

④ 中国儿童发展纲要(2011—2020年). https://baike. baidu. com/item/%E4%B8%AD%E5%9B%BD%E5%84%BF%E7%AB%A5%E5%8F%91%E5%B1%95%E7%BA%B2%E8%A6%81%EF%BC%882011—2020%E5%B9%B4%EF%BC%89/652802.

成年子女的人格尊严和身心健康，即以实现未成年人利益的最大化为立法宗旨。也唯有如此，探望权的法律价值才得以发挥和实现。

与此同时，探望权制度的设立不仅是法律发挥指引探望权的行使的应有功效，更是顾及人的生存发展需求及审视人性善恶的美好载体。父母子女间权利的行使、义务的履行及其法律救济促使处于非常态婚姻家庭状态下的父母双方对人性认真反思，唤醒他们人性中的善良。探望权提倡保护特定群体（弱势群体）的利益，是体现在婚姻家庭伦理亲情关系中惩恶扬善的良性法律规制。探望权制度试图在家庭成员各方利益与未成年子女利益之间寻求平衡与协调，在现代法治框架下实现家庭和睦友好、父母权利义务相统一以及保护未成年子女利益的和谐统一。然而，探望权虽已由法律加以明确规定，填补了我国婚姻家庭法上关于探望权的立法空白，但它针对社会生活中鲜活的探望权行使的现实所给予的表达还远远不够。伯尔曼曾说："法律必须被信仰，否则它将形同虚设！它不仅包含人的理性和意志，而且还包含了他的情感、他的直觉的献身以及他的信仰。"① 法律对探望权应当本着尊重、理解的态度，将法律文化、人文关怀融入其中，让先进的社会经济发展条件为之提供方便，让潜在的传统美德为之促进发展，让深厚的文化底蕴为之铸就基础。"唯有这样，人类所不懈追求的公平正义才能以合理的方式加以对待，并努力地以体系化的方式和抽象的思维体现出来，并用法律保障它的实现"②。亲子关系的重心已从以家庭为本转向以人为本。这是现实所需，也是时代使然。探望权制度应当充分保障未成年子女的权利并突出保护未成年子女利益的独立价值和社会意义。我们对未成年子女利益的关注是家庭责任，更是国家担当。探望权制度的构建必将与时俱进、不断完善。

三、探望权注重中华法文化情、理、法的融合

中华法文化在古代体现为"国法"建立在"人情"之上，主张"法不外乎人情""人情大于王法"。这是情、理、法的集中呈现。情、理、法融合的实质，是法律规范与伦理道德的融会贯通，民情、民意与法律实施的

---

① 伯尔曼.法律与宗教.梁治平，译.北京：三联书店，1991：28.

② 黄茂荣.法学方法与现代民法.北京：中国政法大学出版社，2001：405 - 406.

内在统一。南宋名公真德秀曾在奏折上写道："夫法令之必本人情，犹政事之必因风俗也。为政而不因风俗，不足言善政；为法而不本人情，不可谓良法。"① 中国传统司法实践中强调自觉地贯彻被视作最大"人情"的"纲常"，故而"凡听五刑之讼，必原父子之情，立君臣之义以权之"②。在这样的背景下，司法断案将各个地域的风俗人情、民意习惯纳入可供考量的"人情"因素，成为独具特色的中国法律文化。正如范忠信所言："'国法'是一个'孤岛'，'天理'和'人情'是两个桥梁。如以'天'为'彼岸'、'人'为此岸，则'天理'架通了彼岸，'人情'架通了此岸；'国法'居中连接两桥。于是乎，'天人合一'也就在法制上实现了，也即实现了'天理'、'国法'、'人情'的'三位一体'。"③

第一，情、理、法元素的融合是探望权立法的独特性所在。探望权立法是为实现父母子女之间权利义务的平衡，达到个体之间的自由与利益的协调，寻求亲子间共同利益的获得，维护和谐稳定的亲子关系，进而形成安定持久的社会秩序。这主要源于婚姻家庭法"着眼于自然世界和社会世界中的现象——亦即配偶之间、父母与子女之间的关系"，而非"法律世界中的现象和纯粹的法学范畴，尤其是绝对权和相对权的基本区分"④。因此，婚姻家庭法所调整的婚姻家庭关系更为具体细致，突出人伦秩序与亲情关系。在婚姻家庭法内，由父母与子女相互间的亲子关系建立起的共同生活秩序是先于法律而存在的，它表现出的事实状态与情感基础由婚姻家庭法的亲子法律规则予以规范和调整。从这个意义来讲，探望权立法作为人伦道德和法律制度相融合的产物，是基于由血缘衍生出的亲子情结，是带有人性化的法律制度设计，不仅蕴含着亲情伦理，更强调对未成年子女全面发展的保护。

第二，关于探望权纠纷的司法裁判是对亲子之情的法律诠释。"司法的目的不仅仅在于解决纷争，而更在于扩充人们生存的意义世界，作出衡

① 真德秀. 西山先生真文忠公文集：卷三·直前奏札. 四部丛刊初编本. 北京：北京大学出版社，2020，35.
② 孔子家语：卷七·刑政第三十一. 王国轩，王秀梅，译注. 北京：中华书局，2009. 246.
③ 范忠信，郑定，詹学农. 情理法与中国人. 北京：北京大学出版社，2011. 23.
④ 徐涤宇. 婚姻家庭法的入典再造：理念与细节. 中国法律评论，2019（1）：111.

平的符合正义的判断，而在其中发挥作用的则是'丰富的情感、广阔的眼界与精细的分辨力'"①。在探望权纠纷中，亲子情感、伦理道德与亲子法律规范交织在一起，若割裂法与情、理间内在的融合关系，忽视情、理、法在探望权中的共融性，不仅会将探望权的司法审判引入误区，而且无法使探望权在现实生活中得到有效行使，也无法化解来自法律正当性与人们情感可接受性的挑战。正是将公平、正义、平等、人权等法的价值植入情、理之中，可使关于探望权纠纷的司法裁判成为对亲子之情的法律诠释。聚焦我国当前探望权的司法审判，将情、理、法元素内化于探望权的司法审判中，形成彰显人情色彩的司法审判一体化风格，正是我国传统的司法审判实践与理性智慧、血缘亲情表达相结合的集中体现。如在黄某某与邱某某探望权纠纷案②中，法院正是从维护未成年子女利益的角度出发，顾及双方当事人履行抚养义务的客观条件而作出司法裁判。在李某某、杨某某探望权纠纷案③中，法院充分尊重离婚父母双方的真实意愿，使父母双方通过意思自治达成的探望协议优先。最终法院从有利于抚养幼儿的视角出发，对案件作出合情合理且不违背公序良俗的判决。在樊某与路某某探望权纠纷案④中，充分体现出以保护未成年子女的健康成长为首要审判目标。

第三，探望权的司法审判融入情、理、法可以通过指导性案例推动探望权的立法发展。对未成年子女而言，父母感情破裂，家庭随之解体，会导致未成年子女生活的共同基础瞬间坍塌，家庭成员间的彼此信任淡化，未成年子女被动地面临着亲情缺失的挑战。在离婚家庭中处于弱势地位的未成年子女，因为父母离婚而遭受的情感伤害并不比父母面临的境遇好，甚至更令人担忧。因此，如何使未成年子女在情感和利益上最大限度地免受父母婚姻关系破裂带来的负面影响，尊重未成年子女的意愿并保障未成

---

① 田默迪. 东西方之间的法律哲学：吴经熊早期法律哲学思想之比较研究. 北京：中国政法大学出版社，2004. 143.

② 黄燕鸿、邱楚卿探望权纠纷再审审查与审判监督民事裁定书［广东省高级人民法院（2020）粤民申 3065 号］. 中国裁判文书网。

③ 李刘忠、杨付荣探望权纠纷再审审查与审判监督民事裁定书［安徽省高级人民法院（2020）皖民申 1706 号］. 中国裁判文书网。

④ 樊瑶、路翠英探望权纠纷再审审查与审判监督民事裁定书［河北省高级人民法院（2020）冀民申 3856 号］. 中国裁判文书网.

年子女人格与自由，已成为探望权立法的重心所在。自《民法典》实施以来，各种各样的探望权纠纷无法得到妥善解决，与相关立法缺失情、理、法元素的融入密切相关。为此，进一步完善探望权立法时就不能将其设计成片面的权利和义务的综合体，而应将重心转移到离婚后如何履行父母对子女的职责以及亲子关系的维护。由于指导性案例具有示范性、规范性和引导性，实现同案同判，因此，指导性案例是统一司法适用标准、实现法律统一适用的重要保证。在民事裁判活动中，指导性案例不但具有解释法律、填补漏洞以及补充价值的作用，还兼具创设规则的功能。提倡将情、理、法元素内化于探望权的司法审判中，能够保持司法审判的确定性与灵活性，实现个案裁判的实质公平与正义。由最高人民法院尽快出台探望权的典型案件作为指导性案例，不仅可以为全国各地的探望权司法审判提供可供参考的审判借鉴，而且积累探望权司法审判融入情、理、法因素的实践素材，能够为完善探望权立法提供重要资源。在探望权立法中，亲子情感、伦理道德与亲子法律规范交织在一起，若割裂法与情、理间的内在融合关系，忽视其中的"合情"因素，不仅会将探望权立法引入误区，而且无法使探望权立法成为真正的"良法"。探望权的行使影响未成年子女的身心发展、人格塑造、人生观念的形成以及人生理想的选择，最大限度地减少父母离婚给未成年子女带来的不幸，弥合幼小心灵所受的创伤，是探望权立法和司法的连接点。完善探望权立法，需要丰富探望的内容，明确探望的内容不只是看望、交流等形式内容，还包括不直接抚养方对未成年子女的抚养、照顾、爱护、监督、教育等权利与义务；此外，还应明确：探望权人与直接抚养方就如何行使探望权应当协商决定；人民法院在裁决探望权纠纷案时，应当先行进行调解，调解不成再进行裁判。

第五章 探望权制度的发展与反思

第一节 世界典型探望权制度的比较及启发

在法学领域，法学理论与法律制度密不可分、并驾齐驱。法律是人的思想意识和现实生活遥相呼应的诠释与写照，它必然随着人们思想观念的转变和日常生活需求的变化而不断修订与完善。同样的，探望权法学理论的发展和社会现实的呼唤"督促"探望权立法不断加快完善的步伐。在当今时代，人们家庭意识的增强和对未成年人保护的关注对世界各国婚姻家庭法律制度的发展影响颇深。世界各国现代婚姻家庭法律制度不仅仅是对夫妻关系作出规定，而是更多地围绕亲子关系展开立法并将保护未成年子女的利益作为重要的考量因素。例如，在家事纠纷中，由父母离婚所引发的纠纷有别于一般的民事纠纷，它关涉家庭成员特别是未成年子女的利益。因此，各国的婚姻家庭立法明确规定了与未成年子女相关的法律规定，密切关注对未成年子女利益的保护。其中，探望权制度便是调整离婚家庭中父母子女间关系不可或缺的法律制度之一。综观当代世界，探望权制度在绝大多数国家都已确立，它为处理离婚家庭中父母子女间的探望权纷争提供了重要法律依据。我国对探望权制度的研究尚在起步阶段且法律规定尚不完善，亟须加快立法的步伐。因此，我们应当立足于我国的传统伦理文化和现代司法实践，将视野拓展到国外先进的探望权立法，以实现紧跟国际社会的探望权立法潮流并与域外探望权法律制度相接轨，使我国的探望权制度在保护主体权利、利益和实现应尽的社会责任之间达到协调与平衡。放眼其他国家的探望权立法，鉴于世界各国的经济体制、政治文明、文化传统、民族习俗、社会形态、家庭模式等迥然不同，各国的探望权制度在具体内容规定和立法模式选择上各式各样且各有侧重。本节首先从世界范围内典型的探望权制度入手，对其探望权制度的具体内容加以比较分析，探求国际探望权立法的总体发展方向，以期借鉴先进的探望权立法经验，为构建我国的探望权法律体系做充足准备；其次通过上述比较阐明国外探望权制度对我国的启迪，对我国探望权无论是立法理念还是制度内容都应当进行认真思考、慎重斟酌，改进不合时宜的探望权规定，填补当前的探望权立法空白，以助力于未来我国探望权立法趋于完善和成熟。

一、世界典型探望权制度的比较分析

探望权发轫于英美法系，随后世界各国纷纷对探望权予以立法。综观世界各国的探望权立法，英美法系和大陆法系进行着激烈而持久的交融与碰撞，各国的探望权制度虽独立存在却不是孤立僵化的。当前，积极的探望权立法是大势所趋。因此，了解并掌握世界其他国家的探望权立法状态是十分必要的，它为我国探望权理论的研究和制度内容的发展产生了不可估量的影响：不仅充实了我国探望权的基本理论，而且为探望权的立法发展提供了可借鉴的制度设计。当然，此番了解和掌握并不是照抄照搬其他国家的探望权制度，也不是仿效复制其他国家的探望权立法理念，而是在学习先进的探望权立法理念和立法模式的基础上，制定出适合我国国情的探望权法律体系。从目前来看，比较典型的探望权立法国家主要有美国、法国、德国、日本，这些国家对探望权制度的规定颇具特色，下文逐一探讨这四个国家探望权制度的独特之处。

第一，美国。

众所周知，英美法系在调整父母子女间关系时采用大监护概念，即对亲权和监护不加以区分，统称为监护。美国是英美法系中规定探视权（美国称为探视权）比较早的国家，"探视权被视为监护的一种有限形式"[1]。从美国联邦法律和各州法律规定来看，美国探视权的突出特征有：

首先，美国探视权的权利主体范围广泛。一是离婚家庭中若父或母一方享有对未成年子女的监护权，这就意味着另一方父或母自然享有探视权。但父或母一方的探视权是以有利于"子女最佳利益"（best interests of the child）为前提条件的，一旦探视权的行使侵害到子女的利益，法院有权限制父或母一方的探视权。[2] 当享有探视权的父或母一方采用探访、逗留等直接探视方式危害到子女利益时，法院也可发出"间接探视令"或"监督探视令"以确保子女的利益免受侵害。由此可见，父或母一方的探视权在特殊情况下是可以被限制的。享有探视权的父或母一方申请的"接近令"（access order）在 1989 年《儿童法案》实施后改名为"探视令"（visitation order）。1989 年《儿童法案》规定，在制作"探视令"时应当充分考虑到子女的意愿、情感需求、因探视对其造成的伤害等。这预示着美国探视权制度的重心从强调父母权利转移到了保护子女利益。与此同时，享有监护权的另一方父或母负有探视权的协助义务，配合探视权的正常进行，不得阻挠、干预、破坏探视权的行使。二是未成年子女是探视权的主体。未成年子女在父母离婚后，可以通过探视权继续保持与不享有监护权的父或母一方的交往。保护"子女最佳利益"是美国探视权制度的核心理念，"子女最佳利益原则"已然成为最基本的探视权原则，它在探视权的制度规定中表现得淋漓尽致。《统一结婚离婚法》第 402 条、第 407 条都对此原则加以明确规定。《统一结婚离婚法》第 402 条规定了"子女最佳利益"的含义："（1）一方父母或双方有监护子女的意愿；（2）子女

---

① 夏吟兰. 美国现代婚姻家庭制度. 北京：中国政法大学出版社，1999：275.

② 如 In re Marriage of M. A. 案中，享有探视权的父亲强奸了自己的女儿，后被判刑。在服刑几年后，父亲提起诉讼，要求共同监护子女和不受监督的探望，法院否决了其探望受害女儿的请求。陈思琴. 离婚后亲子关系法律制度研究. 北京：中国社会科学出版社，2011：190.

对监护人的意愿；（3）子女与父母双方或一方，与兄弟姐妹或与任何对其最佳利益有重大关联的其他人之间的相互关系或影响；（4）子女对家庭、学校、社区的适应性；（5）所有相关人员的身心健康。对不影响监护人和子女关系的现行监护人或推荐监护人的行为，法庭不予考虑"①。第 407 条规定："法庭是否赋予离婚后的父母探视权，是以子女最大利益原则为裁判标准的"②。如在佐治亚州，年满 14 周岁的子女有选择接受或拒绝非监护方探视自己的权利。美国的探视权制度赋予未成年子女本人以探视权权利主体地位且尊重未成年子女的意见，是对"子女最佳利益原则"的最直接体现。三是符合法律规定的第三人也可成为探视权的权利主体。在 20 世纪 90 年代，美国一些州已经规定与子女有浓厚亲缘和血缘关系的祖父母、外祖父母可以成为探视权的权利主体。③ 但法律对其作了限制性规定，如祖父母、外祖父母的探视不得侵扰到父或母一方的探视，不得不利于子女的最佳利益。此外，继父母和与儿童至少共同生活 3 年的人也可成为探视权的权利主体。④ 美国的探视权权利主体范围虽然广泛但是并非没有限制，成为探视权权利主体的标准是符合子女的最佳利益。同时美国联邦法院在审理特罗克塞尔诉格兰维尔（Troxel v. Granville）案⑤时提出，在考虑"非法定父母"的探视权时要特别"注意"父母的意见。⑥

其次，美国的探视权具有强制执行性。美国针对拒不执行探视判决规定了较为严厉的惩罚措施，主要有罚款、监禁、藐视法庭罪、变更监

---

① 哈里·D. 格劳斯，大卫·D. 梅耶. 美国家庭法精要. 陈苇，等译. 北京：中国政法大学出版社，2010：139.

② 凯特·斯丹德利. 家庭法. 屈广清，译. 北京：中国政法大学出版社，2004：274.

③ 美国 1989 年《儿童法案》第 8 条也有体现。

④ 美国 1989 年《儿童法案》第 10 条第 5 款。

⑤ 530 U. S. 57（2000）. 在本案中，一个享有监护权的母亲对华盛顿州一个规定特别宽泛的成文法的合宪性提出了质疑，即仅以符合子女最佳利益为标准，就可在"任何时间"授予"任何人"探视权。美国联邦最高法院对此存在严重分歧，最终未就华盛顿州该成文法是否有效作出简单判断，而是判定该法适用于本案的具体事实时，违宪。以奥康纳大法官为代表的多数意见认为，法定父母有权就子女抚养问题作出决定，这是他们的基本权利。哈里·D. 格劳斯，大卫·D. 梅耶. 美国家庭法精要. 陈苇，等译. 北京：中国政法大学出版社，2010：153.

⑥ E. g., E. S. v. P. D.

护权等。① 并且法院对于探视权的行使有权力要求父或母另一方积极地予以配合。例如佛罗里达州法院在一起父亲享有探视权却难以执行的案件中判定强制父母双方执行判决。法院判定"子女对父亲盲目固执的、洗脑般的敌对态度源于母亲的教唆和误导",法院判令"在母亲能力范围内尽一切可能在子女心目中创造一个充满慈爱与关怀的父亲形象"②。又如"有少数州允许就错误阻挠一方父/母的探视权提出请求损害赔偿金的侵权之诉"③。但美国不允许绑架成为探视权行使的方式。美国国会为此颁布了《反父母绑架子女法》,规定绑架子女的行为构成重罪。

第二,法国。

法国是大陆法系国家典型的代表,《法国民法典》因其"举世无双的清澈、精确、简练而被奉为立法的典范"④。在大陆法系,亲权和监护相分离,当父母离婚时,法律规定由直接抚养未成年子女的父或母一方行使亲权,不直接抚养未成年子女的父或母另一方行使探望权(法国称为探视权)。法国对探视权的规定十分重视,从立法理念到具体制度都独具特色,具体表现在:

一是在基本立法思想和立法原则上始终遵循保护"子女最大利益"。如《法国民法典》第371条规定"父母的权力是一套以儿童利益为目的的权利和义务……"。《法国民法典》第373条规定"如果孩子的利益是出于对孩子的兴趣,法官可将父母亲权授予父母一方。只有出于严重理由,方可拒绝另一方父母行使探视权和住所权……"《法国民法典》第378条规定:如果父亲或母亲被判定为对其子女所犯罪行或轻罪的主犯、共同主犯或从犯,或对其子女所犯罪行或轻罪的共同主犯或从犯,或对父亲或母亲的另一方所犯罪行或轻罪的主犯、共同主犯或从犯,则可通过刑事判决中的明确裁定完全收回亲权或行使亲权。这一撤销适用于父亲和母亲以外的长辈对其后代可能拥有的亲权份额。

---

① 《美国统一结婚离婚法》对探视权的执行规定得较为全面,主要包括藐视法庭诉讼、强制执行探视权诉讼以及变更监护诉讼等。于东辉. 探望权制度的法律适用探析. 辽宁工程技术大学学报(社会科学版),2008 (3):234.

② Schutz v. Schutz, 581 So. 2d 1290 (Fla., 1991).

③ Alaska Stat., §25.20.140; Wood, 338 N. W. 2d 123 (Iowa, 1983).

④ 艾伦·沃森. 民法法系的演变及形成. 李静冰,姚新华,译. 北京:中国法制出版社,2005:197.

二是相应的探视子女机构的设立为法国实施探视权的典型特色。早在20世纪80年代，法国的探视权中心就已成立。该机构由律师、社会工作者、心理专家等组成，它是专为处理离婚家庭中父母与子女之间的复杂关系或出现的困难情形而设立的。在离婚家庭中，父母双方有些会各自释然并为了子女而冰释前嫌，有些却在子女问题上使彼此间的矛盾再次被激化。当享有探视权的父或母一方与和直接抚养子女的父或母另一方无法就探视的地点达成一致时，探视子女的机构便成为父母双方都能够接受的见面场所，并且有专家的指引和帮助使探视顺利完成。探视子女的机构在法国各地称谓不同，如在波尔多叫"会面地"，在格勒诺布叫"桥"①，但其工作性质相同，它们共同为父母子女之间进行探视与维持和谐的亲子关系发挥积极作用。

第三，德国。

在亲子法的发展过程中，德国实现了从以父母权利为主到以子女权利为中心的过渡。德国的人身交往权是血亲关系制度中不可缺少的一项重要制度，德国法对人身交往权的规定比较细致，主要呈现两大特色：

一方面是"儿童利益最大化原则"的确立。该原则主要体现在《德国民法典》第1626条、第1684条。实施"儿童利益最大化"原则的具体措施包括：

一是将子女列为人身交往权的权利主体。德国法院在解决人身交往权纠纷时要听取和尊重未成年子女的意见。法律以14周岁为界限，对于年满14周岁子女的意见都要听取，对于14周岁以下子女的意见要根据心智成熟程度视情况而定。对于应当听取而未予听取意见的判决可采取上诉的方式请求撤销。在整个纠纷的处理过程中法院给予了子女独立地位。

二是德国于2008年修订的《家事诉讼程序法》规定了程序辅佐人制度，它是专为保护子女利益而设立的。程序辅佐人作为独立的诉讼参与人参与诉讼的全过程。在人身交往权纠纷中，程序辅佐人主要为洞察未成年子女内心的真实感受而与他们进行沟通与交流。这需要程序辅佐人具备高

---

① Benoit Bastard，"Different Approaches to Post-Divorce Family Relationships：The Example of Contact Centers in France"，in John Dewar and Stephen Parker ed.，*Family Law：Processes，Practices and Pressures*，Hart Publishing，2003，pp. 271 - 303.

超的沟通技巧和耐心。① 与此同时，程序辅佐人还要适时地向子女介绍人身交往权纠纷的解决进程，以确保子女的利益主张在纠纷的解决进程中能够被及时有效地提出。

三是德国家事法院对人身交往权具有依法限制或排除的权力。② 限制人身交往权分为中止人身交往权和监督人身交往权两种，但无论作出何种限制，以不损害子女最佳利益为必要限度。监督人身交往权既可由家事法院进行，也可由家事法院指定的第三人进行。并且，家事法院在认为必要时可为人身交往命令保佐。③ 由此足见家事法院在人身交往权中所起的重要作用。

四是德国法律对人身交往权的行使方式作了详细规定。《德国民法典》第 1684 条和第 1685 条分别对子女与父母的交往和子女与其他人的交往加以规定，其中家事法院可根据法律规定命令交往保佐。④ 至于父母亲权的行使，通常做法是：对于子女的一般性事务，由与子女共同居住的父或母一方行使决定权，而对于子女的重大事项，必须经过父母一致同意。⑤

五是当出现对人身交往权判决不予执行的情形时，通常情况下为避免强制执行带给子女负面影响，先由少年局等儿童保护机构进行斡旋，在无法达成和解协议的情况下再由法院仲裁。当事人拒不执行仲裁协议的，法院会采用强制措施保障人身交往权的实现。强制措施包括罚金和拘留，一

---

①　陶建国. 德国家事诉讼中子女利益保护人制度及其启示. 中国青年政治学院学报，2014（1）.

②　《德国民法典》第 1684 条第 4 款。

③　"命令保佐包括为进行交往而请求交出子女的权利以及就交往的持续实践确定其居住的权利。"（《德国民法典》第 1684 条第 3 款。）

④　《德国民法典》第 1684 条第 3 款规定："……父母持续或反复地实施侵害子女与父母另一方的关系或者妨害教育的任何行为时，家事法院可以为实行交往而规定保佐（交往保佐）……"第 1685 条第 3 款规定："……家事法院仅在具备第 1666 条第 1 款（子女肉体上的、精神上的或者心灵上的利益受到危害，或者其财产受到危害，并且父母不愿意或者没有能力免除危险的，家事法院应当采取为免除危险而有必要采取的措施——引者注）的要件时，始可以命令第 1684 条第 3 款第三句（父母持续或反复地实施侵害子女与父母另一方的关系或者妨害教育的任何行为时，家事法院可以为实行交往而规定保佐——引者注）至第五句（此项命令可以附带期限——引者注）规定的交往保佐。"（德国民法典. 杜景林，卢湛，译. 北京：中国政法大学出版社，2015：1029，1037 - 1038.）

⑤　《德国民法典》第 1687 条.

般是先罚金，仍不予执行，再对相关人员进行拘留。

另一方面是德国人身交往权的权利主体具有广泛性。父母、子女、祖父母、外祖父母、兄弟姐妹以及和子女有密切关系的人在符合法定条件时都可成为人身交往权的权利主体。人身交往权的权利主体的多元性表明，德国不但在竭力维系父母子女间的亲子之情，而且还本着有利于子女利益最大化的立法原则加强子女与其他对其有益的人的情感联络，尽量让离婚家庭中的未成年子女在成长过程中感受到亲人间的关怀与熟人间的信任，使未成年子女能够在安全、融洽的氛围中生活。

第四，日本。

日本的探望权制度是亚洲国家探望权制度的代表。日本的探望权（日本称为见面交流权）最早追溯于 1964 年 12 月 14 日东京家庭法院的判决，自此见面交流权的相关法律问题引起了日本社会的关注，日本学者的观点各异，但对于见面交流权的行使有利于子女这一点已达成共识。① 在 20 世纪 70 年代见面交流权制度已被确立，《日本民法典》《人事诉讼法》都有关于见面交流权的相关法律规定，这一系列的制度规定为日本见面交流权纠纷的解决提供了法律依据。在日本，对见面交流权的性质研究居多。见面交流权本身包含了权利和义务双重内容，相比而言，义务的内容重于权利的内容，"其实际上是一种义务大于权利的微弱权利"②。由此可知，在日本，见面交流权主要具有义务属性，且被视为监护权的延续，而不是一种新增加的权利。日本的见面交流权具有自身的特点，主要有：一是坚持见面交流对子女身心发展的重要意义。当出现父母与子女见面交流会损害子女的身心健康的情形时，日本法院有权对父母行使见面交流权作出相应的限制或禁止；而在见面交流有利于子女身心发展和幸福成长的情形下，"父母一方或其他任何适当的人可经父母双方的协议或者依据家庭法院的判决获得见面交流权"③。可见，有利于子女的利益是日本见面交流权行使的首要原则。二是见面交流权的权利主体广泛。从有利于子女福祉出发，在离婚后不享有监护权的父母享有见面交流权外，祖父母、外祖父母以及符合法律规定的第三人也可以成为见面交流权的权利主体。三是日

① 王丽萍. 亲子法研究. 北京：法律出版社，2004：221.
② 王丽萍. 中日探望权制度研究. 山东大学学报，2004（6）.
③ 山本正宪. 关于见面交流权. 冈山大学法经学会，第 18 卷第 2 号，1968.

本实行调查官制度。日本家庭法院设有调查官，他有权在审理见面交流权纠纷的过程中对案件做事实调查。在法官决定进行事实调查后，在法官命令的范围内，调查官开展调查与见面交流有关的一切事实，如未成年子女的性格、年龄、真实意愿、心智成熟状况、性格爱好等，父母的品行性格、经济状况、个性特征、就业状况等。在有利于子女最大利益的前提下，调查官还可以与未成年子女成长的机构如幼儿园、学校等合作展开调查，但调查范围不得超出法官指令的事项。就调查结果需要制作成调查报告，调查报告与鉴定结果性质相似，为法官裁判的依据之一。

综上，由于历史形态、文化传统、风俗习惯以及生活模式截然不同，各国的探望权制度总会体现出历史的延续和时代的发展。然而，在各国探望权制度的差异之中也会显现共通性和交叉性。各国探望权法律的立法宗旨和立法原则作为基本立法理念和根本指导思想，引导着探望权制度的设计、走向、修改及发展。这是探望权制度设立的根基，也是探望权制度发展的命脉，可以说，探望权的立法宗旨和立法原则是探望权立法的重中之重。由上述可知，美国、法国、德国和日本已对以"子女最佳利益"为原则的探望权立法达成共识：在探望权的权利主体范围上遵循不违背子女的意愿和有利于子女的利益原则，不限于将父母作为探望权的权利主体，探望权的权利主体范围正逐步扩大。在探望权的执行上为了避免子女利益遭受损害，由家庭法院作出相应的限制或禁止：有的国家规定探望权具有强制执行性，如美国规定相应的惩罚措施来保障探望权的顺利行使；有的国家设立专门的探望权机构，如法国设立探视权中心，确保子女身心健康，避免其在探望过程中受到伤害；有的国家设立特殊制度如日本实行调查官制度，以协助法官处理好探望权纠纷，真正做到探望权判决以保护子女的最佳利益为审判宗旨。这样的探望权立法理念正印证了法律始终以来所追求的方向：保护弱者、维护公平、平衡利益、守护正义。离婚制度中虽然要规定父母的权利和义务，但最为重要的是给予未成年子女充分的保护。支离破碎的离婚现实对于未成年子女而言是致命的打击，探望权制度的设立是国家尽心竭力地用法律的力量最大限度地挽救未成年子女对父母的消极看法、对家庭的冷漠甚至对整个世界的失望。因此，"子女最佳利益"已然成为世界各国公认的探望权立法原则。

由此可见，各国的法律规范都是不同国家的特定产物，它无不渗透着特定社会中人们的法的价值观。就探望权而言，每一个国家，无论采用何种称谓抑或采取何种形式的探望权法律规定，都希望通过法律的规范、引导和制约来维系父母子女间的亲子关系，最终达到给子女创造和谐的家庭氛围和维护正常的家庭秩序的目的。各国探望权制度历经发展，其立法宗旨已逐渐从以父母权利为主转向以子女利益为重，并不断地完善探望权的具体内容以求通过法律为现实生活中探望权的行使提供方便和条件。这正是人心所向、大势所趋。诚然，各国探望权理论研究的发展进程或快或慢，制度设计也非千篇一律，但各国都立足于自身的社会实践和本国的文化传统，竭力为各自探望权纠纷的司法审判提供明确而具体的审判依据。我们比较研究域外探望权制度并非单纯为了比较，最终目的是立足于我国的探望权实际，探索出适合我国本土特色的探望权法律体系，因而本节的域外法内容不求做到一应俱全、面面俱到。但对不同国家的探望权制度的剖析能使我们拓宽眼界、把准方向，使我国的探望权立法受到诸多启迪，进而扩展立法思路。可以说，对世界典型探望权制度进行比较分析是构建我国探望权制度不可或缺的路径之一。

婚姻家庭法是延续发展的，又是不断修改、完善的。在提倡婚姻自主离婚自由的时代，父母双方离婚不足为奇，但不能因此而迫使未成年子女承担夫妻感情破裂的代价和忍受家庭破碎的悲惨境遇。探望权恰是法律赋予未成年子女维护自身权益的有力武器，也是抵抗父母为泄愤而将未成年子女视为"替罪羊"的不良企图。随着社会的发展和家庭生活的需求，探望权问题日益成为全社会乃至全人类关注的焦点。单就我国的探望权制度而言，它所提倡的是保护特定群体（弱势群体）——未成年子女的基本立法理念，不仅要从我国亲子关系的优良传统中汲取营养，而且要有选择地吸收和借鉴域外探望权立法的先进经验。我国的探望权立法不应当摒弃中华民族几千年来形成的优秀传统文化和家庭伦理道德，也不宜一味地模仿和照搬西方国家的法律制度。"他山之石，可以攻玉"，我国的探望权制度应当在立足于我国本土文化和中华民族传统的基础上做到有选择地取舍域外法之精华或糟粕，结合我国探望权的社会生活实践，构建出具有中国特色的探望权制度体系。

二、世界典型探望权制度对我国的启示

法治文明的进步印证着法律制度的发展轨迹，任何国家的法律发展亦是如此。尤其是婚姻家庭法领域，"没有任何一个法律领域能够像家

庭法那样，如此强烈地反映出在过去二十世纪里面人们生活方式和观念的变革"①。家庭是人类社会的基本组成单位，也是社会前进的不竭动力源泉。家庭幸福美满是社会安定的最根本保障。因此，全人类对婚姻家庭和睦幸福的追求已成为亘古不变的主题。现今，亲子观念的发展是人类文明的进步，世界各国对亲子关系立法的关注程度无不体现在一国的法律制度之中。无论在西方国家还是在东方国家，维护和发展父母子女间的亲子关系是必不可缺的家庭关系内容，也是人世间最亲密无间的现实交往。亲子关系是人类最纯真、美好的人际关系，父母子女间的血缘纽带不仅代表着人身关系的稳固而持久，也代表着父母子女间无法割舍的爱意与情感。父母离婚后，家庭关系的破裂并不能终结父母子女间的亲情，探望权已成为人类社会维系父母子女间亲子关系的主要"联络武器"，探望权制度也日益成为人类社会用以保护非常态婚姻家庭状态下亲子关系的重要法律保障。在亲子关系法律规范中，在父母权利得到维护的同时，未成年子女的利益越来越受到重视。在寻求家庭整体权益和保护个人利益的平衡过程中，探望权制度的设立突显未成年子女的权利与利益是应有之义。由于世界各国拥有不同的政治背景和相异的经济体制，探望权制度不可避免地存在差异。正是这些差异，使不同国家相互学习与借鉴，使不同法律制度进行交汇与冲突，这种接纳或变通或排斥共同推动着世界法律文化和法律体系的发展。

　　总体来看，西方国家和东方国家的价值追求存在差异。西方国家更加崇尚个人自由，以个体利益的实现为终极目标。东方国家家庭观念根深蒂固，强调家庭作为集合体的利益需求。然而，这并不意味着西方国家不珍视亲子之情，它们并不排斥亲情关系的存续，与东方国家相比区别在于父母子女间的相处模式不同。在家庭关系方面，中国古代以家庭为本位和注重家族利益的传统伦理思想彰明较著。中国的婚姻家庭法不仅是法律规则的排列组合，而且融入了人们的日常生活逻辑，中国传统的家庭伦常也蕴含其中。因此，在婚姻家庭法领域，在对其他国家的探望权制度与我国的探望权制度进行比较分析时，我们应当认识到不同国家的思想文化会潜移默化地影响着探望权立法。从上述对域外典型探望权制度的分析来看，美国、法国、德国和日本的探望权制度相对更为成熟，我们从中受到了诸多启发。关于制定探望权制度的启示如下。

---

　　① 　罗伯特·霍恩. 百年民法典. 申卫星，译. 中外法学，2001 (1).

第一，以子女利益最大化作为探望权的立法原则。

从美国、法国、德国、日本这四国的探望权制度来看，它们都将"子女最大利益"视为基本原则，并且贯穿于探望权的具体规定之中。在未成年子女的成长道路上，父母扮演了无可替代的角色，任何一方都不应当缺位。探望权是亲权的延续，它从未成年子女出生时起隐性地静止地存在于亲子关系中。在正常婚姻家庭状态下父母子女共同生活，父母给予子女的抚养、照顾以及精神上的支撑随处可见。在当父母离婚、家庭破裂后，不直接抚养子女的父或母一方无法像在正常婚姻家庭状态下一样关心子女的成长，尤其是很难及时地给予子女精神上的支撑和情感上的温暖。此时探望权由静态转为动态，以保障父母继续在子女成长的过程中在其诸如品格性情的培养、人生道路的选择等方面起到持续性的良好的引导作用。诚然，"子女利益最大化"原则的确立不仅是一个家庭合理行使探望权的终极目标，而且是整个社会对特定群体（弱势群体）——未成年人提出的更高法律保护要求。一旦探望权制度确定"子女利益最大化"为基本原则，探望权制度的内容包括探望权的权利归属，探望权的行使方式、地点及时间，探望权的中止和恢复，以及对探望权的法律保护如设立专门的探望机构、增设探望权强制执行措施、增加法官对探望权的自主调查权等，都会紧紧围绕有利于未成年子女的身心健康进行规定，整个探望权法律体系将会呈现出亲子关系中的各方主体秉持平等、善意、尊重、诚信的态度用恰当的方式行使探望权。因此，对于构建我国的探望权体系，应当将"子女利益最大化"作为探望权的立法宗旨和基本原则，贯穿于探望权的制定、适用的全过程。

第二，扩大探望权的权利主体范围。

美国等国家关于探望权权利主体的法律规定持比较宽松的态度，因而规定的探望权主体的相对广泛。除离婚家庭中不直接抚养子女的父或母一方当然地享有探望权外，祖父母、外祖父母可以成为探望权的权利主体，至于其他第三人，只要有利于子女的最佳利益，也可在符合法律规定的条件下行使探望权。因此，继父母、兄弟姐妹、其他与子女有亲属关系或密切关系的人都有可能成为探望权的权利主体。在未成年子女心智发育尚未成熟、鉴别能力和认知能力处于萌发时期时，父母双方离婚给未成年子女带来的危害无法衡量，所造成的影响难以估量。离婚对未成年子女而言，不仅仅是短期伤害，更是一种持久的、潜在的、甚至永远无法抹去的痛苦。它可能影响子女的一生，使他们变得脆弱、多疑、胆怯，甚至仇视一切。父母离婚后，未成年子女在情感上缺失的安全感有时单靠父母的力量难以弥补和挽回。在快节奏运转的现代社会，父母迫于生活的压力和工作的繁忙而无暇照顾子女，多数未成年子女自出生起就由祖父母、外祖父母抚养与照顾。这也正是子女与祖父母、外祖父母或其他关系密切的亲属建立浓厚的亲情关系的缘故。因此，从有利于子女利益最大化的角度出发，根据其他人与未成年子女感情的亲疏程度适当增加探望权的权利主体范围，不但有助于给未成年子女创造充满安全感和亲情感的生长环境，更有助于未成年子女重新审视人与人之间的关系和重燃对未来生活的希望。因此，将探望权的权利主体范围适当地扩大到祖父母、外祖父母等第三人具有重要的现实意义。此外，需要提及的是，各国对于未成年子女应当成为探望权的权利主体已达成一致意见。"凡人皆有权利能力"①，未成年子女同样具有权利能力，其属于家庭成员之一，在亲子关系中应有其独立的法律地位。人应当"被作为一个其自身具有内在价值的个人来看待"②，未成年子女不应成为婚姻关系的附属品或父母一方的占有物，他们不应当是客体，而应成为与父母处于平等地位、享有应有权利的权利主体，他们有选择探望或不被探望的权利。这是对未成年子女独立人格、独立人权的尊重和崇尚。诚如"人之所以为人，是基于他们相互之间如此不同而成就了人的唯一性，这也造就了一个最根本的原则，即对待他们时应给予平等的尊严和尊重"③。探望权制度的设立本旨就是给予处于非常态婚姻家庭状态下的未成年子女应有的权利和尊重，最大限度地保护未成年子女的利益，因此，探望权制度将未成年子女作为探望权的权利主体是真正为未成年子女的成长和幸福而设立的。

第三，明确探望权的行使方式。

法律对探望权的行使方式作出明确且细致的规定是保障探望权实现的重要途径。域外大多数国家对探望权的行使方式采例示主义立法模式，如

①　胡长清.中国民法总论.北京：中国政法大学出版社，1997：57-58.
②　A.J.M.米尔恩.人的权利与人的多样性：人权哲学.夏勇，张志铭，译.北京：中国百科全书出版社，1995：154.
③　保罗·赛格特.人类的法定权利.张伟，译.北京：中国人民大学出版社，2016：58.

法国对探视权的方式作了区分，规定了短暂探视（探视）和长期探视（留宿）两种方式。现实生活中的家庭状况千差万别，父母与子女间的实际情况也各不相同，这就决定了探望方式不会同一，也不可能单一。父母离婚后，未成年子女是婚姻关系破裂的最大代价。他们在破碎的婚姻生活中被动地存在着，默默地忍受着本不该由他们负担的重压。许多专家强调"最大的忧虑是保证子女所处的环境的延续性以及心理依恋关系不被破坏"[1]。探望就是父母为了最大限度地弥补离婚带给未成年子女的生活环境的改变，尽其所能地为子女营造正常婚姻状态下父母双方"都在身边"的生活氛围。因此，恰当选择探望方式对探望权的顺利实现起着至关重要的作用。在现代社会，飞速发展的高科技拉近了人与人之间的距离，使人与人之间的沟通变得频繁与便捷，探望方式也从最传统的面对面的见面转向借助高科技手段的远距离交流。因此，法律对探望方式的规定应当多样化，根据每一个家庭的实际情况，由探望权权利主体选择最有利于保护子女利益的方式进行交流，以增进父母子女间的感情和维护未成年子女的正常生活。相反，法律对探望方式不加规定或规定得过于僵化，不仅不利于子女利益最大化，甚至会使不恰当的探望方式激起当事人内心的抵触与愤怒，使父母双方之间的矛盾升级。同时，法律对探望方式的适当规定也为法院审理探望权纠纷提供了法律依据。当当事人就探望权行使方式无法达成一致意见时，法院可依据法律作出权威判决以保障探望权的顺利行使。总之，无论短期探望还是长期探望，法律对探望方式的规定都是为了父母子女间关系的拉近和融洽，为了推动探望权的有效实现。

第四，增设探望权执行机构或增加探望权诉讼保障制度。

通常情况下，制度规定和机构设立相辅相成。从域外探望权制度来看，根据自身的实际情况，若增设一个中立的执行机构会减少探望权纠纷的发生。如法国探视权中心的出现，使得在行使探望权出现困难的情形下，选择在对任何一方当事人都不偏不倚的探视中心会面交流是最佳解决方法。这种做法启发我国对于探望权的行使有必要设立一个专门的探望权执行机构。近几年来，我国正在进行家事审判改革并取得初步成效，各地的家事法庭如雨后春笋般建立起来。我国对家事纠纷的重视程度由此可知。探望

---

[1]　Joseph Goldstein, et al., *The Best Interests of the Child：The Least Detrimental Alternative*, Free Press, 1998.

权是离婚纠纷中不可回避的司法难题，因此选择在家事法庭内部或在法院系统增设探望权执行机构是明智之举。此举也会促使我国加快探望权立法步伐。同时，边沁曾指出："程序法唯一正当的目的是最大限度实现实体法"①。在涉探望权的诉讼程序中增加特殊的保障制度是保障实现探望权的有效途径。如德国的程序辅佐人制度和日本的调查官制度，都是为了保障未成年子女能够全程地参与涉探望权诉讼和有机会表达自己的真实意愿，也使法官能够通过翔实的事实调查作出正确的探望权判决。我们深知，法官在案件的审判过程中扮演着至关重要且绝无仅有的角色，法官在认定事实和适用法律上起举足轻重的作用。一旦法官对案件的审判有失公允，人们心中对正义的向往也将会瞬间瓦解。因此，我国在处理探望权纠纷的诉讼程序中应当充分发挥法官的自主能动性，调查未成年人的内心真意，让未成年人有机会发表自己对探望权的真实想法，并且深究探望权纠纷的根源，充分体现探望权纠纷中未成年子女作为权利主体的价值和意义。这不仅是探望权制度发挥司法能动性和实现诉讼法对实体法的保障功能的体现，而且是司法讲究人文关怀和追求公平正义的价值理念的具体体现。

第五，具体规定必要时可采取的探望权强制执行措施。

探望权的强制执行是实现探望权的司法保障。我国《婚姻法》第48条虽提及探望权可强制执行，但规定得不具体。《婚姻法解释（一）》第32条作了补充规定，但规定得简单粗略，对强制执行措施适用的情形及相对应的种类规定不明确，没有统一的强制执行标准。在探望权的行使过程中，不直接抚养方行使探望权时，直接抚养方负有协助的义务。现实生活中，往往会出现直接抚养方拒不配合不直接抚养方行使探望权而导致探望权无法实现。这已然成为探望权行使的现实羁绊，法律应当采取相应的强制执行措施。从对上述域外探望权制度的分析可知，域外的探望权制度对拒不执行探望权判决的当事人规定了严厉的惩罚措施。例如美国的强制执行措施种类较多，有罚款、监禁、藐视法庭罪、变更监护权等等，美国法院可根据具体案件情况裁定采取相应的强制执行措施。从探望权司法实践来看，必要时对拒不执行探望权的当事人采取强制执行措施在一定程度上能够缓解或避免探望权执行难，也是使探望权从应然状态走向实然状态

---

① J. Bentham，"The Principle of Judicial Procedure"，in J. Bowring ed.，*Works of J . Bentham*，1838—1843.

的法律手段。诚然，探望权纠纷不同于一般的民事纠纷，它夹杂着情感、伦理、道德、责任以及非法律之力所能拯救的复杂情怀。因此对探望权的强制执行应持谨慎态度。但是法律的强制力是国家权威的最有力武器，也是法律为保护正当利益所设立的最后防线。在探望权执行阻力重重的案件中，对于经再三劝说教育仍拒不执行判决的当事人，法院有义务秉持法律的公正理念和本着维护当事人合法权益的态度，从有利于未成年子女的身心健康出发，采取与拒不执行探望权判决相当程度的强制措施。从生活实践观察，直接抚养未成年子女的父或母一方拒不执行探望权主要有三个原因：一是离婚双方的感情已经破裂，彼此对对方深怀敌意，故在探望权的行使方面千方百计地阻拦和反对，以释放自己内心深藏已久的不满和愤怒并以此作为报复的契机和手段。二是人们的权利意识淡薄，导致直接抚养未成年子女的父或母一方不愿意积极主动地协助和配合探望权的实现，甚至造成对探望权行使的反感与厌恶。三是有些父母对子女的占有欲强烈，直接抚养未成年子女的父或母一方将子女视为自己的物品，认为其有权利不允许任何人接触自己的子女。然而，无论出于何种理由，直接抚养子女的父或母一方拒不履行协助义务都会阻挠将法律规定的探望权转变为现实生活中的探望权，以至于无法达到保护子女利益最大化的终极目标。在家庭生活领域，尤其关涉到子女的利益时，家庭成员之间更需要理解与宽容，将利他理念根植于内心，这样才能成就对方实现权利，使自己免受法律的制裁。因此，必要时采取探望权强制执行措施应该成为我国探望权制度中必不可少且明确具体的规定之一，这有助于探望权的顺利实现。

　　人类社会发展到今天，文明程度有了飞跃式的提高。在中西方思潮风起云涌和中西方文化交融碰撞的时代，法律制度的发展、进步具有共通性和融合性。任何一个国家都是由每一个个体组建的家庭汇聚而成的，婚姻家庭的和睦稳定象征并预示着整个国家的兴衰荣辱。因此，不得不承认婚姻家庭法律制度对于一个国家的兴衰成败起着潜移默化的作用。探望权不仅关系着未成年子女的平等发展与健康成长，也关联着一个家庭的幸福安定与和谐友爱，更关涉到整个国家的人才培养与人口的可持续发展。西方国家崇尚个人主义，将个人价值推崇到了极致；而我国则强调家庭整体利益，团体意识高于个体意志。有学者强调："西方国家相较中国而言，在家庭领域里推崇个人主义思想而家庭意识弱、团体思想淡薄，无法让人感受到中国浓厚的亲情"①。但无论西方国家还是东方国家，各国的婚姻家庭法愈加体现人文关怀，彰显人文底蕴，崇尚法治文明，突出利益选择。回溯世界法律的发展轨迹可见，人类不断追求的世界文明，国际法律环境的和平稳定，中西方法律的互通与撞击所迸发出的经验与智慧，加之现实社会压力激发出的革新动力，都催促国际法律不断地进步和各国法律不间断地交流。中西方法律文化的交流和法律制度的借鉴使世界各国的婚姻家庭法律制度联系越来越密切，这是推动世界法律加快进入对等、互补、融通与和谐新阶段的具体体现。

上述对世界典型探望权制度的分析使我们深刻地意识到我国探望权制度仍存在诸多不足与漏洞，我们应当勇于正视和冷静剖析，寻找到一条构建适合我国国情的全面完善的探望权法律体系的立法路径。因此，在构建我国探望权法律体系的过程中，立法者若有选择地借鉴和审慎地吸收其他国家探望权制度的优长，我国的探望权制度将会得到进步，探望权司法实践也会从中受益。我国的探望权制度体系应当不仅具有本土特色，而且兼容域外法的合理之处。笔者认为，我国《民法典》出台后，开启了中国特色社会主义法治的新时代，关于婚姻家庭法，我们更应当将民族性、时代性、人文性的法律色彩相融合。我国婚姻家庭法中的探望权制度，它不仅仅是简单机械的法律逻辑的堆砌，更是中华民族传统美德的传承。萨维尼曾说过："法律乃是'那些内在地、默默地起作用的力量'的产物"②。每一个国家的法律都深深地根植于各自的文化传统，存在于不同的民族历史。其真正的源泉为该国人民的民族精神、普遍信念和共同追求。中华民族的优秀文化和传统美德源远流长，映射在我国的婚姻家庭生活领域里就是：夫妻离婚后仍应保持对彼此的宽容与诚信，对彼此人格、权利的尊重与敬畏。在探望未成年子女的问题上，夫妻双方更应当心怀宽广地放下矛盾与仇恨，无私无畏地、全心全意地为自己子女的利益着想，尽最大努力地避免子女受到伤害。父母双方有责任为自己的孩子去营造一个平等、友爱、和睦、文明的亲子氛围。探望权的行使不仅受到当事人伦理道德的约束，更需要法律制度的指引。只有法律规范的调整真正发挥作用，当事人

---

① 李冬燕. 家庭本位与个人本位：中西方文化差异探讨. 科学致富向导，2008 (5).

② "Of the Vocation of Our Age for Legislation and Jurisprudence"，transl. by A. Hayward，London，1831，p. 30.

的法律素养才能够得到大大的提高。因此，关于我国探望权立法的发展，我们应当在坚守中华优秀传统文化和人伦道德的基础上，大胆地吸收西方国家所崇尚的个人主义的合理之处，突显未成年子女利益最大化的立法追求，在寻求家庭利益与个体利益统一平衡的同时，实现保护未成年子女最佳利益之宗旨。利他主义在婚姻家庭领域有着普遍且关键的意义，它是督促父母履行对子女应尽的义务的思想源泉，也是父母在离婚后仍通过行使探望权关爱自己子女健康成长的内在动力。我国探望权立法的倾向与价值追求内蕴到具体制度之中，这是探望权制度经过反复地实践与经验总结对婚姻家庭法中调整亲子关系的法律规则的完善与丰富。

第二节　我国探望权的理念审思及制度缺憾

一、探望权立法理念的嬗变

探望权具有深厚的法学理论基础。在法学理论上分析，探望权属于亲权范畴。亲权制度在人类繁衍生息的历史长河中，承担起抚养、教育、照顾、保护子女的重要职责。亲权制度本身由感情基础、心理基础、责任基础和利益基础共同支撑。毋庸置疑，亲权制度在世界各国的婚姻家庭生活中对于未成年子女的成长具有不可替代的作用。亲权最早发轫于罗马法中的家父权。在我国，古代的亲权突显父权至上，封建传统思想占据主导地位经历了漫长的岁月，家族本位、家长绝对权威的传统思想根深蒂固。中国传统文化的历史连贯性对整个社会秩序的规范构建影响颇深。亲权更多地宣示和彰显父母的权力，子女在整个家族中仅作为父母绝对支配的无足轻重的客体而存在。然而，随着我国现代法治的形成和发展，家庭成员的地位越来越强调独立、平等，法律推崇每一个个体都拥有独立人格和独立的法律地位。这正印证了加拿大法官罗萨丽·阿贝拉的一句话："平等是不断发展变化的，它的实质内容也在不断演进，在一个历史阶段被认定为的'平等'很可能会被新的认定所推翻，即为'不平等'"①。子女作为

① 凯瑟琳·E.马霍尼.加拿大对待平等权利与法院里的性别平等的方法//丽贝卡·J.库克.妇女的人权：国家和国际的视角.黄列，译.北京：中国社会科学出版社，2001：486.

主体存在于家庭内部，当其利益受到侵害时，法律会提供救济和帮助。从子女出生的第一刻起，父母就有权利和义务对自己的子女行使亲权，探望权作为一种隐性的权利已蕴含其中。我国许多法律①都规定了父母有教育、抚养、照顾未成年子女的权利和义务。这种亲权基于自然状态的血缘亲情而产生，是人类社会向前发展的繁衍规律之需求。在我国，父母对未成年子女实行共同亲权原则，即父母行使亲权由父母双方相互支持与互相帮助而共同完成，不能割裂开来。通常亲权具有时效的同步性，在正常婚姻家庭状态下，父母对未成年子女行使亲权具有同步性。然而，在父母离婚后，现实生活中的未成年子女只能随父或母一方共同生活，父母双方行使亲权的时间和方式在客观上存在差别，双方行使亲权的时间、地点也会具有差异性。此时，父或母一方享有对未成年子女的抚养权，另一方则享有探望权。因此，探望权是亲权的延续，父或母一方对未成年子女的抚养权和另一方的探望权共同构成了离婚家庭中的亲权。

立法理念是法律制度的精髓和灵魂，法律规范都离不开立法理念的指引，每一个法律条文无不蕴含和体现着立法理念。探望权制度也不例外。众所周知，美国是英美法系探望权制度的典型代表。它最初设立"接近"权（access），1989 年探视权在美国的《儿童法案》中第一次出现。② 随后法国、日本、德国等国家也逐渐建立了自己的探望权制度。在现代社会，世界各国的探望权制度都在不断地发展和进步，探望权制度在处理离婚家庭中父母子女间的关系方面发挥了不可估量的作用。究其实质，根源就在于世界各国的探望权制度已从"以父母权利为本位"转为"以子女利益为本位"，即将"子女利益最大化"作为基本的立法思想。这已成为不争的事实。

回顾我国的探望权法律制度可知，我国是以"孝"为家庭传统文化的国家。古代社会多强调子女对父母的"孝"，最早《诗经·周颂·臣工之什·载见》中有"率见昭考，以孝以享"之句。古代社会更看重父母对子女的权力，因而没有探望权一说。新中国成立后，首部《婚姻法》于

---

① 体现在我国《宪法》《民法典》《未成年人保护法》等。

② 凯特·斯丹德利. 家庭法. 屈广清，译. 北京：中国政法大学出版社，2004：274.

1950 年问世。其第 20 条规定离婚后的父母仍对子女有抚养、教育的权利和义务。① 这其中隐含探望权的含义。1980 年婚姻法延续了相应内容。紧接着，1988 年《民法通则》司法解释第 21 条②明确规定了离婚后父母对子女监护权的行使和限制。此条明确认可了不直接抚养子女的父或母一方的监护权，除非有法定事由并经人民法院认定，任何人无权取消。这表明不直接抚养子女的父或母一方可以通过与子女进行见面交流来实现监护权。直到 2001 年，《婚姻法》首次明确规定探望权。这是离婚制度中保护未成年子女的新起点。2020 年《民法典》第 1086 条沿用了2001 年修订的《婚姻法》规定的探望权内容。但是我们不得不承认我国探望权的法律规定还相当稚嫩，相比于世界上其他国家的探望权规定显得单薄与抽象。我国探望权立法以"父母本位"为出发点，对未成年子女的保护明显不足。这与人们思想意识中仍有传统封建思想密切相关。我国"父母本位"的探望权立法必然与世界上以"子女利益最大化"为根本宗旨的探望权立法趋势背道而弛。

父母离婚后，未成年子女的利益应当是关注的首要焦点。但从我国目前的法律现实来看，关于保护未成年子女利益的规定屈指可数。探望权制度是为处理离婚后未成年子女问题而专门设立的，优先考虑未成年子女的最佳利益应当是探望权立法的初衷。当父母行使探望权与未成年子女的利益相冲突时，为了子女的利益父母行使探望权必须受到限制。从目前我国探望权制度观察，保护未成年子女的利益并非探望权的基本立法原则，这也正是在司法实践中探望权纠纷解决困难重重的根源所在。因此，我们需要深深反思目前我国探望权制度的立法理念，转变以往"父母本位"的立法思想，树立"子女本位"的立法思想。虽探望以权利命名，但其实质内容是权利和义务的综合体。基于此，笔者建议：在我国《民法典》关于探望权制度的规定中，增设一条"探望权的行使要以保护子女利益最大化为

---

① 1980 年《婚姻法》第 29 条第 2 款规定，"离婚后，父母对于子女仍有抚养和教育的权利和义务"。

② 1988 年《最高人民法院关于贯彻执行〈中华人民共和国民法通则〉若干问题的意见（试行）》第 21 条规定：夫妻离婚后，与子女共同生活的一方无权取消对方对该子女的监护权；但是，未与该子女共同生活的一方，对该子女有犯罪行为、虐待行为或者对该子女明显不利的，人民法院认为可以取消的除外。

原则"，使探望权的主体、内容、行使、中止、执行等各个阶段都得到充分体现。① 这样，立法能最大限度地警醒人们：父母即使离婚也不应当忽视子女的利益，而应当把更多的注意力转移到离婚后如何履行父母对子女的职责上来。因此，我国探望权制度的构建首先要实现立法理念的嬗变。从目前来看，我国应当将保护未成年子女利益的最大化作为当前及未来探望权制度的立法理念。这主要是出于以下三个方面的考虑。

第一，我国探望权制度的立法理念应当顺应世界探望权制度的发展趋势。

我国探望权制度树立以保护未成年子女利益最大化的立法理念是与国际探望权制度相接轨的必然要求。一是，世界人权保障观念已达到人类发展的巅峰，并仍在不断地向前推进。我国的人权保障意识也逐渐增强，特别是 2004 年《宪法》修改，将人权保障明确写入宪法。② 在我国保障人权有了国家母法——宪法的支撑，其必然体现在各个部门法当中。然而，在我国婚姻家庭法领域，探望权制度本应当不仅体现父母的人权，也应当考虑未成年子女的人权，父母的人权和未成年子女的人权是平等的。但探望权制度从头至尾只突出父母的主体地位、保障父母的人权，而没有突出未成年子女的人权保护。这与我国《宪法》明确规定的人权保障相背离。因此，只有将保护未成年子女利益最大化作为探望权制度的立法理念，未成年子女的人权保障才能得到切实的落实。二是综观世界各国的探望权制度，均将"子女利益最大化"作为探望权的立法宗旨和原则，它们正是源于保护子女利益最大化的探望权立法理念。我国的探望权制度应当与其他国家的探望权制度同步发展，与世界其他国家探望权立法的进程接轨。当我们察觉到我国的探望权立法理念已不合时宜时，及时地转变立法方向并树立正确的立法理念是明智之举。这样，我国的立法才能引领未来，与世界其他国家和谐共进。三是我国已于 1991 年加入《儿童权利公约》，保护和关注儿童权益是我国应当履行的公约义务。我国作为《儿童权利公约》的成员国，应当严格地遵守公约内容，当遇到有关儿童的事项时，要首先

---

① 探望权制度中明确规定"子女利益最大化原则"，突出探望权的立法宗旨和立法原则。

② 2004 年宪法修正案第 24 条规定，宪法第 33 条增加一款，作为第 3 款："国家尊重和保障人权。"第 3 款相应地改为第 4 款。

考虑儿童的最佳利益。这反映在我国的探望权制度的立法理念上就是我国理当树立未成年子女利益最大化的立法理念。若将未成年子女的利益与父母利益放置在同等地位或者将未成年子女的利益置于低于父母利益的地位，都是未完全履行国际公约的义务。

第二，对未成年人的切实保护需要体现在婚姻家庭法领域。

法律是维护公平正义的天平，"因为人们始终相信，立法机关的意志决定着何谓正义，立法决策必定关乎正义"①。探望权的立法也是有关公平正义的。一方面，在我国，国家政治和法律密切相关，国家政策具有导向性作用。我国的国家政策始终提倡保护未成年人的利益。在对未成年人的态度上法律应当与政策步调一致。另一方面，在我国的社会结构中，未成年人属于特定人群（弱势群体）毫无疑问。他们无论在根本法中还是在各个部门法中，都被给予了更多的关注与保护。因此，在婚姻家庭法中同样应当切实地维护未成年人的利益。这是因为在探望权制度中，未成年子女在离婚家庭中始终处于弱者的地位。父母感情破裂，家庭随之解体，致使以往家庭生活的共同基础瞬间消失，家庭成员之间的相互信任日渐淡化。这是人世间最亲昵的亲情面临的巨大挑战。然而，从法律规定来看，父母作为成年人在离婚过程中可以自由地表达自己的意志，未成年子女却无法表达其内心真意。未成年子女的幼小心灵遭受的剧烈打击和情感伤害并不比父母所遭受的程度轻，甚至更令人担忧。有调查显示："在我国，缺陷家庭中成长的少年犯在整个青少年犯罪中占据了相当大的比例"②。由此可见，未成年子女在离婚家庭中是最需要保护的群体，也是最应当受法律保护的群体。当父母决定离婚时，未成年子女只能被动地无条件服从。在这场未成年子女没有话语权的离婚中，未成年子女的利益已经受到了侵害：原本温馨幸福的家庭和安定稳固的生活状态统统被打破，未成年子女本该拥有的完整家庭荡然无存，未成年子女本该享受的父母关爱不复存在。这种不公平的家庭境遇由未成年子女来承担显然有失公允。法律不应提倡或任由离婚给未成年子女带来的伤害延续。探望权制度只有尽心竭力地保护未成年子女，使其利益最大限度地免受父母婚姻破裂带来的负面

---

① 弗里德里希·冯·哈耶克. 法律、立法与自由：第 2，3 卷. 邓正来，等译. 北京：中国大百科全书出版社，2000：49-50.

② 王金利，朱强. 探望权执行中对未成年人的保护. http://www.dffy.com.

影响，才是真正的良法，才是社会现实追求的公正所在。这样，法律公平正义的天平才能够在离婚家庭中发挥应有的功效。

第三，我国探望权设立的最终目的是保护非常态婚姻家庭状态下的未成年子女的利益最大化。

我国探望权设立的初衷是保障在父母离婚后未成年子女的健康成长与幸福生活。如果离开了对未成年子女利益的保护或者始终站在父母的权利视角看待探望权，则探望权制度失去了设立的原本意义。探望权的设立基础是非常态的婚姻家庭状态，该种家庭状态下成长的未成年子女急需法律的帮助，以使不直接抚养未成年子女的父或母一方与未成年子女之间建立一种如同正常婚姻家庭状态下父母子女般的接触与沟通。父母与未成年子女原本应当共同生活和居住在"同一屋檐下"，父母见证和帮助子女成长的每一步都应当是顺其自然、理所应当的事情。然而，非常态婚姻家庭状态下的未成年子女与父母一方长期保持分离的生活状态，该种长年累月亲子分开生活的状态是对未成年子女的身心悄无声息的漫长摧残。未成年时期是人生成长的关键期，未成年人认知能力的培养、个性人格的塑造、为人处事的心态以及对未来生活的憧憬，都会在这个时期渐渐形成。父母作为未成年子女人生的第一位领路人，本应当对他们在各种能力的成长与提高方面履行更多的教导、督促、帮助、关怀以及批评与协助纠正的职责，但是离婚导致父母一方与自己的未成年子女在生活上相分离，这不仅会形成未成年子女对父或母的思念之苦，还会使亲子关系随着时日的推移逐渐生疏，甚至使未成年子女因对父或母的埋怨而产生仇恨心理；更会使缺乏"陪伴感"的未成年子女的内心或多或少地缺失安全感，有的未成年子女甚至会失去对人的信任和产生对世界的消极态度，以至于放弃自己各方面能力的提高。未成年子女的内心会悄然发生着改变。可见，离婚带给未成年子女的无形伤害和消极影响是持久且强烈的，离婚有时会扭转幼小心灵对父母、对他人、对世界的看法，未成年子女因此而变得孤僻、敏感、怯弱、自卑、消沉，这些不良情绪和个性将影响他们的一生，甚至会改变他们的人生。而探望权制度恰恰是挽救父母子女之间亲情的"及时雨"，更是弥补父母离婚对未成年子女造成的巨大伤害的"弥合剂"。探望权的行使要以有利于未成年子女的利益最大化为根本立法宗旨，这也决定了不直接抚养未成年子女的父或母一方继续履行父母职责和尽到父母义务的最佳行使方式。正是探望权制度的出现，才使未成年子女与不直接抚养未成年子女的父或母一方加强联络和增进情感变成了现实。这也正是婚姻家庭法领域探望权制度存在并不断完善的价值所在。

总之，家是情感交融的紧密结合的有机整体。家庭成员间的和睦相处塑造了未成年子女的美好心灵，父母的情感关怀催化了子女面对世界的信心与勇气。可以说，正常健康的家庭关系是未成年子女茁壮成长的土壤，他们可以在充满宽容与理解的环境下充分地吸收"营养"、自由地释放"能量"。相反，对未成年子女的伤害莫过于父母对他们的冷落与忽视。未成年子女内心深处需求的最大幸福是父母在自己身边长久地陪伴。正常婚姻家庭状态，父母双方与子女随时随地地沟通交流，看似平常自然与毫不起眼。而在非常态婚姻家庭状态下，父母双方对子女共同的陪伴变成了奢望。在家庭解体后，不直接抚养子女的一方与子女多数会产生距离感。当不直接抚养子女的父或母一方再婚又生育子女时，不直接抚养子女的一方对与前夫或前妻所生子女的关心、爱护、教导与抚育会渐渐变淡、漠视甚至被放弃。这是当前社会不得不承认的无奈现实。探望权立法给未成年子女带来了一线希望，也给社会创造出挽救人间亲情的宝贵机会。

身份权的发展经历了以权力为核心转向权利义务相结合并突显义务属性的过程。古代的身份权受到宗法制、家族主义的束缚，表现为纯粹的支配权，而现代意义上的身份权多为以义务为中心的权利义务综合体。未成年子女享有被父母关爱的权利，这种权利无法被剥夺。探望权属于身份权的一种，探望权制度是调整离婚家庭中亲子关系的必不可少的身份权制度。事实反复证实，若探望权不以未成年子女的利益为重，仍从父母权利的视角出发，它给未成年子女带来的伤害会更大，无异于在离婚伤害的基础上雪上加霜。法律应当竭力作出这样的努力：即使已离婚，友善无私的父母同样造就健康乐观的子女。因此，尽管探望权已在我国设立，但是探望权制度的立法理念一直有失偏颇。探望权制度要切实地转变立法理念，树立起子女利益最大化的立法理念，使探望权的主体、执行、中止、救济等各个方面的内容都有利于未成年子女的身心健康。这才是探望权立法的真正意义之所在，也是构建我国探望权立法体系的根本路径。与此同时，实现以子女利益最大化为探望权的立法理念的转变，也会促进父母自身素质和道德修养的提高，更会增强父母的幸福感和欣慰感。子女和父母的情感与生俱来，其发展顺乎自然，子女健康快乐带给父母内心的欣慰与强大的满足感无法比拟。诚然，我们应当承认：一对负责任、有爱心的父母，一个充满宽容与理解的家庭，一个更具亲和力与友善和谐的社会环境，比不断地修改完善立法更为关键。这也足见探望权制度立法理念的树立和改变并非仅为立法所需，它更是国家政策的引导推动和人心所向，是全社会前进发展的动力与方向。

二、我国探望权制度的困惑

理论若不能被运用于社会生活实践便是纸上谈兵。德国法学家耶林曾指出："法的生命就在于其自我实践，此乃生活与法的真理的实现"①。探望权在现实生活中的实践与运用，不仅宣示了探望权制度对人类社会生活的需求与贡献，也昭示着人们呼唤探望权立法的不断修正与完善。"实践理性的任务就在于引导其对象趋向于一个目的，在此，该对象达致一种完满的状态。这种状态是在其获得实现之前既已为心智所设想好了的"②。现实生活中民众纠纷和司法争端的出现触发了我们对法律的深思：以何种立法理念作为指引，才能制定人们需要且适时的法律？一项法律制度的设立实则是人们内心人性善的流露，是人类对人们行为达致理想境地的追求。"实践理性第一原则是一项命令（a command）——行善避恶（do good and avoid evil）。如果人的行为与人类本性相符，该行为即为善，反之则为恶"③。2001 年我国探望权制度正式建立。不可否认，它在设立之初的确为维护亲情伦理和促进家庭和谐发挥了功效，它使当事人双方在面对离婚问题时不仅仅思考财产分割的法律问题，同时也思考父母子女间情感维系的亲情关系问题。探望权的设立是立法者为保护家庭成员的合法权益，尤其是未成年子女的利益，消弭夫妻之间的矛盾与隔阂作出的积极努力。然而，自我国探望权立法以来至今，探望权的法律规定一直未曾得到大刀阔斧的修改，到目前为止翻遍我国所有的法律规定，探望权的法律条文屈指可数、"少得可怜"。这种法律规定不仅缺乏可操作性，而且逐渐与

---

① Jhering, Geist des römischen Rechts, 112, 2. Aufl., 1883, S. 306; Jhering, Kampf ums Recht, 16. Aufl., 1906, S. 47.

② 杰曼·格里塞茨. 实践理性的第一原则. 吴彦，译. 北京：商务印书馆，2015：30.

③ 杰曼·格里塞茨. 实践理性的第一原则. 吴彦，译. 北京：商务印书馆，2015：1-2.

现实社会生活不相适宜。"每个人都应当能够毫无恐惧地享受法律所赋予他们的权利"①，而我国的探望权制度无法使人们的探望权得到恰当的享有和行使，探望权制度已无法满足现实生活的需求，并无法适应愈加复杂的探望权纠纷。因此，探望权制度不仅受到了婚姻家庭法学理论界的批判和司法实务工作者的诟病，同时也引发了广大民众的不满，社会各界提出修改并完善探望权制度的呼声愈演愈烈。

在现代社会，男女离婚不再是罕见之事。一方面，随着人们权利意识的不断增强和心理上对离婚承受能力的提高，离婚不再让人们感到抵触与恐惧；另一方面，离婚自由受到了法律保护，任何人不得非法干涉婚姻自由，很多人认为离婚是各自获得自由与新生的一种抉择方式。然而，离婚的代价客观存在，不容忽视。"像我们看到的，一旦生活在一起的人们失去了彼此的忠诚和信任，他们之间的相互安全和一切法律关系就变成了不可能的"②。父母离婚随之带来的子女的抚养权、监护权、探望权纠纷已成为当前婚姻家庭领域最引人注目的社会热点。通常情形下，在法庭上，每一方为实现自己的意图仅仅提出合法性的要求，而没有提出道德性的要求，因为在其利益范围之外的问题并不是他所关心的。③ 因此，有学者认为，离婚纠纷是"个人主义价值在婚姻家庭法领域一路浸润渗透"④ 所致。单从司法实践来看，探望权纠纷呈逐渐上升趋势。近几年来，非常态婚姻家庭状态下父或母一方请求行使探望权的纠纷案件日益增多⑤，祖父

---

①   De Cive，ch. xiii，16 - 17；1905 *Elements of Law*，pt. Ⅱ，ch. ix，4 - 5.
②   费希特. 自然法权基础. 北京：商务印书馆，2006：143 - 144.
③   费希特. 自然法权基础. 北京：商务印书馆，2006：144.
④   易军. 私人自治与私法品性. 法学研究，2012（3）.
⑤   "在现今的离婚案件中，当父母双方都想要孩子抚养权时，往往会在分居期间对孩子现在由谁直接抚养发生激烈的冲突，一方藏匿孩子和禁止对方看孩子的现象较为普遍。家住上海的赖女士有两个孩子，一个5岁，一个只有3岁。在赖女士与丈夫六年的婚姻中，前四年孕育了两个孩子，赖女士全母乳喂养每个孩子各两年。最后两年，丈夫频繁失踪，二人（的）婚姻濒临破裂。今年4月的一天，赖女士下班回家后没有看到两个孩子。不久，孩子的父亲告诉赖女士，他已经带着两个孩子去北京过周末。此后，赖女士没有等到孩子归来，等来的是男方提起的离婚诉讼。"（离婚大战孩子遭恶意藏匿 儿童权益保护有灰色地带. http://www.legaldaily.com.cn/index/Content/2014 - 09/23/content_5774921.htm? node＝20908.）

母、外祖父母请求行使探望权的纠纷案件屡见不鲜[1]，未成年子女不愿探望父母的案件引发热议[2]，探望权执行难已成为法院审判的"痛点"[3]，等等。更有甚者，在某些离婚个案中，享有抚养权的一方和享有探望权的另一方出于泄愤、报复等目的，将家庭伦理观念和道德底线抛之脑后，在子女抚养权和探望权问题上展开了各种形式的"子女抢夺战""拉锯战"。从司法实践来看，离婚纠纷层出迭现，探望权纠纷案件中，起诉事由多样：有些案件中是不直接抚养方的探望损害了未成年子女的利益，有些案件中是离婚父母双方对财产分割仍有争议而阻碍探望权的行使，有些案件中是享有探望权的父或母一方怠于行使探望权导致不利于未成年子女的成长，等等。试举典型案件如下。

案件一　钱某与张某同居关系纠纷再审审查与审判监督案[4]

　　再审申请人钱某因与被申请人张某同居关系纠纷一案，不服北京市第一中级人民法院作出的（2021）京 01 民终 11743 号民事判决，向北京市高级人民法院申请再审。

　　钱某申请再审称：一、二审判决认定事实错误，适用法律错误，运用证据错误。（1）关于抚养权问题。钱某自身在学历、阅历、家庭

---

　　① "2015 年 7 月深受社会各界广泛关注的江苏首例失独老人'隔代探望权'纠纷案，经过无锡市北塘区人民法院依法审理，支持祖父母的探望权，判决祖父母在孙子 10 周岁之前可以每月探望一次，每次探望时间以 6 小时为限。法院判决后，原告表示接受。"（马超. 江苏首例"隔代探望权"纠纷案宣判：支持探望. 法制日报，2015 - 07 - 08.）

　　② "原告王某（英国国籍）与被告袁某于同居期间，在 2001 年 6 月生育儿子蒋某，原、被告分手并分居之后，原告数次向被告提出探望蒋某的要求，但被告屡次拒绝，原因是蒋某已满 10 周岁，他自己表示不愿意与原告见面。被告认为该诉讼已经使儿子的学习、生活和成长受到了负面影响，希望中止原告的探望，如果法院判决原告可以探望蒋某，亦希望 1—2 个月为宜。"（赵敏. 婚姻家庭继承法学案例教程. 南京：南京大学出版社，2014：155.）

　　③ "2015 年 9 月起，因赵某拒不协助探望，王某于 2015 年 9 月 26 日向法院申请强制执行，但直至 2016 年 1 月 6 日王某未实现探望，该案承办人李某某也未联系王某。2016 年 1 月 8 日，王某来到法院寻找承办人李某某询问该案执行情况，李某某不在，但诉讼服务部门工作人员告知该案已于 2015 年 12 月 31 日以'（其他）执行完毕'方式结案。"（季凤建. 统一结案方式避免探望权执行乱. http://www.sohu.com/a/70926729_116449.）

　　④ 北京市高级人民法院（2022）京民申 4849 号民事裁定书。

条件、社会地位、品德学识等方面均优于张某，且考虑钱某的年龄等
因素，本案子女抚养权归钱某更符合常人的一般认知，更有利于子女
的健康成长，更符合社会主义核心价值观。即使本案中子女抚养权归
张某所有，原审法院认定的抚养费也明显过高。关于钱某的工资证
据，一、二审法院均未进行质证并采纳，属于证据的遗漏，违反了民
事诉讼法定程序。关于探望权的行使，原审法院判决不明确。（2）关
于钱某转账给张某的钱款是否为赠与的问题。原审法院认定钱某向张
某的所有转账均系赠与，违背了社会公平正义，违反了社会主义核心
价值观的具体内涵。如果认定为赠与，需要张某举证证明，但截止到
目前，张某没有任何证明钱某有赠与其大额钱款的证据，钱某也从未
有过赠与张某大额钱款的其他任何口头承诺。（3）一审判决书中存在
多处错误，二审法院未予纠正。（4）双方最初相识的时候张某隐瞒自
己的婚姻状况，相处一年多（后）悔婚，悔婚后一个月又和别人结
婚，是主要过错方。综上，钱某依据《中华人民共和国民事诉讼法》
的相关规定申请再审。

张某提交意见称：钱某的再审申请缺乏事实和法律依据，请法院
依法予以驳回。

北京市高级人民法院经审查认为：当事人对自己提出的诉讼请求
所依据的事实或者反驳对方诉讼请求所依据的事实，应当提供证据加
以证明，但法律另有规定的除外。在作出判决前，当事人未能提供证
据或者证据不足以证明其事实主张的，由负有举证证明责任的当事人
承担不利的后果。二审法院根据查明的事实和在案证据，结合双方的
诉辩主张及举证情况，在对关于钱某支付给张某及家人的款项是否应
予返还，张甲的抚养等问题分析论述的基础上，认定在钱某与张某以
男女朋友关系交往并生育子女期间，钱某多次向张某及家人转账或购
买物品的行为系赠与行为，部分属于钱某对子女抚养应尽的法定义务
并无不当，同时，考虑张甲在出生后一直与张某生活，年纪尚幼，不
宜改变生活环境，张某具有稳定的经济收入等因素，结合本市实际消
费水平，认定张甲由张某抚养亦无不当，酌定的钱某每月支付的抚养
费数额并无不妥，对探望时间和探望方式的处理亦得当，据此所作判
决认定事实清楚，适用法律正确，程序合法。综上，钱某的再审申请
不符合《中华人民共和国民事诉讼法》第207条规定的情形。

北京市高级人民法院依照《中华人民共和国民事诉讼法》第 211 条第 1 款、《最高人民法院关于适用〈中华人民共和国民事诉讼法〉的解释》第 393 条第 2 款的规定，裁定如下：驳回钱某的再审申请。

案件二　张某与史某探望权纠纷再审审查与审判监督案[①]

再审申请人张某因与被申请人史某探望权纠纷一案，不服北京市第一中级人民法院作出的（2021）京 01 民终 11576 号民事判决，向北京市高级人民法院申请再审。

张某申请再审称：（1）请求人民法院撤销北京市第一中级人民法院于 2022 年 1 月 28 日作出的（2021）京 01 民终 11576 号民事判决书；（2）请求人民法院调取石景山法院（2021）京 0107 执 3441 号的探望权强制执行的录像证据；（3）请求人民法院查清事实并依法判决。事实和理由：（1）原审法院认定"自 2020 年 12 月起，原告史某探望婚生子史某喆受阻，无法行驶探望权""谈话中，史某喆表示不排斥父亲史某对其进行探视"与事实不符。（2）对张某提出的重要证据二审法院未受理。（3）判决书第一页张某的上诉请求与张某提交的民事上诉书请求内容不一致。上诉书中写的上诉请求共四项：1）驳回原判决；2）原判决认定"自 2020 年 12 月起，原告史某探望婚生子史某喆受阻，无法行驶探望权"与事实不符。3）尊重被探望人史某喆的想法，尊重孩子不希望被接走探视的意愿。由于孩子身体原因及学业原因，均不适合接走探望。4）案件受理费用由被上诉人承担。（4）史某的品行、诚信行为影响孩子。

北京市高级人民法院经审查认为：离婚后，不直接抚养子女的父或母，有探望子女的权利，另一方有协助的义务。本案中，史某虽不直接抚养婚生子史某喆，但其为史某喆的父亲，血缘亲情不能因此割裂，其有权依法行使探望权。未成年子女对父母的感情无可替代，史某行使探望权也有利于史某喆的身心健康。原一、二审法院以有利于子女身心健康、生活安定，方便其生活学习、保障其安全为前提，综合史某喆现在的具体学习、生活状况等基本情况，按照最有利于子女健康成长的原则判定探望方式并无不妥。虽然张某称史某存在暴力倾向，但未提交充分证据予以证明，故本院不予采纳。综上，张某的再

---

① 北京市高级人民法院（2022）京民申 1409 号民事裁定书。

审申请不符合《中华人民共和国民事诉讼法》第 207 条规定的情形。

北京市高级人民法院依照《中华人民共和国民事诉讼法》第 211 条第 1 款、《最高人民法院关于适用〈中华人民共和国民事诉讼法〉的解释》第 393 条第 2 款的规定，裁定如下：驳回张某的再审申请。

案件三　方某与徐某探望权纠纷再审审查与审判监督案①

再审申请人方某因与被申请人徐某探望权纠纷一案，不服北京市第一中级人民法院（2020）京 01 民终 8850 号民事判决，向北京市高级人民法院申请再审。

方某申请再审称：依据《中华人民共和国民事诉讼法》第 200 条第 1、2、6 项之规定，申请再审，请求撤销一、二审判决，依法改判方某按照离婚协议探望儿子徐泽某，每周五 18 时将徐泽某接走，周日 20 时前送回徐某处。（1）原审法院认定方某要求接走探望的方式暂不具备现实条件这一基本事实不清。社交障碍不存在于母子之间，母子关系不存在疏离，孩子幼小时尤其需要与母亲的亲密接触和母亲的贴心照顾与关爱，原审法院无视双方签订的离婚协议。（2）有新证据足以推翻原判，判决生效后方某在进行探望时与徐泽某互动得很好，有方某探望徐泽某时母子互动情况实况录像。（3）方某与徐泽某的现状足以使离婚协议约定的探望方式得到履行。请求对本案进行再审。

徐某提交意见称：方某提交的证据，不构成新证据，并不能证明和改变本案的基本事实。一、二审判决所依据的事实，是以保护自闭症孩子徐泽某为基本考量的，不存在对方某或徐某的偏袒和不公平。从近半年探视方方某对自闭症的认知、行为来看，方某主张的接走孩子的探视条件不但没有成熟，反而更不具备，且徐某不存在无故不协助方某、取消探视的情况。另，对于方某提起再审的时间，徐某无法核实确定。根据《中华人民共和国民事诉讼法》相关规定，方某申请再审，应当在判决发生效力之日起 6 个月内提起，还请法院依法审查。

北京市高级人民法院经审查认为：当事人对自己提出的主张，有责任提供证据。没有证据或证据不足以证明当事人的事实主张的，由负有举证责任的当事人承担不利后果。方某和徐某之子徐泽某被诊断

---

① 北京市高级人民法院（2021）京民申 6365 号民事裁定书。

为孤独症谱系障碍，鉴于此，因徐泽某存在一定程度的社会交往障碍，且长期未与方某共同生活，原审法院为确保方某与徐泽某稳定的母子感情交流并有利于徐泽某身心健康和正常稳定生活，结合徐泽某的特殊情况和实际生活情况，认为方某要求接走探望的方式暂不具备现实条件，判决方某每周可探望徐泽某一次，具体探望时间及方式为方某可于每周周六上午 9 时至 11 时至徐泽某处探望，徐某应予以必要协助，并可在场陪同。该判决结果确定的探望方式并无不妥。再审审查期间，方某提供其探望徐泽某时实况录像等作为新证据，欲证明母子互动状态良好，但该证据不足以推翻原判认定的事实。如未来出现新的情况，方某对探望方式有新的主张可以另行起诉。方某的再审申请不符合《中华人民共和国民事诉讼法》第 200 条规定的情形。

北京市高级人民法院依照《中华人民共和国民事诉讼法》第 204 条第 1 款、《最高人民法院关于适用〈中华人民共和国民事诉讼法〉的解释》第 395 条第 2 款的规定，裁定如下：驳回方某的再审申请。

案件四　李某、杨某探望权纠纷再审审查与审判监督案①

再审申请人李某因与被申请人杨某探望权纠纷一案，不服安徽省安庆市中级人民法院（2019）皖 08 民终 1602 号民事判决，向安徽省高级人民法院申请再审。

李某申请再审称：（1）探望权系基于亲子身份而产生的一种法定身份权利。根据《婚姻法》第 38 条第 2 款的规定，"行使探望权利的方式、时间由当事人协议；协议不成时，由人民法院判决"，因此探望权可以基于双方约定作出。本案中双方就李某铭探望权的约定并不违法，应予信守和履行。（2）原一、二审判决认定"现因被告反悔而在原、被告之间不具约束力"的认定错误，也没有法律依据。申请人与被申请人就李某铭的探望权，包括其户口登记落户，作出约定，不违反法律的禁止性规定和公序良俗之原则，亦不会导致李某铭生活受到影响、权益受到侵害，应当受到维护和尊重。（3）原一审、二审判决书作出的认定明显违反了申请人与被申请人之间的约定。本案对于李某铭户籍登记于申请人名下是双方合意的协商结果，未改变被申请人对李某铭的抚养权，亦未改变李某铭的生活、学习等环境，与我国

---

① 安徽省高级人民法院（2021）京民申 6365 号民事裁定书。

《婚姻法》、《未成年人保护法》的立法宗旨以及最高人民法院关于夫妻离婚时抚养权发生争议的情况下人民法院裁决抚养权归属的原则均是一致的。原一审、二审判决认定被申请人可以反悔直接违反了我国婚姻法设立探望权制度的立法宗旨和目的，违反了公序良俗之原则，不利于解决，反而可能导致加剧家事矛盾。依据《中华人民共和国民事诉讼法》第200条第6项的规定，请求再审本案。

安徽省高级人民法院经审查认为：（1）双方在"子女探视权利行使协议书"中对行使探望权的时间、地点、方式等进行过约定，不违反法律，已经一审法院确认，双方应共同遵守。但协议中对于子女户口登记的约定，应从实际出发，以方便幼儿抚养为前提。登记在哪一方名下均不构成对探望权的阻碍。（2）"子女探视权利行使协议书"中关于"将李某铭户口登记于李某名下"的约定并未明确户口转移时间，且杨某在一审中曾表示"等孩子大了可以把户口迁移到他那里"，双方可另行约定迁移户口时间。（3）现李某铭尚处幼儿阶段，户口放在抚养权人的一方名下，更方便办理孩子疫苗接种、就医就学等手续。因此从幼儿抚养的角度出发，原审法院处理并不违反法律法规规定和探望权制度的立法宗旨，也未违反公序良俗之原则，并无不妥。

安徽省高级人民法院依照《中华人民共和国民事诉讼法》第204条第1款、《最高人民法院关于适用〈中华人民共和国民事诉讼法〉的解释》第395条第2款的规定，裁定如下：驳回李某的再审申请。

由上述可知：一方面，法律制度的健全不仅对司法审判实践指导作用重大，更对社会生活实践的引导意义广泛。法律价值是内容，法律规范是形式，我们适用各项具体法律规范之时，正是实现法律规范所蕴含价值之时。[①] 然而，探望权制度规定得概括、粗略，使司法实践长期以来缺乏统一性和可操作性，探望权的享有、行使、限制、执行、救济等问题已成为现今探望权司法审判的疑难问题。制度设立的瑕疵与司法实践的漏洞，和当前现实生活中探望权的行使存在无法逾越的鸿沟。尤其现今无论是父母子女还是其他关系密切的近亲属，对探望权的需求愈来愈强烈，人们渴求用

---

① 魏琼. 民法的起源. 北京：商务印书馆，2008：4.

更加完备的法律制度来保障探望权的实现。另一方面，我们仍要意识到，在现代社会生活中家庭模式多元化是男女关系存续和发展的趋势，这必然导致在传统家庭模式存在的同时，新类型的家庭模式层出不穷，随之父母子女间的亲子关系也会受到影响，亲子相处模式会发生改变。法律规定探望权恰是为了适应当前人们生活模式多样化的现实状态。无论男女之间的生活模式如何改变，在非常态的婚姻家庭状态下父母与其子女之间亲子关系的维系与发展可通过探望得到实现。然而，我们不得不承认，我国的探望权制度在立法设计和具体内容的规定上都存在疏漏，法律条文为原则性、笼统性、抽象性的规定，还有许多空白内容等待立法者加以完善。顺应社会发展的时代潮流和人们生活的实际需要，对探望权制度应予以合理的修改和补充，使探望权制度与时俱进，朝着先进的方向发展。若不及时查找出探望权制度的具体缺陷，不仅会使当前的探望权纠纷无法得到有效的解决，更会为未来探望权的理论发展和司法实践埋下隐患，进而影响到探望权制度的价值和功能的发挥。"价值是内容，规范是形式，具体条文承载着具体价值"①。将探望权法律规范适用于社会生活实践中，探望权所蕴含的立法宗旨、具体价值便会"浮出水面"。通过总结，笔者认为，我国探望权制度的缺陷主要体现在探望权产生的前提过于片面、探望权的权利主体范围相对狭窄、探望权的权利义务内容不全面、探望权的行使方式尚不明确、探望权的中止及恢复事由模糊以及探望权的救济途径尚需完善这六个方面。以下逐一阐述各项内容存在的不足。

第一，探望权制度对探望权产生的前提规定得过于片面。

《民法典》第1086条规定了探望权的适用前提是父母离婚，其他情形下都不产生探望权。在我国探望权设立之初，关于探望权适用前提的规定暂未表现出与现实生活明显地不相适宜。但是随着婚姻家庭生活的日益改变以及男女关系复杂程度的不断提高，探望权仅适用于离婚家庭的前提界定已不能满足现实生活对探望权行使的需求。我们不得不对探望权产生的前提规定进行反思：虽然探望权的适用在绝大多数情况下是离婚父母所需，但这并非唯一的探望权产生的前提。现实生活中，男女之间生活状态的多样性和复杂性决定了子女出生后各自的亲子关系状况各不相同，这无

① 魏琼.民法的起源：对古代西亚地区民事规范的解读.北京：商务印书馆，2008：4.

疑大大增加了探望权的适用空间。当前，我国社会主义社会正处于转型时期，经济与科技快速发展，物质生活环境发生了极大改变。传统的婚姻家庭模式已受到冲击，新型的父母子女关系屡见不鲜：非婚同居会导致非婚生子女的诞生，无效婚姻、可撤销婚姻中父母子女关系依然存在，人工生育产生了生父母、养父母及子女之间的复杂关系等等。出现的这些新现象需要探望权的行使以维护亲子关系的延续。子女的出生并不以婚姻关系的合法有效为前提，父母子女间的亲子关系也不因男女夫妻关系的存续与否而发生变化。我国婚姻家庭法必须正视这些新型社会现象的存在，用法律合理地对待与解决。在"子女利益最大化"的探望权立法理念的指导下，探望权制度应尽可能地将存在亲子关系的现实状况包罗在其中，以尽最大努力为未成年子女创造健康和睦的成长环境，让每一个未成年子女都能够在父母的陪伴与呵护下无忧无虑地成长。因此，以保护未成年子女利益最大化为出发点，探望权的适用范围应当适当地扩大，以全面地保障现代社会生活中每一段父母子女间亲子关系的延续和发展。而若仅仅将探望权的适用限定在狭隘的离婚父母范围之内，不仅会造成其他父母子女间的亲子关系无法适用探望权，而且为不直接抚养子女的父或母一方不履行父母职责留下了隐患。因此，从"子女本位"的视角出发，我国婚姻家庭法中增加扩张探望权适用范围的法律规定势在必行。从当前的社会生活实际出发，除离婚家庭的亲子关系外，四种客观存在的主要的父母子女关系应当被纳入探望权立法的考虑范围之中：无效婚姻、可撤销婚姻中父母子女间的亲子关系；男女同居关系解除后父母子女间的亲子关系；婚姻关系存续期间分居状态下父母子女间的亲子关系；男女非因感情而结合状态下父母子女间的亲子关系。总之，父母关系的改变并不影响亲子关系的存续，亲子关系是生命延续的情感流露，是亲情发展的自然状态。父母对子女的义务与职责自子女出生时起便持续存在，正如康德所言，"这种行为（传宗接代）加给父母一项责任——尽他们力所能及——要满足他们的子女应有的需要"①。由此可得知，我国的探望权制度设立的前提不应囿于离婚家庭，而是要结合社会现实，突破离婚这个狭隘的前提条件。从子女利益最大化的视角出发，只要有未成年子女跟随父或母一方生活的情形，便可以有探

---

① 康德. 法的形而上学原理：权利的科学. 沈叔平，译. 北京：商务印书馆，1991：99.

望权的适用空间。因此，拓展探望权的适用范围已成为当前探望权制度迫不及待修改的内容之一。

　　第二，探望权制度对探望权的主体范围规定得相对狭窄。

　　一方面，我国《民法典》对探望权的权利主体规定单一，仅限定为离婚后的父母，其他人都无权行使探望权。此规定只考虑到父母权利而忽视了子女等其他主体的权利，未能够真正地从未成年子女利益最大化的视角出发。这不仅与社会生活实际相脱离，也已给司法审判造成了很大困惑，且有悖于我国的现实国情、人伦习俗及法律精神。当前，扩大我国探望权的权利主体范围的呼声越来越高，主要理由包括：首先，《民法典》第1086条所称的"父母"被限定为"离婚后的父母"，限缩了父母的范围。从当前现实生活中亲子关系的视角观察，对"父母"应当作广义理解。基于上述对探望权产生的前提条件的规定，父母的范围也应当同探望权产生的前提同步地相应扩大。其次，我国的探望权权利主体规定未将未成年子女考虑在内。探望权的设立是为了未成年子女的身心发展和健康成长，未成年子女作为探望权的主体有权利自由地表达自己是否愿意探望以及如何探望的真实意愿。"权利的分配强调平等，甚至不惜以公正和自由为代价"[①]。若不将未成年子女列为探望权的权利主体，无异于无形中使未成年子女的利益部分丧失。这不仅是对未成年子女的忽视，更是地位不平等的典型表现。未成年子女不应当仅被看作被探望的对象，而应当成为探望权的权利主体之一。未成年子女有权利通过探望寻求父爱或母爱，有权利通过探望主动地拉近与自己的父亲或母亲的情感距离，以感受和给予彼此的温暖与爱意。这也是"子女利益最大化"立法宗旨的内在要求。再次，特殊情形下，祖父母、外祖父母成为探望权的权利主体是现代社会的呼唤。现代社会飞速运转的生活节奏、竞争激烈的工作氛围以及充满挑战与压力的城市气息，使越来越多的年轻夫妇无法兼顾工作与家庭，他们无暇全身心地照顾自己的未成年子女成为无可奈何的现实。祖辈肩负起了照顾和养育孙辈的重任，祖父母、外祖父母为自己的孙子女、外孙子女倾注了大量的心血和精力，已形成了中国特有的"隔代亲"社会现象。孙辈也对祖辈产生了精神和物质上的依赖。并且儿孙满堂、共享天伦之乐是中国人对家庭和睦始终如一的向往。由此可见，赋予祖父母、外祖父母探望权是

---

① 阿瑟·奥肯. 平等与效率. 王奔洲，等译. 2版. 北京：华夏出版社，1999：8.

由我国的现实国情所决定的，也是中华民族的传统伦理文化在法律制度中的融合与体现。当前，对于祖父母、外祖父母成为探望权的权利主体，既要充分地考虑未成年子女的利益和现实生活的需要，又要兼顾不影响未成年子女和直接抚养方的正常生活。这样，不仅使未成年子女获得亲人的关心与爱护，而且也使祖父母、外祖父母感受到身心的愉悦和精神的慰藉。最后，未成年子女的兄弟姐妹和与未成年子女关系亲密的其他近亲属是否成为探望权的权利主体值得商榷。笔者认为，虽然我国探望权制度的权利主体范围过于狭小，但是也不能无限制地扩大（关于原因已在前一章阐述）。在对每一权利主体加以规定时应本着审慎的态度，从探望权的立法宗旨出发进行立法。

另一方面，我国探望权制度没有明确规定探望权的义务主体，也没有规定协助义务主体。① 显而易见，探望权制度仅规定探望权的权利主体而不规定义务主体不利于探望权的行使。没有明确的义务主体，探望权的实现必然会受到制约或阻碍。因此，完善探望权制度有必要增加对探望权的义务主体和协助义务主体的立法。对于探望权的义务主体为直接抚养未成年子女的父或母一方，无可争议。在探望权制度中明确义务主体能够督促直接抚养未成年子女的父或母一方积极地履行义务，配合探望权的权利主体顺利地行使探望权。同时增加规定未成年子女日常学习、生活的场所如幼儿园、学校，未成年子女住所地的居民委员会、村民委员会以及当地的妇联、青少年权益保障部门等为探望权的协助义务主体。这样不仅可以发挥法的引导作用，即动员一切有利于保护未成年子女利益的社会力量来帮助探望权主体实现探望权，而且能够充分地发挥社会组织保护未成年子女的功能，力求在我国形成保护未成年子女最大利益的公益平台，使探望权制度成为我国"家庭、社会、国家"共同关爱未成年人法律体系中的一部分。

第三，探望权制度对探望权的权利义务规定得不全面。

我国《民法典》对探望权的权利义务没有具体规定②，即缺乏行之有效的权利义务规范。对于探望权的权利界限在哪里，探望权的义务内容到底包括哪些，一直以来法律尚未明示。此笼统的探望权规定主要归因于探望权立法过于简单和粗陋，对探望权的立法发展立法者一直没有给予足够

---

① 《民法典》第 1086 条仅规定"另一方有协助的义务"。

② 《民法典》第 1086 条仅规定"有探望子女的权利"。

的重视。探望权制度缺乏权利义务的规定不仅给探望权的行使带来诸多困惑，也给司法审判增加了难题。现实生活中探望权的权利义务内容依赖探望权法律关系的当事人之间的协商，而很多情形下探望权法律关系的当事人因怀有抵触心理和怨恨情绪很难达成一致协议。这使探望权的权利义务处于更加模糊不清的状态。对探望权的权利义务的规定带来了显而易见的弊端：一方面，探望权的权利义务没有清晰的界限容易导致探望权法律关系的当事人对权利义务的范围缺乏正确的理解，进而出现滥用权利或不履行义务的情形，导致探望权的行使难以顺利进行；另一方面，探望权的权利义务规定不明确使法院审判探望权纠纷案件时无据可寻，法官运用自由裁量权进行审判难以准确地把握探望权的权利义务范围，极易造成同案不同判的混乱局面。因此，我国探望权制度应当在扩大探望权的适用前提、完善探望权的权利主体范围的基础上，对探望权的权利义务的内容也加以充实、完善。这样，不仅明示了探望权法律关系的当事人的权利义务范围，也为探望权的司法实践提供了明确有力的法律依据。首先，从目前我国探望权实践来看，探望权的权利内容应当予以细化，笔者认为应当包括探望权人的权利、被探望人的权利以及直接抚养未成年子女的父或母一方的权利。关于不同主体各自的权利内容也应当细致规定。其次，探望权的义务也是探望权的内容不可分割的一部分，明确探望权的义务范围是探望权制度的应有之义。笔者认为：关于探望权的义务应当从探望权人需要履行的义务和直接抚养未成年子女的父或母一方的义务两个层面予以考虑。事实上，探望权本身是权利义务的集合体，这也是探望权内容的核心。探望权的权利义务规定模糊直接影响到探望权的行使效果并使探望权的执行五花八门。对探望权的权利义务规定得越细致，探望权的行使就越少阻力。探望权制度只有对探望权的权利义务内容作清晰的界定，才能使探望权的行使更为规范、便捷，为最大限度地保护未成年子女利益筑起更牢固的保障墙。

第四，探望权制度对探望权的行使方式尚未明确规定。

《民法典》第 1086 条用概括主义模式规定了探望权的行使方式，即由当事人自行协议决定和协商不成时由人民法院最终判决。① 然而，立足于现实生活将探望权的行使方式全部寄希望于由当事人协商解决不切实际，

---

① 《民法典》第 1086 条第 2 款规定：行使探望权利的方式、时间由当事人协议；协议不成时，由人民法院判决。

因为探望权产生的前提是夫妻双方离婚、分居，婚姻被宣告无效或可撤销，或者男女双方同居关系解除等，此时当事人双方的情感已经破裂或已处于"岌岌可危"的境地，双方的矛盾积怨无法化解。在探望权的行使问题上，双方当事人往往会出于考虑自身利益和报复泄愤的目的彼此刁难、互不相让。此时法律期待由当事人协商解决探望权的行使方式希望十分渺茫。当当事人协商达不成一致时再由人民法院最后判决往往会加大探望权行使的难度，难以达到探望权的预期目的。因此，明确探望权的行使方式势在必行。随着我国经济和科学技术的飞速发展以及人民生活的丰富多彩，探望权的行使方式不再是单调刻板、一成不变的，只要是有利于未成年子女利益的最大化和有助于探望权的顺利行使的方式，都可以成为探望权的行使方式。结合目前人们的生活实际，探望权的行使方式可以多样化：既可以是短时间探望（看望式探望），也可以是长时间探望（逗留式探望）；既可以是直接探望，也可以是间接探望。至于究竟采用哪种探望方式，应当针对具体情形具体对待。每一个家庭的生活状态和亲子情况迥然不同，探望权的行使方式应各不相同。选择探望权的行使方式时应当从未成年子女利益最大化出发，综合考量未成年子女的诸如年龄、性格、健康状况、成长情况等个人情况，并顾及探望权人的生活状况、时间安排等因素，选择最有利于未成年子女的探望权行使方式。由此可见，探望权立法细化探望权的行使方式是必然趋势，这样，一方面为探望权人行使探望权提供了具体的可供选择的探望方式，另一方面为人民法院审理关于探望权行使的纠纷提供了明确的法律依据。总之，法律明确探望权的行使方式大大加大了探望权实现的可能性。

第五，探望权制度对探望权的中止条件规定得模糊。

权利的行使不是"肆无忌惮"的，这与"水满则溢"的道理近似。探望权也是如此。当探望权人滥用或不当行使探望权时，会危及未成年子女的身心健康并影响到他们的正常生活，因此，探望权的中止是必要且重要的。探望权是一种缘于血亲关系而自然生成的权利，非经法定事由和法定程序不得任意中止。目前，我国探望权制度对探望权的中止条件仅作笼统、抽象的规定①，并没有规定探望权中止适用的具体情形。而"不利于子女身

① 《民法典》第 1086 条第 3 款规定：父或母探望子女，不利于子女身心健康的，由人民法院依法中止探望的权利；中止的事由消失后，应当恢复探望的权利。

心健康"的法定中止事由缺乏实际可操作性；探望权中止没有统一的判断标准，适用情形也不明确。这不仅给现实生活中探望权中止的适用带来诸多矛盾与困扰，使探望权中止任意性很强，同时也无法为探望权中止的司法审判提供充足的法律依据以至于审判中的操作带有任意性，只能由法官运用自由裁量权自行作出裁判，然而，法官运用自由裁量权作出裁判时不可避免地夹杂着其个人的主观因素和心理因素，而且每一位法官对法律的理解和掌握的探望权中止的裁量标尺千差万别，最终导致探望权中止的适用情形参差不齐，以至于不利于探望权立法宗旨的实现。探望权的设立旨在弥补非常态婚姻状态下未成年子女缺失的父爱和母爱，保证他们同正常婚姻家庭状态下成长的孩子一样，能够得到家庭的温暖和亲情的关爱。当探望权的行使明显地不合理时，法律应当予以中止。而法律判断合理与否的标准是探望权的行使是否有利于保护未成年子女的利益，这仍是由探望权设立的终极目标所决定的。我国婚姻家庭法学界已意识到该问题的严重性，纷纷罗列出探望权中止的适用情形，但它们终究为理论学说，而不是具有约束力的探望权立法规定。《民法典》对于探望权中止的宽泛而简单的规定，给探望权的实际行使带来了诸多困难。因此，探望权立法急需对探望权中止的适用情形进行详细具体的规定，以明示探望权制度所规定的"不利于子女身心健康"的内容。探望权的中止对探望权人而言是一种限制，因此对中止情形立法应当慎重；对未成年子女而言却是一种保护，因此应当充分体现保护未成年子女利益的立法理念。笔者认为，我国探望权中止的法律规定应当具体明确并适当地增加"听取未成年子女的真实意愿"，法官在审理探望权纠纷案件时，综合考量个案的实际情况，进而作出正确的探望权中止裁决。特别需要强调的是，探望权中止不仅会损害探望权人的权利，也会危及亲子情感需求，故法律规定只能由人民法院作出中止裁定。

第六，探望权制度缺少对探望权的有效救济途径。

任何一项法律制度都离不开完备的救济措施，否则，该制度将会形同虚设。现实生活中，探望权执行难的情形五花八门[①]，而探望权制度对救

---

①　如胡某执意不让余某踏入家门，而只允许余某隔着防盗门进行探望。这样的案例在实践中并不少见。又如被执行人虽将孩子抱出了家门，但是并不让申请人接近，只让申请人远远望上一眼。可谓是"惊鸿一瞥"。李卫国，陈芳. 探望权强制执行难的表现及对策略论：以分析现实案例为中心. 新西部月刊，2008（1）.

济途径的规定寥寥无几。首先，探望权制度仅规定了强制执行，探望权强制执行的种类单一、粗略且规定得概括、笼统。由于探望权是基于身份而产生的，存在于亲子关系中，所以探望权执行标的具有特殊性，对探望权强制执行尺度的把握较其他强制执行制度难度更大。而探望权制度的救济规定不完善更会使探望权的强制执行难上加难。《民法典》婚姻家庭编司法解释第 68 条规定：对于拒不协助另一方行使探望权的有关个人或者组织，可以由人民法院采取拘留、罚款等强制措施，但是不能对子女的人身、探望行为进行强制执行。可见，目前探望权法律只明确规定有拘留、罚款等，对于如何采用拘留、罚款等强制措施规定不明，且对于采取该强制措施后仍拒不执行探望权的后续处理也无任何法律规定。这导致探望权的强制执行在司法实践中的适用次数寥若晨星。其次，探望权制度缺乏其他救济途径。单从探望权的救济途径来看，结合我国探望权行使的实际状况，引入精神损害赔偿制度是恰如其分的。精神损害赔偿是对侵害人身权适用的最普遍救济方式，因此探望权作为身份权的一种同样可以适用精神损害赔偿。它的引入不仅对拒不执行探望权的当事人有约束和惩罚功效，而且是弥补因探望权行使受阻而受到损害的一方当事人的有效方式。与此同时，通过第三方的力量助推探望权的实现是行之有效的法律救济。当出现探望权法律关系的当事人之间矛盾激化并将对彼此的仇恨投射到未成年子女身上而导致无法实现探望的情形时，妇联、居委会、村委会等机构参与到协调探望和监督探望的过程中，能够有效地起到保障探望权顺利实现并缓解探望权法律关系的当事人相互间敌对情绪的作用。

"拉德马赫案判决中写道：婚姻由双方当事人自由订立，一旦订立，双方就要受到法律规定的离婚后果的约束"[①]。这充分体现了婚姻缔结出于意思自治。然而，婚姻不同于一般合同关系，因为婚姻同时具有身份性，当事人所形成的亲密身份关系以及因男女结合、生育子女而产生的亲子关系使婚姻独具身份特性。所以，一旦婚姻关系破裂，男女双方必然要承担相应的后果。

随着现代生活的日新月异和家庭生活模式的多样化，探望权的行使也悄然发生着改变。从上述分析可知，我国的探望权制度还存在很多"不尽如人意"之处，"粗放式"的立法模式虽然在表面上看似给当事人留有充

---

① 石雷. 英国现代离婚制度研究. 北京：群众出版社，2015：222.

足的自由选择的空间，为法官运用自由裁量权进行裁判提供了法律依据，但是在社会生活实践中产生了事与愿违的法律效果：它不仅给当事人行使探望权带来了阻碍，也给法官审判探望权纠纷案件造成了困惑。探望权制度不可避免地造成了立法与司法相互脱节、制度与实践不相契合的社会局面。这种不尽如人意的探望权现象的出现不仅源于在制度设立之初立法理念上的偏差导致了制度内容的不当之处，也由于现代探望权司法实践的发展和人们对探望权需求的增多。奥利弗·温德尔·霍姆斯（Oliver Wendell Holmes）在《普通法》一书中曾开宗明义地指出："法律的生命不是逻辑，而是经验"①。司法实践反复验证，我国的探望权制度已无法满足当前探望权实践的需要，也无法从根本上解决探望权司法实践所面临的难题。可以说，正是我国探望权制度存在明显的缺陷与漏洞，导致了探望权司法实践屡陷困境。

家庭是未成年子女成长的基础环境，父母是未成年子女成长的首位导师。探望权制度联系着父母子女间的亲情，关系着家庭环境的塑造。因此，从探望权制度的立法理念到探望权的具体规范，都应当起到积极的引导作用。2019 年 3 月 12 日最高人民法院、最高人民检察院在工作报告中指出，2019 年法治建设的十四件大事之一是"未成年人权益将得到更好保护"②。反复的司法实践充分证明：未成年人的权益保护已成为我国社会主义法治建设的重心之一。2020 年我国《民法典》问世，探望权制度作为《民法典》婚姻家庭编中涉及未成年子女权益保护的缺一不可的制度，其立法的重要性不言而喻。任何事物都会经历成长的过程，探望权立法在我国还处于萌芽阶段，它必然会经历曲折的成长、漫长的发展，最终走向成熟。当前，我们应当正视探望权制度的不足，不断地修正和丰富探望权制度的内容，以使探望权制度既能契合理论基础的论证，又能接受司法实践的考验。从某个层面来讲，法治发展速度的快慢折射出社会的稳定状态、文明程度以及可持续发展水平。因此，任何一项制度的构建都非同小可，它们都是社会前进的坚固基石、上层建筑的重要担当、人民生活的

---

① 霍姆斯. 普通法. 冉昊，姚中秋，译. 北京：中国政法大学出版社，2006：1.
② 两高今年要干的这 14 件大事，与你有关!. [2019 - 03 - 12]. https://mbd. baidu. com/newspage/data/landingsuper? context ＝％ 7B％ 22nid％ 22％ 3A％ 22news _ 10302605796969528795％7D&_n_type＝1&_p_from＝4.

法律保障和国家昌盛的不竭动力。在当今中国，婚姻家庭法律制度是我国社会主义法治社会的重要组成部分，探望权制度在我国婚姻家庭法律制度尤其是亲子制度中的地位不可替代。人是社会的主体，也是推动社会向前发展的主导者。先进的法律制度是社会进步的标志之一。当前在我国《民法典》实施之初，对于探望权而言，在《民法典》框架下加快制定与探望权相关的司法解释，既是在追赶社会现实生活对探望权需求的步伐，又是与其他制度的立法齐头并进的法律召唤，共同为建设社会主义法治社会这一伟大工程贡献力量。当前只有切实地查找出探望权制度的不足，才能使我国的探望法律体系朝着科学性、前瞻性、先进性及时效性的方向发展，制定出寓情、理、法于一体的适合我国国情的探望权法律体系。

第六章 构建我国探望权法律制度的路径

第一节 破解探望权制度的瓶颈

父母对未成年子女的陪伴是任何人无法超越和替代的。某些家庭中探望是见证亲子陪伴的有力证据，是父母子女间交流的重要渠道。江平教授指出："人类的物质生活包含两个方面：一方面是生存所需的经济关系，另一方面是为繁衍后代的婚姻家庭关系。两者缺一不可，不可偏废"①。探望权制度作为婚姻家庭法领域中十分重要的一项法律制度，为人类的延续发展和亲情的持续推进起到了至关重要的作用。因此，在我国《民法典》实施之初，探望权法律体系的全面构建刻不容缓。然而，我国的探望权立法起步晚，条文简单抽象。经过了十多年的学术理论发

---

① 江平. 江平文集. 北京：中国法制出版社，2000：362.

展和反复的司法实践，我们清晰地意识到探望权制度的具体规定存在诸多问题，亟须立法者加以改进与完善。近几年来，探望权的立法重心已悄然发生了转移。一方面，这是源于我国的探望权立法理念已逐渐从"父母权利本位"转向"子女利益本位"。新时代立法把对未成年子女保护的立法理念深入各个部门法领域，在婚姻家庭法领域尤为突出。探望权制度正是涉及未成年子女利益的不可代替的一项法律制度，毋庸置疑，应当树立未成年子女利益最大化的立法宗旨。另一方面，这是由于受到对未成年子女利益的保护已成为世界各国探望权立法趋势的影响。在法条设计上世界各国的探望权法律规定已不再局限于对父母权利义务的规定，更多地体现为对未成年子女权利和利益的保护。而世界各国的联系越来越紧密，立法理念的融合及立法技术的趋同是现代社会一体化趋势的显著标志之一。因此，无论是顺应世界探望权立法的发展趋势还是加快我国自身探望权立法的发展，我们都应当在"子女利益最大化"的立法理念和基本原则的指导下，由"粗放式"的立法模式转为"精细化"的立法模式，使探望权行使的各个阶段都切实地实现从"父母本位"向"子女本位"的过渡，进而使探望权制度适应复杂的社会生活现实和接受探望权疑难纠纷的挑战。日新月异的时代必然改变人们的生活理念和对法律的需求，探望权同样需要与时俱进以适应现实婚姻家庭生活的需要和反映人们对亲子之情的内心渴望。当前，我国《民法典》由总则编、物权编、合同编、人格权编、婚姻家庭编、继承编和侵权责任编七编组成。各编中的各项法律制度受到了同等重视：详略得当、制定均衡、协调统一。在民商事立法领域尤其不只注重财产法律制度，同时重视身份法律制度。这是因为一旦立法出现偏颇，民法典就会显示弱点，制度体系的构建难以令人信服。习总书记曾鞭辟入里地指出："家庭和睦则社会和谐，家庭幸福则社会祥和，家庭文明则社会进步"①。这足以表明《民法典》之婚姻家庭编举足轻重。探望权制度作为《民法典》婚姻家庭编中关涉亲子关系的一项制度，应当受到足够重视和全面构建。毋庸置疑，探望权的完善对我国民事立法具有积极的推动作用。以下便对探望权制度中应予完善的内容逐一加以阐述。

---

①　二十大报告@家庭家教家风建设，人民法院这样做！. https://baijiahao. baidu. com/s?id=17471032332695624428&wfr=spider&for=pc.

一、增加探望权的适用前提

探望权制度规定探望权产生的前提条件仅为父母离婚，这已与时代对探望权的需求不相适宜。观察目前我国的现实生活，不婚、分居、婚姻效力存有瑕疵、人工生育等情形客观存在，但这些情形中男女生育子女所形成的亲子关系受法律关注和得到法律保护的程度甚低，因此，顺应时代发展和社会变化，探望权行使的范围应相应地予以扩大，在非常态婚姻家庭状态下的亲子关系中都应当引入探望权。具体来讲，对非常态婚姻家庭状态下的亲子关系也应当适用探望权：一是男女同居关系解除后父母子女间的探望权行使。我们必须正视当前现实生活中存在着大量的不婚主义者，即男女双方虽不办理结婚手续但客观上已共同居住和生活在一起。若在共同生活期间男女生育子女，则一旦同居关系破裂，子女归男方或女方生活，而另一方不再与子女共同生活，也造成了子女与父母之间亲子关系的维系问题。法律规定，非婚生子女与婚生子女的法律地位是平等的。① 在男女双方分手后，不与子女共同生活的父或母一方需要维系亲子关系并继续履行父母的义务，探望权是必不可少的途径。若不将此情形纳入探望权的适用范围当中，必然会导致非婚生子女无法享有父母双方的照顾与爱护，也无法享有法律对他们的与婚生子女同等的保护。这是法律漏洞造成不公平亲子现象的表现。为此，增加对非婚生子女的探望权是探望权立法的当务之急。二是无效婚姻、可撤销婚姻中父母子女间的探望权行使。尽人皆知，婚姻关系的有效与否和亲子关系的产生与存续没有必然联系，因而婚姻效力出现瑕疵并不能影响到父母子女间亲子关系的客观存在。在这两种婚姻关系中，虽然父母双方因婚姻无效或者可撤销而不再具有夫妻关系，但是子女和父母之间的关系并未因此终止。然而，一旦婚姻被认定为无效或者被撤销，子女会随父或母一方共同生活，而另一方与子女如何保持亲子关系俨然成为现实难题。探望权的行使是有效的法律解决途径：不直接抚养子女的父或母一方需要通过行使探望权继续与子女保持亲子关系并履行父母职责。三是在婚姻关系存续期间分居状态下父母子女间的探望

---

① 《民法典》第 1071 条规定，"非婚生子女享有与婚生子女同等的权利，任何组织或者个人不得加以危害和歧视"。

权行使。父母分居的生活状态是当前尤为引人注目的社会现象之一。父母分居的情形有很多，如父母正在离婚过程中而保持各自生活的分居状态；父母感情不和，虽未办理离婚手续但已长期分居生活；父母因工作不在同一城市而客观分居，等等。这些都会导致父或母一方与子女分居生活的现实。现实生活中，由于感情原因而正处于离婚诉讼期间或由于其他事由而长期处于分居状态的父母双方积怨会很深，与子女共同居住的父或母一方通常会阻止子女与另一方接触。探望权的行使明显有利于亲子关系的维系和履行父母对子女的职责，它是最佳的处理亲子关系的方式。四是男女非因感情而结合状态下父母子女间的探望权行使。父母生育子女并不以感情存在为基本前提条件。为满足不孕不育男女的需求，人工授精应运而生且已大量存在。女性因被强奸而生育子女也客观存在。这些子女同样为社会和法律所认可。但是出于不揭露子女的身世的目的或者由于男女双方有很深的积怨与仇恨或其他原因，抚养子女的一方不愿另一方接触子女。在子女利益最大化的前提下，为满足亲子情感的需要，另一方进行探望是十分必要的。对于存在收养关系的父母子女之间、有抚养关系的继父母子女之间是否可以行使探望权，现今仍有争论。笔者认为，探望权是基于自然血亲而产生的一种特殊身份权，它是亲权的延伸。探望权的适用范围不应过窄。在存在收养关系的父母子女之间及事实上有抚养关系的继父母子女之间应当适用探望权，因为法律上对于拟制血亲所形成的父母子女关系和自然血亲形成的父母子女关系态度是相同的。因此，从子女利益最大化的角度出发，根据子女的需求赋予相应的探望权是无可厚非的。总之，上述情形下的亲子关系与离婚家庭中的亲子关系在本质上是相同的，行使探望权有异曲同工的功效。法律将现实生活中迫切需要行使探望权的亲子关系都纳入探望权行使的前提范围，也是将不同情形下探望权的行使予以合法化、规范化和有序化。因此，我国探望权制度应当重新界定探望权的适用前提为非常态婚姻家庭状态下的亲子关系。扩大探望权的适用范围是法律同等地看待不同现实生活情形下的亲子关系的法律体现，也是竭力为未成年子女找寻缺失的父母关爱的法律努力。法律的触角延伸于千态万状的亲子关系中，它试图穷尽一切可以为探望权行使的空间，从而使每一个未成年子女都能够真切地感受到拥有亲情关爱的幸福感。这不仅是我国探望权立法宗旨使然，也是探望权法律制定之最优状态。

二、拓宽探望权的权利主体范围

我国探望权制度规定，探望权的权利主体仅为离婚家庭中不直接抚养子女的父或母一方。该规定过分限定了探望权的权利主体，不利于探望权的全面行使。关于探望权主体的立法应当随着探望权适用范围的拓展，分别对探望权的权利主体范围和义务主体范围进行清晰的界定。

首先，适应我国社会中婚姻家庭状态的现状，关于探望权的权利主体应当考虑如下：

一是将父母的范围扩大。"父母"包括：离婚父母；同居关系解除后的父母；无效婚姻、可撤销婚姻中的父母；婚姻关系存续期间分居状态下的父母；人工生育形成的父母；强奸关系形成的父母等。"世界上最用不上意志，同时在生活上又是影响最大的决定，就是谁是你的父母。谁当你的父母，在你说，完全是机会，且是你存在之前的既存事实"①。因此，父母生育子女后，就已经注定了父母对子女应尽的义务和应当享有的权利。无论是在正常婚姻家庭状态下还是在非常态婚姻家庭状态下，子女都有得到父母完整的爱的权利。探望权为非常态婚姻家庭状态下父母子女间的交往搭建起了情感交流的桥梁，这是其他任何一项法律制度都无法企及的。

二是未成年子女应当成为探望权的权利主体。将未成年子女作为探望权的权利主体是充分尊重未成年子女的真实意愿在探望权制度中的具体落实。探望不仅是父母的权利，也是未成年子女的权利。即使未成年子女的心智发育尚未健全和成熟，但他们也已经逐渐形成了自己独立的意识，判断事物的能力也逐渐提高。通常情形下，未成年子女能够清晰地表达自己是否愿意接受探望或行使探望权。但是我们不得不承认，现实生活中，未成年子女易被直接抚养并与其长期生活的父或母一方有意识地灌输不与另一方接触的想法。父母双方因感情不和而分离的，或多或少会对彼此有抱怨、不满甚至仇恨心理和情绪。当直接抚养未成年子女的父或母一方为报复另一方而将恶劣情绪和负面评价统统宣泄和灌输给未成年子女时，未成年子女必然会对不直接抚养自己的另一方产生偏见甚至厌恶。因此，探望权法律规定应当兼顾尊重未成年子女对探望的意愿和考虑到现实生活中未

---

① Bloomfield，*L. Language*，Allen & Unwin，1935.

成年子女受到的客观影响，在对未成年子女意愿的认定上，与我国《民法典》总则编的规定相契合，以八周岁为分界线：对八周岁以上的未成年子女表达的探望意愿应当听取；对不满八周岁的未成年子女表达的探望意愿可以听取，由法官根据个案的实际情况作出自由裁量。必须强调的是，法官即使不听取不满八周岁的未成年子女表达的探望意愿，也必须以保护未成年子女的最大利益为出发点。具体情形见图6-1。

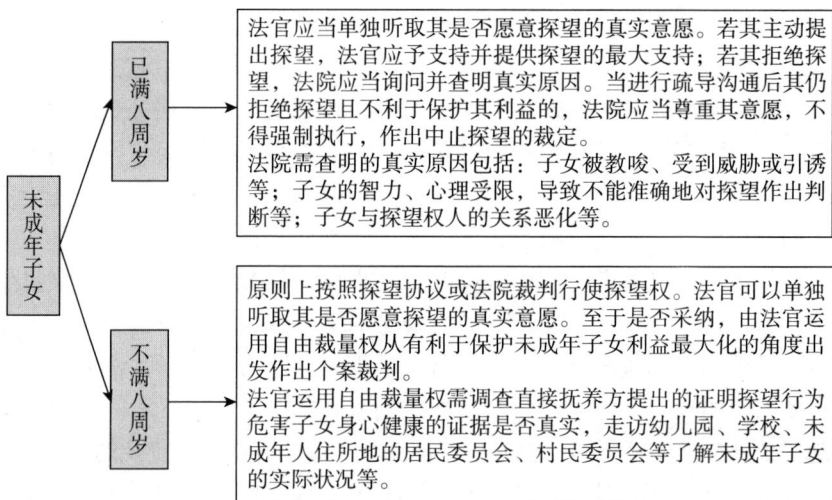

图6-1　未成年子女表达探望意愿及法官采纳的情形

　　将未成年子女作为独立表达探望意愿的个体是探望权的应有之义，也是探望权制度保护未成年子女利益最大化的重要内容体现。亲子交流是双向的，保持父母子女间良好的沟通不能仅靠父母的努力，也需要子女的主动。子女关于探望的真实意愿在很大程度上决定着探望权的行使能否顺利进行。

　　三是增加祖父母、外祖父母为探望权的权利主体。在特殊情形下，祖父母、外祖父母对未成年子女行使探望权（此即隔代探望）是现实的迫切需要。中国是一个重视亲情、家庭氛围浓厚的国家，按照中国的传统习俗，祖孙间的深厚情感和亲密关系不亚于父母子女间。尤其是着眼于我国当前的现实生活，由祖父母、外祖父母抚养和照顾未成年子女已成为婚姻家庭中的主流。在我国社会转型的大背景下，对留守儿童的看护几乎由祖辈肩负和担当，如果不赋予祖父母、外祖父母探望权，将与我国的公序良俗背道而驰，因此，在法律设定前提条件的情形下，祖父母、外祖父母成为探望权的权利主体无可非议。需要提及的是，祖父母、外祖父母在行使探望权时要注意以未成年子女利益最大化为宗旨，不能扰乱未成年子女与直接抚养未成年子女的父或母一方的正常生活，不能因隔代探望而使直接抚养方的义务过于繁重，否则赋予祖父母、外祖父母探望权便失去它本应有的意义。① 总之，探望权立法不应当将探望权的权利主体等同于不直接抚养方，扩大探望权权利主体范围是大势所趋。

其次，探望权的义务主体应被明确规定为直接抚养未成年子女的父或母一方。直接抚养方在探望过程中应当履行协助义务，即配合享有探望权的另一方行使探望权，不得作出阻止、侵扰、干预、制造障碍等一切有碍探望权行使的行为。与此同时，探望权立法规定在日常生活中与未成年子女有密切关系的幼儿园、学校、未成年子女住所地的居民委员会和村民委员会，以及当地的妇联、青少年权益保障部门等为探望权的协助义务主体，将助力于探望过程的顺利进行。这是因为探望权的行使不是一个家庭内部之事，而是整个社会齐聚力量以共同推动保护未成年人的重要事务。

三、细化探望权的权利义务内容

探望权制度对探望权的权利义务内容的规定是公认的缺憾。探望权是权利义务的综合体。"探望权就不应是'权利的最小化'，而必须是虽然作为权利却成为'权利之外的东西'"②。由此可知，探望权的权利义务内容丰富且重要。

从探望权的权利内容来看，探望权的权利内容因主体不同而各异，包括探望权人的权利、被探望人的权利以及直接抚养未成年子女的父或母一方的权利。

其一，对于探望权人的权利范围学术界众说纷纭，有的学者提倡将探

---

① 《民法典》婚姻家庭编草案（二次审议稿）第 864 条规定，"祖父母、外祖父母探望孙子女、外孙子女，如果其尽了抚养义务或者孙子女、外孙子女的父母一方死亡的，可以参照适用前条规定"。http://www.npc.gov.cn/npc/c8194/201907/48307957b4c1479f95014b33cba9b4ec.shtml.

② 棚濑孝雄. 现代日本的法和秩序. 易平，译. 北京：中国政法大学出版社，2002：75.

望权人的权利范围界定广泛以利于亲权的延续，有的学者不赞同探望权人的权利范围过大，怕影响未成年子女的正常生活和干涉直接抚养未成年子女的父或母一方行使亲权。笔者认为，探望权的权利范围界定应当符合我国当前的现实生活所需以及有利于未成年子女的成长发展，既应当包含情感交往、言语沟通和思想交流，也应当包括人身保护和必要的财产照顾，总体来讲应当采用列举加概括的立法模式，既明确探望权人的基本权利内容，又给探望权的权利范围预留了可能的空间。具体来讲主要有：对未成年子女成长状况的知情权，即知晓未成年子女的身心健康程度、学习情况、生活状态以及他们在成长过程中发生的重大状况的权利；与未成年子女的定期会面权，即与未成年子女在固定的时间内见面交流、相互沟通的权利；与未成年子女的短暂居住权，即将未成年子女带离直接抚养方的住所，与自己短暂地共同居住的权利；与未成年子女的情感交流权，即与未成年子女保持联系、日常交往、增进亲情的权利；对未成年子女的教育权，即对未成年子女的身心进行管教的权利；对不利于未成年子女成长的抚养权提出变更权，即当知晓直接抚养方有损害未成年子女利益的情形时，向人民法院提出变更抚养权的权利；对未成年子女财产的适度监督权，即出于保护未成年子女财产的目的，对未成年子女的财产进行合理监督的权利。这样规定才能保障探望权切实得到落实，也使探望真正地有利于未成年子女的利益。

其二，被探望人的权利主要是抗辩探望的权利。探望权制度的设立以未成年子女利益最大化为立法宗旨，通过探望增进非常态婚姻家庭状态下亲子之间的情感，使不直接抚养未成年子女的父或母继续履行对自己子女的义务。若未成年子女不愿意、不接受探望，就会使渴望探望变成排斥探望，探望权的行使无形中会成为未成年子女的负担，有悖于探望权设立的初衷。即使未成年子女心智还没有成熟，但是他们有自己独立的思想意识、一定的辨别是非的能力以及表达真实的内心情感的能力。因此，赋予被探望人以抗辩探望的权利实际上是使其自由地表达自己的真实意愿，基于自己的内心选择是否探望。

其三，直接抚养未成年子女的父或母一方具有探望监督权。关于此权利在理论上已基本达成共识。探望监督权的目的是保护未成年子女的利益，也是督促探望权的行使向健康、良好的方向发展。直接抚养未成年子女的父或母一方在监督过程中一旦发现不利于未成年子女的行为时，有权及时制止并建议改正，对于拒不改正的，可请求人民法院中止探望权。探望权立法针对不同权利主体分别规定权利内容，是探望权立法宗旨的必然结果，也是探望权行使的内在需求。

从探望权的义务内容来看，探望权人需要履行的义务主要有：适当履行探望义务，即根据协议约定或法院判决确定的时间、地点、方式等进行探望，不得过度频繁地探望、借探望隐匿或拒不交出未成年子女；对未成年子女抚养教育义务，即对未成年子女的身心进行管教、养育的义务；对未成年子女成长正确引导的义务，即给未成年子女的成长指明正确的方向，培养其积极向上的心态，正面引导其行为等义务；给予未成年子女父母关怀的义务，即给予未成年子女父母应尽的呵护与爱护的义务。探望权人的义务是探望权行使内容的一部分，它是探望权的权利义务相统一的重要体现。

直接抚养方的义务主要是协助探望权实现的义务，即直接抚养方要积极地配合探望权的行使，不得侵扰、阻碍、干涉，甚至制造障碍阻止未成年子女与探望权人实现探望。直接抚养方的义务还包括当未成年子女作出真实的意思表示拒绝探望时，协助未成年子女脱离探望权人的控制（如探望权人藏匿、阻止未成年子女回到直接抚养方家中等），以防止未成年子女的利益遭受损害。现实生活中典型的不履行协助义务的情形有：直接抚养未成年子女的父或母一方恶意阻止探望，携未成年子女搬迁至距不直接抚养方很远的地方，甚至跨国生活。此做法明显有违未成年子女利益最大化的原则，导致在有些家庭中探望权的行使成为"现实不能"。因此，有学者提倡积极的引导，如"在确定直接抚养权时约定直接抚养方非经不直接抚养方的同意不可搬出某特定地域，若日后对方违反约定，可据此得到法院支持"①。在探望权法律关系中，直接抚养方是探望权的义务主体，协助义务的履行是使探望权实现的内在要求，因而不可缺少，它理应成为探望权制度的一部分。

四、规范探望权的行使方式

探望权的行使方式是实现探望权立法宗旨的最终落脚点，因此，对探望权的行使方式作出规范意义非凡。探望权制度对探望权的行使秉持自由

---

① Droit de la Famille，7［1984］C. A. 350.

开放的立法态度，因而采取概括主义立法模式，由当事人协商决定。这种笼统、简略的法律规定虽然穷尽了多样化的探望权行使方式，但是对探望权人行使探望权缺乏明确且具体的指导规范，也使法官在判案时找不到合理的参照标准而只能运用自由裁量权裁判哪种探望方式更为合适，这种裁判结果必然掺杂了法官个人的主观因素。

关于探望权的行使方式，首先，就探望权的立法模式而言，每一个家庭的生活状况各不相同，探望权的行使方式自然也不会千篇一律，这就决定了关于探望权行使方式的立法不宜过"粗"也不宜过"细"。将探望权行使方式的立法模式由概括主义立法模式转变为列举加概括的立法模式能够充分体现法律的包容性与前瞻性，能够适应现实生活中探望权的行使。

其次，就探望权的行使方式而言，最为重要的是尊重未成年子女对探望方式的选择。每一种亲子关系中无论采用何种形式的探望方式，都要以未成年子女利益的最大化为首要目标。因此探望权制度规定可以根据未成年人的年龄状况选择探望权的行使方式。笔者认为，通常情况下，在零至三岁婴幼儿时期，未成年子女无生活自理能力，且在身体、心理、智力等各个方面容易受到客观条件的影响，故由不直接抚养未成年子女的父或母一方到未成年子女日常居住的住所进行探望最为适宜。在四至八周岁时期，未成年子女的心智尚未成熟，辨识能力、适应能力等尚在发育阶段，在对探望方式的选择上仍缺乏足够的判断力且易受到他人思想的控制，所以就探望权的行使方式可征求也可不征求他们的意见而作出选择。八周岁以上的未成年子女已经基本具备辨识能力和思考能力，故在对探望方式的选择上应当征求未成年子女的意愿，在征得他们的同意后由不直接抚养未成年子女的父或母一方行使探望权为宜。与此同时，探望权的行使要综合考量不直接抚养方的身体状况（如是否健康、有无传染病等传播性疾病等）、个人品德（有无吸毒、赌博、嫖娼、卖淫等恶劣行径等），以及父母双方的居住地点、工作性质等。这样，不仅不会因为探望而给未成年子女造成伤害，也尽量不因探望而给父母双方的生活、工作等带来不便与困难。

最后，就探望方式的内容而言，目前社会生活实践中普遍存在两种探望方式：见面式探望和非见面式探望。第一，见面式探望是指探望权人和未成年子女面对面地进行沟通交流的探望方式。它又分为短暂的看望式探望和长期的逗留式探望。前者是指探望权人与未成年子女进行短期碰面、交流的探望方式。探望权人通常会到直接抚养未成年子女的父或母家中，或在指定地点如幼儿园、学校、公园、饭店等地点与未成年子女会面，直接抚养未成年子女的父或母通常会在场。短暂的看望式探望的特点是时间短暂、操作简便、地点灵活、没有脱离直接抚养方的监护、可反复多次并能够实现父母与子女之间面对面的沟通。后者是指探望权人与未成年子女进行短时间的共同居住与一起生活，探望结束后将未成年子女送回给直接抚养方的探望方式。一般情况下，长时期的探望会选择在未成年子女的空闲时间，如寒暑假等长假进行，以不影响他们的正常生活、学习。同时探望权人需具有良好的人格品质和作风习惯。① 长期的逗留式探望的特点是时间充裕，可以将未成年子女带离直接抚养方，使不直接抚养方单独地与未成年子女进行深入的沟通交流并增进亲子感情。第二，非见面式探望是为克服探望权人与未成年子女之间居住距离遥远或者相互见面交流时间有限等客观障碍而产生的探望方式。非见面式探望又分为传统的书信探望和新型的虚拟探望。前者是指探望权人与未成年子女之间通过书信往来进行交流与沟通。后者是指探望权人与未成年子女通过网络、电话、手机等高科技通讯设备进行交流。虚拟探望是我国科技经济飞速发展的产物，它为远距离居住的父母子女间架起了一条高效便捷的交往通道。在现代社会，人们借助高科技力量实现探望，探望权人可与未成年子女进行电话交流、邮件往来、微信互聊、网络视频等等。探望权制度引入虚拟探望使探望方式有了创新和改变，也在一定程度上缓解了探望权强制执行难题。这些非见面式探望方式丰富多样、灵活而有弹性，可以使探望权人与未成年子女表达出当面见面无法表达的言语和情感，他们通过"背对背"的互通可以毫无保留地抒发各自的真实感情和内心情怀，拉近彼此的心灵距离。

由上可知，探望权立法应尽快充实探望权的行使方式。这不仅为探望权人提供了不拘一格的广阔的探望方式的选择空间，也使法官关于探望权行使方式的裁判不再是模糊不清的粗线条阐述，而是站在有利于未成年子女利益最大化的视角明确地对探望权的行使方式作出裁判。

五、明确探望权的中止及恢复

探望权制度有规定探望权的中止，但对探望权中止事由的规定仅是原

---

① 探望权人的性格、品格、能力、爱好、职业、社会关系、家庭关系（再婚）、与未成年子女的亲疏程度等都应当成为考量因素。

则性的规定。这使现实生活中人们对探望权的中止事由——"不利于子女身心健康"的理解见仁见智，司法实践中法官对探望权中止的判决参差不齐，最终造成了探望权的中止带有恣意性，这显然违背了探望权中止的立法本意。因此，当务之急应当为探望权的中止划定统一的法律标准。在立法模式上仍应采用列举加概括的立法模式，既列明常见的探望权中止的具体情形，又为将来出现的探望权中止的情形预留法律空间。这是当前有利于保护未成年子女利益的最佳立法模式。关于探望权的中止事由，应当考虑未成年子女的身体需求、心理需求、情感需求等各个方面，以及探望权人的探望行为对未成年子女的影响，进行综合考量，结合当前我国探望权的司法实践，细化不利于未成年子女健康成长的事由。笔者尝试列举探望权中止的具体情形（见图6-2）。

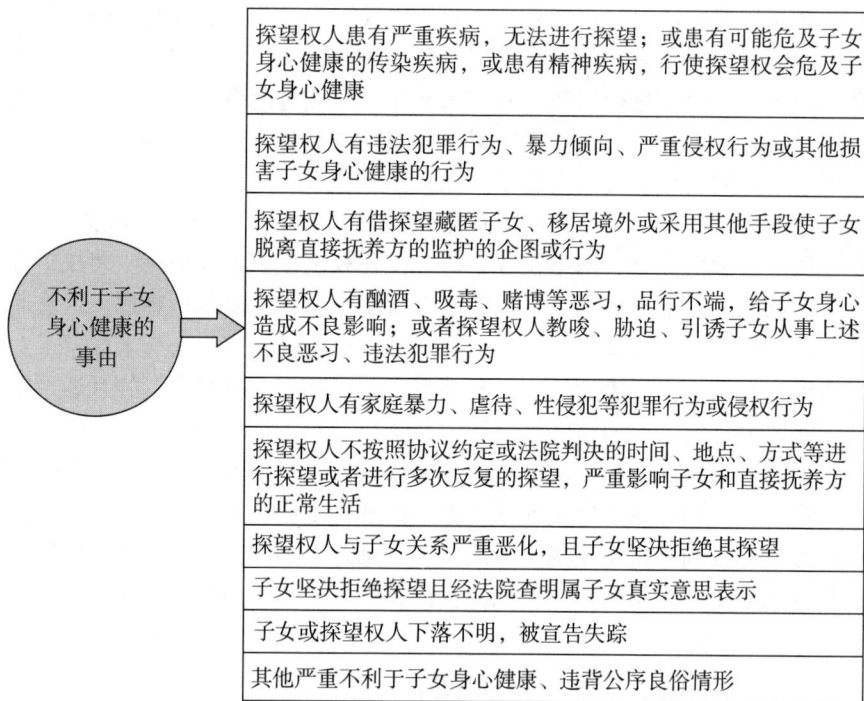

不利于子女身心健康的事由 →

- 探望权人患有严重疾病，无法进行探望；或患有可能危及子女身心健康的传染疾病，或患有精神病，行使探望权会危及子女身心健康
- 探望权人有违法犯罪行为、暴力倾向、严重侵权行为或其他损害子女身心健康的行为
- 探望权人有借探望藏匿子女、移居境外或采用其他手段使子女脱离直接抚养方的监护的企图或行为
- 探望权人有酗酒、吸毒、赌博等恶习，品行不端，给子女身心造成不良影响；或者探望权人教唆、胁迫、引诱子女从事上述不良恶习、违法犯罪行为
- 探望权人有家庭暴力、虐待、性侵犯等犯罪行为或侵权行为
- 探望权人不按照协议约定或法院判决的时间、地点、方式等进行探望或者进行多次反复的探望，严重影响子女和直接抚养方的正常生活
- 探望权人与子女关系严重恶化，且子女坚决拒绝其探望
- 子女坚决拒绝探望且经法院查明属子女真实意思表示
- 子女或探望权人下落不明，被宣告失踪
- 其他严重不利于子女身心健康、违背公序良俗情形

图6-2　探望权中止的具体情形

由上可知，不直接抚养未成年子女的父或母一方不支付抚养费，离婚后不直接抚养未成年子女的父或母一方再婚的情形，都不属于探望权中止

的法定事由，探望权不得任意被中止。梁慧星先生称："权利行使必有界限，超过正当界限而行使权利，即为权利之滥用"①。对探望权的中止从某个侧面讲也是对"权利滥用"的规制。如果出现上述侵害未成年子女利益的探望行为却仍然继续行使探望权，那么探望权行使的意义便荡然无存。

探望权的中止是暂停探望权的行使，当中止事由消失后应当恢复探望权的行使。探望权是不能被剥夺的，它是父母子女间血缘亲情的见证。探望权恢复制度给予探望权人重新行使探望权的机会，昭示着亲子感情的不可阻隔。探望权中止的裁定分为有明确期限的中止裁定和无明确期限的中止裁定两种，无论哪种中止裁定，恢复事由都是从最大限度地保护未成年子女利益出发，待损害未成年子女身心健康的事由消失后再恢复探望权的行使。我国司法解释应有相应的补充规定。可见，探望权的中止和恢复是构建探望权法律体系必不可少的制度之一，它为切实地最大限度地保护未成年子女利益起到了预防作用，同时也是对探望权人行使权利的必要限制。

"法典不可能没有缝隙"②。虽然立法者相信，制定一部体系完备、内容详尽的法典，并借助类推适用，就能够为民事纠纷的解决提供相应的法律规范，法典能成为调整市民生活和保障民事权利的系统性宪章③，但是法律存有漏洞和瑕疵是成文法国家和判例法国家都无法避免的法律难题。我国的婚姻家庭立法同样面临漏洞。只有正视婚姻家庭法的立法疏漏，才能使婚姻家庭法的立法理念朝着更加先进的方向发展，并使婚姻家庭法的立法精神和整体构建相协调。

需要关注的是，婚姻家庭领域不同于一般的民事领域，因为它兼具自然属性和社会属性双重属性。人类的自然繁衍和家庭生活的持续发展首先要遵循一定的自然规律，这是人类生理学在发挥作用。与此同时，婚姻家庭又是社会的必然产物，它建立在一定的经济基础之上，受到道德宗教、风俗习惯、传统文化、法律伦理等各方面的影响与制约。因此，婚姻家庭

---

① 梁慧星. 民法总论. 北京：法律出版社，1996：260-261.

② Hans Hattenhauer, Einführung, in Allgemeines Landrecht für die Preußischen Staaten von 1794, at 1, 21.

③ 张礼洪. 民法典的分解现象和中国民法典的制定. 法学，2006 (5).

法应当既反映婚姻家庭的客观自然规律，又突显婚姻家庭的社会生活规律。婚姻家庭法并不刻意地强调权利义务的对等性，它突显人间最温暖的亲情和无法抹杀的温情。这是人本主义精神的突出体现，也契合社会主义核心价值观。构建和谐的婚姻家庭生活是我国婚姻家庭法的终极宗旨。家庭和睦、家庭文明是一个国家在任何时候都不懈追求的基本愿景，探望权立法为实现这一终极宗旨发挥了不可估量的作用。探望权不是为了权利义务等量齐观而设立，而是为非常态婚姻家庭状态下矛盾的化解、父母子女间亲子关系的维系、未成年子女的健康成长起到法律保护作用。因此，对我国探望权制度漏洞之填补、内容之完善理应提到日程上来。需要提及的是，由于正视探望权立法的缺憾，婚姻家庭法学者纷纷对探望权制度的修改发表不同看法，这种百家争鸣的学术氛围正在无形中推动着我国探望权立法的进程。

此外，我国婚姻家庭法的特殊性之一是中华民族的伦理文化，法律与道德的内在联系内含于婚姻家庭法律制度之中。探望权制度是掺杂着伦理道德、传统文化、家庭责任以及社会义务的法律规范，它不仅涉及事实纠纷和法律争议，而且涉及探望权法律关系中当事人及其他家庭成员之间的情感纠葛与责任承担。但是，这些并不意味着探望权立法仅凭借探望权主体的自律和社会舆论的制约就能够得到正确的立法定位。全面构建我国的探望权法律体系除需要道德人伦和传统文化的导向与制约外，仍需要遵循科学合理的立法规律和对法律的坚定信仰。法律和伦理道德相得益彰，它们的平衡与和谐在婚姻家庭法中体现得"酣畅淋漓"。实现探望权制度的法律价值、伦理价值的共同追求与协调平衡是我们共同追求的最高目标。诚然，任何一项制度的发展都是在批判先前旧有制度的基础上不断地总结得失与经验，继承和发扬合理的制度内容，摒弃和修正不适当的制度内容，不断地完善、深化，直至使制度内容基本上接近"道德和法律相协调""制度与司法相契合"的境地。法律不是静止不变，立法过程也不是一蹴而就的，探望权法律体系的构建需要理论研究的深入和立法步伐的跟进。上述关于完善探望权制度的建议也是由婚姻家庭法的特殊性所决定的。婚姻家庭法是我国民法典不可或缺的一部分，探望权法律体系的构建必将为中国特色社会主义法治建设的顺利推进贡献一分力量。

第二节　发展探望权的救济体系

虽然现代婚姻已摒弃古板地遵从父母之命，更强调个人选择和意志自由，但是法律在给予婚姻自由以宽松态度的同时，更应当坚持对未成年子女利益的维护。婚姻关系有别于其他社会关系，它不但是男女共同生活的亲密空间，更是子女成长所必需的家庭环境。为子女成长营造安全、稳定、温暖、友爱的家庭氛围是所有父母的共同职责，也是全社会理应承担的社会责任。即使对于已经解体的家庭来讲，父母仍应保持健康的心态，付出积极的努力为幼小的心灵筑起健康快乐的成长空间，使非常态婚姻家庭状态下的子女和正常婚姻家庭状态下的子女一样感受到应有的亲情温暖与父母教导，成就心智健康的人生。这一宗旨的实现不仅有赖于父母自身素养和修养的提高，更得益于一部完备的亲子立法的实现。康德认为，国家是"众人依据法律而组织起来的联合体"①，因此，国家的职能之一便是制定和执行法律。② 法律执行与法律制定同等重要，缺一不可，否则法律难以实现。众人皆知，"徒法不足以自行"，国家强制力的保障是使法律所保护的权利真正得到落实的最坚实力量。一项法律制度在其产生、行使等环节设计得再精致，若缺少救济措施的存在，也不可被称为完美无缺的法律体系。同理，探望权制度是非常态婚姻家庭状态下父母探望未成年子女的一项重要制度，它虽然借助道德人伦在维护家庭伦理关系方面起到了约束作用，但伦理道德始终缺乏强制力。当探望权的行使受阻时，运用体现国家强制力的法律予以救济能够充分彰显法律的权威，强有力地维护探望权制度所保护的利益。探望权的救济制度是构建我国探望权制度体系不可或缺的组成部分，它既是保障探望权顺利实现的最后一道防线，也是推动探望权制度体系全面完善缺一不可的内容。自2001年我国探望权制度制定以来，在经济科技高速发展、社会进步的大背景下，我国的婚姻家庭生活模式呈现多样化特点。当男女分离引发关于

---

① Metaphysikder Sitten, in Immanuel Kant Werke Band Ⅳ, S. 508［Ⅻ］, p. 135.
② E. 博登海默. 法理学：法律哲学与法律方法. 邓正来，译. 北京：中国政法大学出版社，2017：86.

未成年子女的抚养与探望纠纷时，人们对探望权日益渴求，探望权的运用愈来愈频繁、越来越突出。尤其是近几年来，我国的探望权纠纷案件数量达到了历史新高，已成为全社会关注的焦点。历经反复的探望权司法实践，我国探望权制度逐渐地暴露出制度设计的弊端，探望权的救济体系缺乏已成为公认的探望权制度的缺陷。众所周知，一项法律制度的真正落实需要"仰仗"一套行之有效的救济体系，因此，全面构建我国的探望权制度，必须加快健全探望权的救济体系，填补探望权制度的不足。这不仅对于我国探望权的司法实践具有重要意义，而且对社会生活具有很高的引导价值。从当前我国探望权的现实来看，探望权的救济体系立法应当从最大限度地保护未成年子女利益和竭力修复亲子关系的视角出发进行，主要包含如下内容。

一、统一探望权的结案方式

从目前我国探望权司法实践来看，我国探望权纠纷案件的结案方式纷繁杂乱，导致探望权的司法审判长期处于混乱状态，无法实现探望权制度设立的初衷——最大限度地保护未成年子女的利益。探望权纠纷案件进入司法程序后，探望权当事人期盼通过法院的判决实现探望权的行使故探望权纠纷案件的判决对探望权的实现具有非同小可的意义。但是并非每一个探望权纠纷案件中的当事人都遵从最终的判决结果，因而当案件进入执行阶段后便会遇到各种疑难。特别是当前探望权制度缺乏执行结案的具体法律规定，案件呈现出不尽相同的执行结局。总体来看执行结局主要有：一是探望权纠纷案件通过和解执行完毕。当探望权纠纷案件的当事人不予执行判决时，法院采取的首要做法是劝说当事人自行和解，由双方当事人相互退让、妥协达成和解协议；或者由法院的执行人员居中进行调解，促成探望权纠纷的当事人共同就探望权行使达成协议。此种结案方式适用的主要情形是探望权的具体内容模糊，当事人双方无法行使探望权。二是探望权纠纷案件终结执行。此种结案方式主要针对被执行人隐匿子女或申请执行人撤销执行申请、执行依据已被撤销或改变等情况。① 三是探望权纠纷

---

① 适用《民事诉讼法》第 257 条的规定或者中止执行 2 年后，执行法院依法裁定"终结执行"。

案件持续执行。此种结案方式主要针对无法对被执行人采取强制执行措施以及法院往往将抚养费给付和探望权执行混为一谈，即以探望权的申请执行人迟延给付抚养费为借口拖延执行，导致探望权纠纷案件处于持续执行过程中。[①] 四是探望权纠纷案件以"其他方式"执行完结。司法实践中法院为完成案件执行量，用完成交付未成年子女或者虽未完成交付未成年子女但被执行人已赔偿或给付代履行。[②]

上述探望权纠纷案件的结案方式可谓五花八门，不但导致司法审判与执行的不相协调和不当衔接，而且给探望权法律关系的当事人带来了"执行包袱"，无法通过公正的司法审判实现探望的目的。不可否认，由于探望权纠纷案件自身的特殊性，探望权本身的执行就困难重重，而探望权执行制度的空缺，使探望权执行更是举步维艰。统一探望权纠纷案件的结案方式是最终使探望权判决得到真正落实的关键所在。从探望权司法实践观察，探望权制度应当从如下角度规范探望权纠纷案件的统一结案方式：第一，应当增加规定探望权纠纷案件执行结案的标准。探望权纠纷案件执行结案可分为自动执行和强制执行两种。自动执行是指被执行人自愿协助申请执行人完成探望权的行使或者在法院的监督下协助完成探望权的行使。强制执行是指在被执行人非自愿协助申请执行人完成探望权的行使的情况下，由法院派执行人员监督以最终实现探望权的行使。第二，禁止探望权纠纷案件以"其他方式"执行完结。[③] 以"其他方式"执行完结并非真正意义上的探望权实现，仅是法院自身为达到终结探望权纠纷案件的目的和躲避现实生活中探望权纠纷案件执行的困难所采取的"稳妥"做法。但长期采取此种做法必将导致司法权威的丧失，不能使法律应当保护的利益得到切实的维护。第三，严格区分"终结执行"和"终结本次执行"。两者适用的情形不同，不可相互混同。前者针对的是探望权不再适用的情形如子

---

① 季凤建. 统一结案方式避免探望权执行乱. 中国妇女报，2016 - 04 - 22.

② "此种执行完结并非由被执行人自动执行，也非由执行法院强制执行，它被作为探望权案件执行结案的兜底方式。"［季凤建. 统一结案方式避免探望权执行乱. 中国妇女报，2016 - 04 - 22.］

③ "根据2015年1月1日起施行的《最高人民法院〈关于执行案件立案、结案若干问题的意见〉》等司法解释的规定，并结合一般法理，'其他执行完毕'方式显然不能适用于探望权执行案件结案。"［季凤建. 统一结案方式避免探望权执行乱. 中国妇女报，2016 - 04 - 22.］

女已成年或死亡、被执行人死亡或被宣告死亡，申请执行人撤销执行申请，探望权判决被撤销；后者仅在被执行人下落不明、申请执行人撤回本次执行申请时才适用。由此可见，探望权纠纷案件的结案是探望权实现的必经途径，规范结案方式是探望权纠纷案件得到执行的重要保障。统一探望权纠纷案件的结案方式应当成为探望权救济体系的一部分。

二、完善探望权的救济途径

古罗马有法谚："有法律救济之时，才有权利可言"。当一项权利没有强有力的救济途径与之相伴随时，该项权利的存在毫无实际意义。长期以来，探望权的行使并非易事，充实和完善探望权的救济体系是当前保障探望权实现最直接、最紧要的探望权立法需求。只有建立起一套完备的具有强制力的探望权救济体系，探望权才能得到切实的保障和落实。健全的探望权救济体系有助于减少探望权行使的现实羁绊，化解探望权的执行困惑。丰富探望权的救济途径将使每一件探望权纠纷具体个案都能找到相适宜的救济方法，从而清除探望阻力以实现探望权。

从我国的现实国情出发，对探望权的救济体系急需从如下方面加以完善。

第一，具体规定探望权的强制执行措施。赋予探望权强制执行的效力是探望权的救济途径之一，它是以国家强制力为保障的重要救济措施。然而，探望权本身具有人身属性并关涉未成年子女的利益，而且探望权的行使具有长期性、反复性、不固定性以及执行结果事后性的特点，故而探望权的强制执行具有独特性：一是它只能作为最后的救济手段，不能被随意滥用。二是它不能针对未成年子女，仅针对被执行人。三是强制执行措施一定要与拒不执行的行为相适应，即应当适度、谨慎地适用。四是在强制执行过程中仍应当辅以说服教育，疏导思想，化解当事人之间的矛盾。法院应当明确强制执行措施仅是手段，实现探望权才是最终目标。当前，我国探望权强制执行措施的对象包括拒不履行探望权裁判的被执行人和暴力干涉探望权执行工作正常进行的案外人两种；应予采取的强制执行措施包括训诫、责令具结悔过、罚款、拘留、追究刑事责任，由法院根据探望权个案的具体情况决定采用与之相适宜的强制措施。特别需要强调的是，采取强制执行措施以不损害未成年子女的利益为前提，如当对被执行人采取拘留导致未成年子女处于无人抚养状态或交由申请执行人抚养严重不利于未成年子女的身心健康时，法院应当采用其他强制执行措施来惩戒被执行人。法律具体规定探望权的强制执行措施维护了法律的权威与严肃，由于探望权强制执行措施的特殊性，运用法律手段教育并制裁拒不执行探望权裁判的当事人，不仅确保了探望权的顺利实现，而且体现了法律的人文关怀。

第二，增设探望权的精神损害赔偿制度。探望权为一种特殊的人身权，特定的人格和精神利益蕴含在其中。探望权是维护人类最亲昵的情感、满足亲子间的心灵慰藉并给予双方情感释放的最佳交流方式。但是，当直接抚养未成年子女的父或母一方或第三人恶意阻挠探望权人探望未成年子女时，不但会使探望权无法实现，而且会使探望权人和未成年子女均遭受极大的精神打击与感情创伤。为此，探望权制度应当引入精神损害赔偿制度，明确规定对未实现探望的权利人和未成年子女均给予精神损害赔偿。于 2001 年公布、2020 年修正的精神损害赔偿司法解释[①]和《民法典》侵权责任编早已将精神损害赔偿的范围从人格权利益受侵害延伸到婚姻家庭领域的其他人格和人身利益受侵害。引入精神损害赔偿制度可以给予遭受精神伤害的当事人一定的弥补与宽慰，也督促拒绝协助探望权行使的当事人积极地履行协助义务。至于精神损害赔偿的数额，应当由法院根据探望权纠纷案件的具体情形酌情作出裁判。

第三，增加变更子女抚养权的法定事由。探望权立法应当将恶意阻挠探望权实现且拒不悔改的情形作为变更抚养权的法定事由，即若采取两次以上强制执行措施后被执行人仍严重阻碍探望权行使的，申请执行人可向人民法院提起变更抚养权的诉讼，最终由人民法院作出变更抚养权的判决。在现实生活中被执行人利用各种方法阻碍探望权人探望未成年子女，虽已被采取拘留、罚款等强制执行措施，但仍然顽固抵抗探望权人与未成年子女见面的情形屡见不鲜。这种情形致使未成年子女长期无法获得父母双方的关爱与完整家庭的温暖，严重不利于子女的健康成长。从目前探望权的司法实践来看，变更抚养权是最有效的制裁措施。变更抚养权的，应

---

① 《最高人民法院关于确定民事侵权精神损害赔偿责任若干问题的解释》（2020年修正）第 2 条规定，非法使被监护人脱离监护，导致亲子关系或者近亲属间的亲属关系遭受严重损害，监护人向人民法院起诉请求赔偿精神损害的，人民法院应当依法予以受理。《民法典》第 1183 条规定，"侵害自然人人身权益造成严重精神损害的，被侵权人有权请求精神损害赔偿"。

当由人民法院根据具体案件情况作出裁判。这是法律积极地引导非常态婚姻家庭状态下的父母双方不能将对彼此的怨恨释放在阻挠探望未成年子女。法律增加变更抚养权的措施既可以改变父母双方对探望的态度，保障探望权的实现和父母子女间的沟通，也维护了法律的权威，保证了抚养权判决的严肃性并营造良好的社会风气。

第四，将阻碍探望权行使的严重行为纳入"家庭暴力"范围。2015年我国出台了《反家庭暴力法》，这是专门就家庭成员之间的关系进行调整与规范的法律。① 探望权也是规范非常态婚姻家庭状态下亲子关系的具体法律制度。鉴于探望权制度的救济措施缺乏，对《反家庭暴力法》中的申请人身安全保护令的范围②作扩大解释，有利于探望权救济体系的完善。③ 人身安全保护令主要针对直接抚养未成年子女的父或母一方将未成年子女藏匿，或采取恶劣手段如殴打等致使未成年子女不敢与探望权人进行探望的情形。人身安全保护令是一种临时性的保护措施，当出现上述情形时，探望权人和未成年子女可以向人民法院申请人身安全保护令，由人民法院签发人身安全保护令以应对突发紧急情形。这样不但填补了婚姻家庭法领域的行为保全制度，而且在现实生活中会大大降低探望权的执行难度。

第五，尽快加入国际公约，与国际立法相接轨。从我国的法律制度来看，探望权制度、《反家庭暴力法》中的人身安全保护令制度等等都已表明，我国在保护未成年子女的立法道路上已不断地向前迈进。但至目前为止，我国尚未加入1980年海牙《国际性诱拐儿童民事方面公约》。这不失为保护未成年子女利益方面的一大遗憾。儿童诱拐，是指未经直接抚养儿童的权利人同意或合法授权，使儿童脱离其照顾范围的情形。当儿童被带

---

① 《反家庭暴力法》第2条规定：本法所称家庭暴力，是指家庭成员之间以殴打、捆绑、残害、限制人身自由以及经常性谩骂、恐吓等方式实施的身体、精神等侵害行为。

② 《反家庭暴力法》第23条规定：当事人因遭受家庭暴力或者面临家庭暴力的现实危险，向人民法院申请人身安全保护令的，人民法院应当受理。当事人是无民事行为能力人、限制民事行为能力人，或者因受到强制、威吓等原因无法申请人身安全保护令的，其近亲属、公安机关、妇女联合会、居民委员会、村民委员会、救助管理机构可以代为申请。

③ 对探望权的救济可适用《反家庭暴力法》第29条第4项的规定"保护申请人人身安全的其他措施"。

离到境外时构成国际儿童诱拐。显而易见，探望权的法律规定和海牙《国际性诱拐儿童民事方面公约》在立法宗旨上是一致的，即最大限度地保护未成年子女利益。若我国加入海牙《国际性诱拐儿童民事方面公约》，则一旦出现探望权人将未成年子女带离到境外或迁移出国的情形，我国的司法机关不再会束手无策，人民法院可以据此对该探望权人作出法律制裁。这样，探望权制度对于规范和约束探望权人的探望行为起到了必不可少的法律规范作用。

三、建立探望权的监督制度

探望权的实现不能单纯依靠人民法院的力量，强大的社会力量的加入具有意料不到的功效。我国应当借鉴域外其他国家（地区）先进的探望权监督机制，充分发挥社会各界的力量对未成年子女进行保护，建立多元化的探望权监督制度。这是人权观念的展现，也是时代发展的需求，更是社会进步的召唤。

第一，增设监督探望制度。监督探望是保障探望权实现的一种事中防范法律措施，它通常适用于虽尚不构成探望权的中止，但在探望过程中有可能出现有损未成年子女身心发展和健康成长的行为的情形。监督探望的具体情形包括：一是探望权人为限制民事行为能力人或无民事行为能力人的，如患有间歇性精神病的探望权人在其精神正常状态下对未成年子女的监督探望；二是探望权人具有如滥用药物、赌博、喜好色情等不良嗜好，在尚未对未成年子女造成侵害情形下的监督探望；三是探望权人不按照探望协议的约定或法院判决行使探望权给未成年子女和直接抚养方的生活带来不便，但尚未对未成年子女的利益造成损害的监督探望。监督探望的设立，一方面是为防止因探望而侵害未成年子女的利益，另一方面是为竭力保障亲子间继续维系日常交往、相互沟通和情感交流。为实现监督探望，探望权制度应当明确规定监督探望的机构。人民法院的执行机构为探望权的监督机构较为适宜，必要时经人民法院授权，当地妇联部门也可行使监督权。

第二，增设专门的探望权执行机构。在我国设立解决探望权执行的专门机构是十分必要的，因探望权执行难始终是难以克服的司法难题。完善执行制度的同时可增设相应的专门机构，两者相辅相成。我国可在人民法院内部设立专门的探望权执行机构如探望权执行室，这样更便于探望权纠纷案件的执行。为了最大限度地保护未成年子女利益，该探望权执行机构的组成人员应当多元化，除人民法院的执行人员外，心理专家、妇联工作人员、儿童专家、调解专员等应当加入其中。将这些专业人士纳入探望权执行机构的组成人员后，他们能够深刻地洞察未成年子女的内心，了解他们的真实意愿，及时地对探望权执行作出正确的判断。此外，在人民法院内部设立专门的探望权执行机构，也突显出我国司法机关对探望权执行的重视。总之，这样，不仅探望权法律关系的当事人不会因探望地点不明而产生纠纷，而且能最大限度地融合社会各界力量助力探望权的实现。

第三，增加探望权诉讼保障制度。探望权纠纷案件有别于一般的普通民事纠纷案件，它在诉讼程序中也应当突显独特性。探望权诉讼程序的公正有助于探望权实体权利的实现。对于探望权纠纷案件，一是明确规定法官依职权主动调查取证。这样有利于充分地发挥司法机关的能动性，竭力在探望未成年子女的问题上进行综合、全面的考察，正确裁判。二是增加规定法官在探望权诉讼程序中询问未成年子女意见的环节。法律应当明确将询问未成年子女的意见作为探望权诉讼程序的环节之一，即法律应当规定除对不满八周岁的未成年子女法官可以根据案件情况选择询问其内心真意外，对八周岁以上的未成年子女法官应当主动询问他们的真实意愿，必要时在法院内部设立未成年人观察室，认真细致地调查未成年人的内心感受，如是否愿意探望以及接受何种方式的探望等。三是引入未成年人诉讼代理机制。未成年人指定诉讼代理人制度在域外已有先进经验可供借鉴，如英美法系国家中，英国采用指定诉讼辅佐人制度，美国采用指定诉讼监护人制度；大陆法系国家中，法国采用专门管理人制度，德国采用特别代理人制度，日本采用对未成年人指定诉讼代理人制度等。笔者认为，在我国的探望权诉讼进程中，当未成年子女与其法定代理人意见不一致时，为维护未成年子女的利益，经未成年子女本人提出，由人民法院指定法定代理人之外的人作为未成年子女的诉讼代理人参加诉讼。这样，既可以有效地弥补未成年子女在诉讼中处于弱势地位的缺陷，使未成年子女敢于提出出于内心真意的法律主张以捍卫自己的实体权利，又可以在诉讼进程中体现国家监护的价值，将诉讼效益与实体公正相结合。

总体观之，探望权制度是融法律价值、伦理精神和道德文化于一体的法律制度。探望权制度唤醒了人类最美好的品德诸如仁爱、同情、利他等善良美德，它告诉人们要像理解自己一样去宽容对方，像爱护自己一样去保护自己的子女。翻开人类历史的长卷，人类的发展进步无不是集体主义战胜个人主义的写实篇章，家庭的和睦稳定也离不开牺牲个人利益以保全家庭整体利益。探望权制度中突出了对未成年子女利益最大限度的保护，强调父母应当爱护未成年子女，弥补因父母分离而给未成年子女造成的伤害。"只要人类怀抱狭隘的利己主义思想，人类就不会给予他们的未来——未成年子女真正的爱"①。家庭应当是充满着人类关怀与爱意的幸福、安逸的港湾，在子女未成年的成长关键期，父母任何一方的教育、抚养、爱护不可缺少。即使父母双方分离也不应当影响和伤害到未成年子女的发育和成长。现实生活中离婚率的持续上升、男女感情破裂戏码的频频上演，使非常态婚姻家庭状态下父母抚养、教育子女的方式不可避免地发生着改变，未成年子女的利益会因此或多或少受到损害。探望权恰恰对非常态婚姻家庭状态下的未成年子女的健康成长具有意义非凡的保护作用。探望权纠纷不是简单的是与非、单纯的对与错，它是个人情感的释放、亲情关系的维系以及亲子之情的流露，它关系着儿童权益的保护、未来家庭的发展。因此，探望权纠纷更需要得到妥善的解决。我国的探望权救济体系缺失已成为探望权执行的最大瓶颈。我国是成文法国家，当法律制度的空白导致探望权审判无法进行时，"法官造法"仍是被禁止的。所以，为彻底地扭转探望权司法审判的困境，形成完备的探望权救济体系是法治发展的必然趋势。发展探望权的救济体系是使探望权顺利行使的重要法律保障，是使非常态婚姻家庭状态下的亲子关系尽最大可能地恢复到正常婚姻家庭状态下的亲子关系，竭力让每一个未成年子女都拥有完整的来自父母双方的爱和经历幸福生活的成长过程；还是使法官审判探望权纠纷案件并保障裁判顺利执行的重要法律后盾。"无救济则无权利"，没有救济体系保驾护航，探望权便是一纸空文。探望权的救济体系为过滤不良的探望行为、促进和谐的亲子关系以及营造健康的未成年子女成长环境发挥了至关重要的法律作用。

---

① 王雪梅.儿童权利论：一个初步的比较研究.北京：社会科学文献出版社，2005：4.

第三节　最高人民法院关于探望权
司法解释之条文设计

　　法律是人类思想的理性表达，是对人类追求真善美的理智规范。然而，"社会所需先于法律存在，这是客观现实。我们努力地接近它们之间的缺口连接点，但始终的趋势是把缺口重新开启。因为相对于社会发展而言，法律相对稳定地存在"①。社会现实生活是法律存在和发展的源动力，法律的存在和发展又推动着社会现实生活走向更加美好和有序的客观状态。当法律制度与社会实践不相适宜且无法满足现实生活的需求时，它召唤我们重新审视法律制度，暗示我们法律步伐与现实脚步已不相协调。与此同时，随着社会时代的变迁和人们权利意识的增强，对法的认识也会发生新的转变与发展。我们应当竭力使法律与社会同步前进、共同发展，这也正是实践理性引导法律规范趋于完满状态、循环往复地进步的过程。事实上，立法的进步与发展是我国社会主义法治社会前进的重要标志。在婚姻家庭法领域，婚姻家庭立法同样需要与社会发展协调一致。现代婚姻家庭生活的多姿多彩推动着我国婚姻家庭立法不断地进步与充实，婚姻家庭立法的修订与完善也同时对现代婚姻家庭生活时刻进行着调整与规范。在婚姻家庭立法进程中，亲子制度始终是人类繁衍生息所必需的最根本的法律制度，探望权制度是亲子制度的组成部分，它的存在和发展对非常态婚姻家庭状态下的亲子关系起到不可替代的法律保护作用。当前，探望权制度的不足提醒我们要毫不松懈地加快修订探望权制度，以使探望权立法向前发展并推动非常态婚姻家庭状态下亲子关系的发展。

　　"在卢梭看来，公民社会本质上是一个特殊的，或者更准确地说是一个封闭的社会。他认为，公民社会只有在其具有自己的特性时才会是健康的，而这就要求其个性要由民族的、独一无二的制度来创造和养成。"②同样道理，我国探望权制度是保持社会良性、健康发展的制度之一，它必

---

　　①　梅因. 古代法. 沈景一，译. 北京：商务印书馆，2011：17.
　　②　列奥·施特劳斯. 自然权利与历史. 彭刚，译. 北京：三联书店，2003：257.

然建立在本土化的基础之上。令人振奋的是，当前正值我国《民法典》实施之时，改革开放四十多年的立法发展见证着我国民法学的前进与民事立法的进步。马克思曾指出："法典就是人民自由的圣经"①。我国《民法典》各分编的法律制度都以崭新的法律面貌和先进的立法理念展示给人们。随着社会时代的进步、人们权利意识的增强以及社会主义法治建设进程的日益加快，私法，尤其是民法，更多地体现出对人的保护、对人的权利的保护。与此同时，立法者的目光不再局限于对人的财产关系的保护，而是愈来愈重视对人的人身关系的保护，这也恰恰是社会主义法治建设的进步与飞越。《民法典》婚姻家庭编关注对人的权利的保护，尤其关注对人的人身权利的保护。

　　首先，从我国《民法典》婚姻家庭编草案（二次审议稿）来看，婚姻家庭编草案对探望权制度进行过修改和完善，具体规定在第四章"离婚"中，其中以两个条文分别规定了父母的探望权和祖父母、外祖父母的探望权。②《民法典》婚姻家庭编草案（二次审议稿）中第863条规定："离婚后，不直接抚养子女的父或者母，有探望子女的权利，另一方有协助的义务。行使探望权利的方式、时间由当事人协议；协议不成的，由人民法院判决。父或者母探望子女，不利于子女身心健康的，由人民法院依法中止探望的权利；中止的事由消失后，应当恢复探望的权利"。第864条规定，"祖父母、外祖父母探望孙子女、外孙子女，如果其尽了抚养义务或者孙子女、外孙子女的父母一方死亡的，可以参照适用前条规定"③。婚姻家庭编草案（二次审议稿）关于探望权的规定，从法条数量来看，总共两个条文，相较于《婚姻法》有所增加，但条文数量仍然偏少，规定得简单、抽象。从立法思路来看，其仍然沿袭了《婚姻法》的思路，在立法理念、立法原

---

① 龙卫球.民法总论.2版.北京：中国法制出版社，2002：5.

② 2019年7月第十三届全国人大常委会第十一次会议审议的《民法典》婚姻家庭编草案（二次审议稿）。

③ 2018年8月全国人大常委会委员长会议审议的民法典各分编（草案）中第863条规定："离婚后，不直接抚养子女的父或者母，有探望子女的权利，另一方有协助的义务。行使探望权利的方式、时间由当事人协议；协议不成时，由人民法院判决。父或者母探望子女，不利于子女身心健康的，由人民法院依法中止探望的权利；中止的事由消失后，应当恢复探望的权利"。第864条规定："祖父母、外祖父母探望孙子女、外孙子女的，参照适用前条规定"。

则、具体内容上都没有形成完整、系统的设计。从具体内容来看，《民法典》婚姻家庭编草案（二次审议稿）除增加关于祖父母、外祖父母的探望权规定外，对探望权的适用前提、探望权的行使、探望权的中止及恢复、探望权的强制执行、探望权的救济途径等具体内容仍未予以完善。其对于祖父母、外祖父母的探望权设定了两个限制条件，即："如果其尽了抚养义务或者孙子女、外孙子女的父母一方死亡的"。除此情形之外，祖父母、外祖父母都不享有探望权。

其次，从《民法典》关于探望权的规定来看，《民法典》单列一个条文即第1086条对探望权作了规定。总体而言，目前的探望权立法仍处于"模糊"的立法状态。

一直以来，关于探望权的规定，婚姻家庭法学者持有不同意见，主流评价是：探望权的规定缺乏实际操作性，因为司法实践反复证明对探望权诉讼适用现行的《民事诉讼法》已不相适宜，且对探望权缺少程序上的救济，无法使探望权得到落实。专家建议同时规定探望权的程序制度或者明确对探望权的程序救济适用何种法律规定，以使探望权制度顺利实施，如单列一条关于探望权程序法的法律规定为未来在家事程序法中规定探望权程序做铺垫，或者由最高人民法院起草相应的司法解释，补充和明确对探望权适用的程序救济。

关于隔代探望权的规定，专家持两种不同观点：一种观点认为没有必要单独规定祖父母、外祖父母的探望权，因为若父母享有探望权，祖父母、外祖父母理所当然地可以探望孙子女、外孙子女。另一种观点认为应当在规定祖父母、外祖父母探望权的条款中规定前提条件或限定条件："祖父亲、外祖父母对未成年子女尽了抚养义务的或者父母一方死亡或者其他特殊情况下"。这样规定的理由有：一是大量的祖父母、外祖父母未经父母同意到人民法院起诉，要求探望的案件增多且执行难度大，无形中给司法机关增加了巨大的压力；二是清官难断家务事，探望权纠纷由当事人自己协商解决不仅有利于化解矛盾与维护和谐的家庭氛围，而且能够根据具体情形寻求最适当的探望方式。《民法典》婚姻家庭编草案（二次审议稿）曾吸取过专家的相关建议，但在《民法典》正式出台后，关于隔代探望权的规定被删除了。美国学者艾伦曾说过："在大陆法系，特别是在法典化以前，法条大多出自法学家之手。身居学府的教授，比那些法官与律师更可能对法律的体系性的、哲学的、结构方面发生兴趣"①。由此可见，无论立法最终如何规定，上述婚姻家庭法学者的观点为完善我国的探望权制度提出了宝贵且有价值的立法建议。

至目前为止，探望权制度并没有达到人们对探望权立法的预期。说到底，法律终究是一种对社会现实生活的回应，其不仅仅由大量固定的规范所组成，而是时刻面临演进变革的动态发展。② 因而，我们应当加快我国探望权制度体系的构建，在《民法典》婚姻家庭编体系下，加快制定最高人民法院关于探望权的司法解释。对于探望权立法而言，可以从探望权的立法体例和探望权的制度设计两个角度予以考量。

第一，关于探望权的立法体例，存在探望权是否应当被单独立法和探望权是否应当被规定在除婚姻家庭编之外的其他法律制度中的疑问。对于探望权是否应当单独立法，笔者认为，结合当前我国的基本国情和人们的生活实践，将探望权单独立法暂无必要。对于探望权是否应当被放置于如《未成年人保护法》等其他法律之中，笔者认为，虽探望权的立法宗旨是保护未成年子女的利益，但它更多地强调基于父母子女间的亲子关系而产生的父母对未成年子女利益的保护。探望权属于婚姻家庭法范畴和探望权的身份权属性决定了将它规定在其他法律之中实属不妥，而理应归属于婚姻家庭法律制度，作为调整亲子关系的一项重要制度。因此，应当在《民法典》婚姻家庭编中加以规定。当前，我国《民法典》婚姻家庭编已作出规定，它在推动我国探望权的理论发展和司法实践的同时，也避免了法律烦冗，节约了立法资源。简而言之，将探望权制度规定在《民法典》婚姻家庭编中能够使探望权制度和其他婚姻家庭法律制度共同形成具有内在联系、逻辑统一的有机整体。

第二，关于探望权的制度设计。在我国《民法典》婚姻家庭编体系框架下，探望权制度的完善应当把握两个方向。其一，就立法理念而言，探望权立法应当强调探望权制度不仅仅适用于我国离婚家庭的亲子关系，它对于保护在非常态婚姻家庭状态下的未成年子女利益具有日益明显的重要性。因此，应当在我国《民法典》婚姻家庭编中对探望权加以规定。至目

① 艾伦·沃森. 民法法系的演变及形成. 李静冰，姚新华，译. 北京：中国政法大学出版社，2005：117.

② Alf Ross, *On Law and Justice*, University of California Press，1959，p. 75.

前为止,《民法典》专门规定了对未成年人的监护,规定在第一编"总则"第二章"自然人"中。①《民法典》规定的监护制度虽然包含了亲权内容,但没有详细地规定父母对子女的亲权以及与亲权有关的相关内容。关于父母子女间亲子关系的内容需要在婚姻家庭编中具体充实与完善,其中,探望权制度恰是涉及非常态婚姻家庭状态下父母子女关系的一项重要制度。离婚仅为行使探望权的一种情形,其他非常态婚姻家庭状态如夫妻分居、男女同居、人工生育、可撤销婚姻、无效婚姻等产生的亲子关系同样需要探望权制度发挥功效。并且在现实生活中,除离婚以外的其他非常态婚姻家庭状态已客观存在且数量在逐渐增长,法律应当给予非常态婚姻家庭状态下的未成年子女更多的关注与保护,以使他们同样能够受到法律的平等保护。其二,就立法技术而言,探望权立法应当充分考虑为细化探望权的基本内容预留充足的制度空间,使探望权制度不但有法可依,而且具有实际操作性以使之发挥应有的法律功能。总体而言,探望权的制度设计不应当单一、抽象,而应当对探望权的享有、行使、执行、救济等进行全方位的法律规定。全面构建探望权法律体系不仅能够补充尚不完善的探望权制度,更为当前我国的司法审判提供有益的法律指引,诚如"法律规范制定得越细致,其对实践的指导意义就越大"②。从探望权的法条表述来讲,我国可采用列举加概括的立法模式。"人类语言即使再丰富和精妙,也无法表达自然现象的无穷可能和无限变化,以及事物不断演变的进程,而这些具有如我们所理解的客观现实特性"③。采用列举加概括的立法模式不仅为我国现实生活中出现的新需求提供了可供完善的法律余地,而且为法律规定中不尽完美的表达提供了可供弥补的法律模式。一方面,列举的立法模式是法律稳定性的牢固捍卫者。它不仅是探望权内容具体明晰化的法律捷径,也给司法审判者提供了强有力的法律依据以妥善地解决现实生活中的探望权纠纷。另一方面,概括的立法模式不仅为法律的前瞻性预留了

---

① 《民法典》第27条规定:"父母是未成年子女的监护人。""未成年人的父母已经死亡或者没有监护能力的,由下列有监护能力的人按顺序担任监护人:(一)祖父母、外祖父母;(二)兄、姐;(三)其他愿意担任监护人的个人或者组织,但是须经未成年人住所地的居民委员会、村民委员会或者民政部门同意。"

② 杨遂全,陈红莹,等.婚姻家庭法新论.北京:法律出版社,2003:230.

③ E.博登海默.法理学:法律哲学与法律方法.邓正来,译.北京:中国政法大学出版社,1999:486.

今后立法补充的空间，也给司法审判者在法律规定的范围内发挥自由裁量权留有足够的余地，从某种意义上可以说是"事先制定的法律对个案所作的具体性让步"①。总之，列举加概括的立法模式是顺应探望权发展趋势的最佳选择。

对于我国探望权司法解释之具体内容设计，应当立足于我国现实国情，在确立以保护子女最大利益为立法宗旨的基础上，逐一破解探望权制度的瓶颈。具体而言，探望权制度在司法解释中的条文可设计如下：

第一条【探望权的概念】　探望权是指未成年子女和不直接抚养未成年子女的父或母或者法律规定的其他主体基于自然血亲或拟制血亲身份关系而依法享有的在一定时间、地点，以一定的方式与未成年子女进行沟通交流、短期共同生活的权利和义务。

第二条【探望权的原则】　探望未成年子女以有利于子女利益为原则，人民法院积极引导有助于未成年子女身心健康的探望。

第三条【探望权的适用范围】　探望权产生于父母双方离婚、父母长期分居、男女同居关系解除、可撤销婚姻、无效撤销等其他特殊情形。

第四条【探望权的权利主体】　探望权是未成年子女和不直接抚养子女的父或母一方享有的权利。祖父亲、外祖父母对未成年子女尽了抚养义务的或者父母一方死亡或者其他特殊情况下，祖父母、外祖父母也可成为探望权的权利主体。

第五条【探望权的义务主体、协助义务主体】　探望权行使时，与未成年子女共同居住的父或母一方负有协助义务。人民法院根据探望权行使的需要，也可以判令第三人负有协助义务。

第六条【探望权的行使方式】　探望权的行使以未成年子女利益最大化为首要原则。探望分为直接探望和间接探望。直接探望包括短暂看望和长期留宿。间接探望包括电话问候、视频聊天、微信互动、书信往来、邮件传递等。行使探望权的时间、地点、方式等先由未成年子女和父母共同协议；协议不成的，由人民法院判决。

第七条【探望权的行使机构】　对于拒不执行探望权判决的，经

---

① Henkel，Recht und Individulaität，1958，S. 37.

当事人申请，人民法院可裁定在探望权执行室进行探望。必要时，可由第三人如儿童专家、心理咨询专家等在场指导。（注：人民法院内部设立专门处理探望权纠纷的探望权执行室。）

第八条【探望权的中止】 探望权的行使应最大限度地有利于未成年子女的身心健康。出现中止探望权的法定事由时，由人民法院依法中止探望的权利。

中止探望权的法定事由有：（1）探望权人患有严重疾病，无法进行探望，或者患有可能危及未成年子女身体健康的传染疾病，或者患有精神疾病，行使探望权会危及未成年子女身心健康的；（2）探望权人存在家庭暴力、虐待、性侵犯等其他侵权及犯罪行为的；（3）探望权人与未成年子女间的感情严重恶化，未成年子女坚决表示拒绝探望的；（4）探望权人有不良嗜好、品行不端，如酗酒、吸毒、赌博或教唆未成年子女从事违法犯罪活动的；（5）探望权人有借探望之机藏匿未成年子女拒绝送还、强迫未成年子女脱离直接抚养方的监护的行为的；（6）未成年子女下落不明被宣告失踪的；（7）其他严重不利于未成年子女身心健康、严重违背公序良俗的情形。

探望权中止的事由消失后，经当事人申请由人民法院依法恢复探望的权利。

第九条【探望权的限制】 对反复多次探望未成年子女并给未成年子女日常生活造成困扰的，经当事人申请，人民法院可以根据实际情况作出减少探望次数的裁定。

第十条【人身安全保护令】 直接抚养未成年子女的父或者母藏匿未成年子女，或者采用恶劣手段致使未成年子女不能与探望权人进行探望时，探望权人和未成年子女均有权按照有关法律规定申请人身保护令。

第十一条【探望权的强制执行】 对阻挠、干涉探望进行的人，人民法院可以根据情节轻重判令一千元以下罚款或十五日以下拘留。情节特别严重，构成犯罪的，追究刑事责任。

第十二条【精神损害赔偿】 当直接抚养未成年子女的父或母或者第三人恶意阻挠探望，导致无法实现探望的情形发生时，探望权人和未成年子女均可以向人民法院提出精神损害赔偿。

第十三条【抚养权的变更】 探望权的被执行人被采取两次以上

强制执行措施后仍严重阻碍探望权的行使且拒不悔改的，申请人可向人民法院提起变更抚养权的诉讼，由人民法院作出变更抚养权的判决。

第十四条【探望权的协助机构】　为有利于未成年对子女的探望，幼儿园、学校或未成年子女住所地的居民委员会、村民委员会、民政部门等机构应当积极地配合探望权行使。必要时可派相关人员在场协助探望。

第十五条【探望权与抚养费】　探望权人不因未交付抚养费而丧失探望权，任何人不能因其不交付抚养费而被阻止探望未成年子女。

第十六条【探望协议】　探望权人和义务人可以根据实际情况协商确定探望的时间、地点、方式等，但不得协议终止探望权。协议终止探望权的条款无效。

"一部法典最令人瞩目的特征是它标志着一个新的开端"[1]。孙宪忠教授指出，民法典立法有赖于民法的法技术知识，需要将各种制度形成内在逻辑并成为整体体系。[2] 美国法学家艾伦·沃森在评价欧洲民法法典化时谈道：欧洲民法典之所以能够成为一项世界性的运动，究其原因是立法者和政治家将庞大的民法规范按照一定的逻辑编制成具有积极效应的体系。[3] 同理，我国《民法典》各分编中的每一项法律制度也应当具有自己的内在逻辑和规范体系，使各个法条之间形成有紧密联系的整体。在我国《民法典》婚姻家庭编中，对未成年子女利益的保护也应当形成内在体系，使每一项制度都展现其独特的法律作用。探望权制度完备与否直接关系着未成年子女成长的状态、心理健康的程度以及未来发展的前景。在这个意义上讲，探望权支撑着非常态婚姻家庭状态下未成年子女生活的希望。诚然，探望权制度的构建不是一蹴而就的。萨维尼认为，法律就像语言一样，既不是专断的意志也不是刻意设计的产物，而是缓慢、渐进、有机发

① 艾伦·沃森.民法法系的演变及形成.李静冰，姚新华，译.北京：中国法制出版社，2005：164.

② 孙宪忠.民事权利基本分类及其分析裁判的法技术问题.法治研究，2018(2).

③ 艾伦·沃森.民法法系的演变及形成.李静冰，姚新华，译.北京：中国政法大学出版社，1992：171.

展的结果。① 探望权制度的构建不仅仅需要立法理念的正确树立和理论研究的日渐深入，更需要人们对探望权的需求不断明晰及司法审判反复实践的证明。

　　总体观之，婚姻家庭法是人类社会永续存在并不断随着时代变迁而发展变革的法律。我国婚姻家庭法所确立的探望权是现代婚姻家庭法律制度的产物。它关乎父母子女关系的维护，涉及婚姻家庭生活的稳定，影响整个社会的和谐发展。探望权以法律的形式维系亲情的延续，用以满足父母子女对彼此的情感需求。它旨在强调对未成年子女成长的保护，让他们感受到尽可能完整的亲情。然而，我国也需要正视探望权制度存在的缺陷。只有查找出其中的不足，才能使立法得到更大发展。因此，我国探望权制度的完善势在必行。我们应当好好地把握我国《民法典》这一重大且关键的法典化时代，在我国《民法典》实施之初这一千载难逢的好时机，探望权制度应当在立法上得到进一步的充实。评价一项法律制度制定得先进或者落后，关键看它是否客观地反映了社会生产关系，是否有效地调节了社会关系，是否对于维护社会秩序和促进人民生活起促进作用。探望权作为《民法典》婚姻家庭编中的一项法律制度，它的完善必然给人们的生活带来巨大的影响，究竟是给处于非常态婚姻家庭状态下的人带来福祉还是造成痛苦，取决于探望权制度所确立的立法理念是否先进和制度设计是否完善。

　　探望权制度具有其自身的独特性。它掺杂着人性与伦理、情感与责任，兼顾着个人与家庭，影响着社会与人类。它是法律制度中融合多元化因素的集中体现。探望权制度在保障权利的同时更强调义务与责任，它呼唤在探望协商过程中彰显利他与宽容，在探望权执行问题上突出协作与理解。探望权制度更加召唤人性的光辉，毫无遮掩地保护弱者——未成年子女的利益。因此，可以说探望权既是对人类本性和人本主义精神的深思，也是对婚姻家庭中亲情至上和亲子关系的捍卫。未成年子女在成长期间的可塑性非常大，不能让父母双方的分离影响了子女的发展与未来。在现代社会，人们越发地意识到：父母对未成年子女的冷落与忽视带给未成年子女幼小心灵的无形伤害有时远比清晰可见的有形伤害更为可怕。长期不探

------

① 　Hermann Kantorowicz, "Savigny and the Historical School of Law", 53 *Law Quarterly Review* 326，1937，at 340.

望未成年子女必然会严重影响到他们的身心发育。因此，"未成年子女利益最大化"是探望权制度设立的立法目标，在探望权行使的过程中不同利益发生冲突和矛盾时，未成年子女的利益是首要保护因素。

婚姻家庭法是一部惠及千家万户和崇尚个体自由的生活法，也是关涉国家稳定和种族延续的生存法，更是促进人类和谐与文明进步的民生法。婚姻与家庭是每一个个体耳熟能详的词语，婚姻家庭中的权利义务却是需要每一个个体时常思索与警醒的。婚姻家庭法维护着家庭温情的存在，履行着家庭职责，肩负着社会使命，承载着国家期盼。婚姻家庭立法对人们的生活起着潜移默化的影响，婚姻家庭立法的进步对人们的生存理念及生活状态甚至可以说是起着巨大的引导作用。探望权制度经历了从无到有，从简单、原则的规定到细致、深入的思考的立法发展方向。这无疑是我国婚姻家庭法学的欣慰之处。诚然，仍有学者认为探望权立法"微不足道"，但事实上它在现实生活中的存在无可替代，它在法律制度中的地位绝无仅有，它发挥的法律功能不容置疑。探望权制度虽是婚姻家庭制度中的一颗微粒，也并非华丽的法律修饰，但细细深究，它自有内涵之深奥、实践之疑难。探望权能否得到顺利行使，不仅仅是一个家庭内部的事务，还关系着下一代的成长与未来、国家的安定有序以及社会的文明进步。不可否认，社会/时代的变迁决定了我国的探望权立法会遇到艰难和曲折，加之社会生活实践不断地发生变化，它的完善与修改远非轻巧之功。但我们不能坐视现实司法环境的变化，而应当抱着积极的心态去推动我国法治建设的进程：探索和充实探望权的基础理论研究，为构建全面的探望权法律体系做好一切法律准备。在某种意义上讲，探望权制度的修订与充实是我国社会主义法治建设与时俱进的具体展现，它必将随着社会主义法治建设的不断发展日臻完善、成熟、科学与先进。在我国《民法典》实施之初这一千载难逢的伟大时刻，婚姻家庭编中的探望权制度要紧跟立法的步伐，融入社会主义核心价值观中的和谐、文明等理念，将探望权制度的发展推向人性化、人权化、文明化的高度。

诚然，需要提及的是，家庭是个复杂的有机体，不同的家庭具有纷繁复杂的情形，其关涉伦理道德、文化传统、社会习俗等各个方面。单纯依靠法律不能完全解决家庭问题。道德意识的约束、伦理观念的规范、文化传统的传承等都或多或少地潜移默化地影响着我国未来探望权的立法走向。在某种程度上，思想文化和法律文化呈水乳交融的结合状态。"法律不可能孤立地存在于整个社会文化之中，在法律思想和法律文化的形成过程中，那些富有独特个性的具体的法律制度及其体系乃至学说、心理等，相互之间决不会互不相关、绝对排斥，必定会构成一种'总体'"①。同样地，对于与父母子女的情感紧密相连的探望权，仅靠法律解决现实生活中出现的各种探望权难题或许只是一种幻想。单凭法律一种力量无法解决一切问题，尤其是掺杂着人伦、道德与情感的探望权问题。这启迪了我们：未来探望权法律体系的构建应当包含更多的伦理道德与亲情色彩。相应地，解决探望权问题需要人们之间彼此宽容与善待，使更多的父母深刻地认识到对未成年子女的探望是权利，更是义务。探望权的行使不仅是为了满足维系亲子感情的需要和对心灵的慰藉，更是为了未成年子女的成长和保护他们的最大利益。因此，探望权不能滥用、不可懈怠。未成年子女也应当成为探望权的权利主体，他们不应因父母关系的改变而失去任何一方的爱。探望权立法应当穷尽一切有利于未成年子女利益的法律规范，让无辜的特定人群（弱势群体）——未成年子女感受到法律的公平与正义、权威与力量，收获到本应当属于他们的父母完整的爱意与家庭温暖的温度；使非常态婚姻家庭状态下，尤其是离婚家庭中的未成年子女在他们关键的成长期拨开因父母感情出现问题而形成的阴霾，能够和其他正常婚姻家庭状态下的未成年子女一样，在如惠风和畅、春暖花开般灿烂、阳光的生活氛围中自由、欢快地成长。"在一个法治社会，法律人常认为，大者能经国济世，小者能保障人权，将正义带给平民"②。探望权制度的发展正是在婚姻家庭法领域保障人权寻求正义的路径之一。为此，全面地构建探望权法律体系是对法律的探索，也是对人性的思考，更是对和谐的人文社会环境的不懈追求。

---

① 公丕祥. 法律文化的冲突与融合. 北京：中国广播电视出版社，1993：6.
② 王泽鉴. 民法思维：请求权基础理论体系. 北京：北京大学出版社，2009：1.

"家是最小国，国是千万家"。家不仅是中国社会的基本组成结构，而且是中国传统文化的基本精神单位。习近平总书记曾强调："不论时代发生多大变化，不论生活格局发生多大变化，我们都要重视家庭建设，注重家庭、注重家教、注重家风，紧密结合培育和弘扬社会主义核心价值观，发扬光大中华民族传统家庭美德，促进家庭和睦，促进亲人相亲相爱，促进下一代健康成长，促进老年人老有所养，使千千万万个家庭成为国家发展、民族进步、社会和谐的重要基点"①。由此可见家庭建设与国家建设并肩前进、休戚与共的关系不容小觑，家庭建设的法律构建应当引起高度的重视。随着社会时代的变迁，人们的价值观念发生了改变，权利意识不断增强，对个体权利的维护和对个人自由的崇尚越来越强烈，人们对婚姻自由的渴求也愈加明显。在当今

---

① 人民网：http://politics.people.com.cn/n/2015/0217/c70731 - 26580958. html.

时代，人们对于结婚离婚的观念早已从传统的保守主义过渡到开放的自由主义，因此离婚率的持续上升成为不可回避的现象，男女之间非常态的生活模式、家庭解体的生活状态在当代中国社会并不鲜见。然而，每一个个体释放了个性意志和获得了婚姻自由，同时也不可避免地带来了负面影响——对于未成年子女来说是不堪重负的负担与压力：家庭生活的不幸破裂和父母与子女之间无辜地被分离。因此，未成年子女的利益在非常态婚姻家庭状态下，尤其是离婚家庭中最容易受到侵害。庆幸的是，无论生活模式如何变化，亲子关系都是支撑整个社会生存与发展的基本关系。它不仅保证了人类社会的繁衍生息，而且构成了社会群体中每一个生命最基本和最亲密的生活和谐，可以说，亲子关系在所有社会关系中处于最为核心的地位。因此，在现代立法中亲子立法处于首要地位不言而喻。探望权作为婚姻家庭法中的制度之一是法治的进步、时代的需要和文明的发展。然而，不得不承认，从我国探望权规定来看，法律仍然呈现出侧重父母权利实现的特点，对未成年子女利益的保护缺乏具体规定，这必然使探望权的立法宗旨有失偏颇。加之我国探望权制度尚处于雏形状态——探望权的理论研究不足，仍处于起步阶段：探望权立法的原则性过强，针对具体问题缺乏实践操作性，导致在近年来社会实践中依据探望权制度无法实现未成年子女利益最大化的司法案件频频发生并引起社会的广泛关注。我们愈发意识到，亲情的交流必然是双向的，父母及其他权利主体的探望权固然重要，但更应当以未成年子女的利益为重，即以实现未成年子女的最大利益为根本原则。这应是我国未来探望权的立法走向，也是世界亲属立法发展的趋势所在。因此，我国亟须立足于本土文化，借鉴世界各国先进的探望权制度，加快我国探望权立法的进程。

本书试图全面、综合地分析和探讨探望权以达阐明探望权的本旨：阐述探望权的基本理论、历史沿革以展示我国探望权制度设立的理论根基；分析探望权在我国民事权利体系中的地位以及探望权与亲权、监护权的区别和联系，以诠释探望权在我国民法典婚姻家庭编中的地位和意义；辨明我国探望权的权利属性以揭示探望权的请求与抗辩；剖析我国探望权的立法宗旨与基本原则以深入探求探望权的法律关系及其人文精神之源；横谈世界上典型探望权制度的立法发展，以求借鉴国外探望权制度之精髓为己所用；审视我国探望权的理念及由司法实践反思探望权制度的困惑，以正视我国探望权制度存在的疏漏和现实生活中亟须解决的探望权疑难问题。

最后对探望权的适用前提、主体范围、权利义务内容、行使方式、中止及恢复以及救济体系进行全面的修订；分析《民法典》婚姻家庭编草案以及《民法典》中关于探望权的法律规定，试图构建全面的探望权制度体系，以期盼探望权立法在我国达到先进与完善。具体总结如下：

一是考察探望权的理论界定和历史沿革。探望权在世界各国探望权制度中的表述不一，但都是为探望未成年子女而设立的专门法律制度。它对亲子关系的维系与发展、血缘亲情的保持与稳定发挥了举足轻重的作用。在我国，对探望权的定义囿于法律制度对探望权狭义的规定。但是随着我国探望权立法的发展，探望权的主体范围势必有所拓展，探望权的概念表述也会向广义的探望权发展。对于探望权的独特性应从探望权的取得具有自然性和法定性、它是权利和义务的统一且具有双向性、其内容表现为非物质性、探望权的主体及实施对象具有排他性、其行使具有相对独立性以及其执行具有独特性六大层面把握。探望权的产生与发展和其所处的经济、政治、伦理和民族文化密不可分，这构成了探望权的内蕴机制。探望权在法律领域、社会领域和司法领域全面展现了其自身功能。它在保护未成年子女的利益、维护亲子关系、调和家庭矛盾、促进社会和谐方面发挥了自身独有的价值，尤其在满足亲情沟通、心灵慰藉、情感交融和感情联络方面具有无法替代的作用。对探望权的历史应当追溯至亲权。最早产生于罗马法和日耳曼法的亲权经过现代的发展，在大陆法系形成了亲权与监护相分离的传统，如法国、德国、日本，在英美法系则产生了亲权与监护融合一体的大监护制度，如英国、美国。单从我国探望权的设立发展来看，古代法律规定的父权和尊长权可被视为萌芽，民国时期法律中有关于父母子女的规定，自新中国成立以来婚姻法未曾使用亲权一词，直到2001 年修订后的《婚姻法》独立地对探望权进行立法，由此，探望权制度在我国正式确立。2022 年《民法典》第 1086 条专门规定探望权，探望权已成为不可或缺的婚姻家庭法内容之一。探望权制度的设立与其产生的法律基础、亲情基础紧密相连。探望权制度展现了法的价值，探望权制度的完善是不同位阶的法的价值协调共存并日益发挥各自功效的共同结晶：法的自由价值是探望权立法的基石；法的平等价值是探望权立法的重心；法的秩序价值是探望权立法的标尺；法的人权价值是探望权立法的现代精髓。

二是探究探望权在我国民事权利体系中的地位。目前我国民事权利的分类体系是民法学领域十分重要的理论问题。谢怀栻先生对民事权利的分类体系起了至关重要的作用。当前，学者对主权利与从权利，专属权与非专属权，既得权与期待权，财产权与人身权，支配权、请求权、形成权与抗辩权，以及绝对权与相对权已基本达成共识。探望权作为一种权利，它在民事权利分类体系中扮演了不同的权利角色，这对于揭示其权利本质具有至关重要的意义。笔者通过辨别分析，认为它属于私权范畴，其在民事权利分类体系中分别表现为身份权、具有相对性的绝对权、专属权及既得权。正是探望权在民事权利分类体系中属于不同的权利类型，才使探望权具有其自身独特性和价值性，并且由此进一步厘清了探望权与亲权、探望权与监护权的关系。亲权与探望权既有联系又有区别，探望权是行使亲权的一种形式，它实则是亲权在非常态婚姻家庭状态下的延续。而监护权与探望权属于两种不同的权利范畴，它们仅在针对未成年子女上具有重合和交叉。

三是辨析探望权的属性研究。至目前为止，学术界对探望权属性的研究屈指可数。笔者通过对身份权、身份权请求权的研究，得出以下两点认识：首先，探望权属于身份权的一种，是一种独立的权利；其次，它具有身份权的请求权能，具有独特的属性。并且在探望权中，请求与抗辩是探望权的中心内容。就探望权的请求而言，它是探望权人为实现探望目的而提出的要求，具有长期性、反复多次性、不受诉讼时效限制的特点。探望权的请求权能包含探望权的自身请求和保护请求两个层面的内容，其中：探望权的自身请求是本身具备的请求，属第一性的请求；探望权的保护请求是救济性质的请求，属第二性的请求。就探望权的抗辩而言，其属于实体法上的抗辩，它对探望权的请求起阻止作用。探望权的请求与抗辩共同构成了探望权行使的完整内容。

四是剖析探望权的立法分析。探望权的立法宗旨是贯彻探望权制度始终的灵魂。从探望权产生的根源、国际社会处理儿童事务的立法趋势和父母对子女义不容辞的义务与责任三个视角观察，我国探望权的立法宗旨应当与时俱进，由采"父母本位"转变为采"子女本位"，即实现以保护未成年子女的最大利益作为未来探望权的立法宗旨。在探望权立法宗旨的指引下，确立探望权的基本原则势不可挡：未成年子女利益最大化原则应是首要原则，保障探望权人的权利实现应是第二性原则。在明确探望权的立法宗旨和基本原则的基础上，重新审视探望权的内容必不可少。任何一项制度调整的法律关系都是极为关键的，探望权的法律关系也不例外。探望权的法律关系相比其他法律关系具有如下特点：第一，探望权法律关系的存在具有客观性和稳定性。第二，探望权法律关系中主体具有单一性与特定性。第三，探望权法律关系的内容具有紧密性与关联性。在探望权法律关系中，探望权的主体呈扩大趋势，对探望权的客体要正确对待，即为探望权所指向的身份利益，切不可与探望权的对象相互混同。探望权的内容包含了各方主体之间的关系，权利义务相统一的特征体现得淋漓尽致。由此可见，探望权的人文精神蕴含于其中。这是由我国婚姻家庭法顺应国际人权发展趋势、我国伦理文化在亲子关系中的传承与发展以及我国《宪法》中保障人权规条在婚姻家庭法领域的突出体现所决定的。与此同时，探望权立法应当注重中华法文化情、理、法元素的融入。情、理、法元素的融合是探望权立法的独特性所在；关于探望权纠纷的司法裁判是对亲子之情的法律诠释；探望权的司法审判融入情、理、法可以通过指导性案例推动探望权的立法发展。

五是探望权制度的发展。现今世界上主要国家对探望权都有规定。美国、法国、德国、日本是较为典型的探望权立法国家，对它们先进的探望权制度进行比较分析可启发我国的探望权立法：应当坚持以子女利益最大化作为探望权的立法原则；拓宽探望权的权利主体范围；明确探望权的行使方式；增设探望权执行机构；具体规定必要时采取的探望权强制执行措施。我们应当正视我国探望权制度仍存在疏漏和缺陷，最根本的是要实现探望权的立法理念从保护父母权利过渡到保护未成年子女的利益最大化。这实则是顺应世界探望权制度的发展趋势，也是对未成年人的切实保护在婚姻家庭法领域的具体体现，更是保护非常态婚姻家庭状态下未成年子女利益最大化使然。与此同时，本书竭力查找出探望权具体制度的不足：探望权产生的前提规定过于片面、探望权的主体范围规定相对狭窄、探望权的权利义务规定不全面、探望权的行使方式尚未明确、探望权的中止条件规定模糊、缺少对探望权的有效救济途径。

六是构建我国探望权法律制度的路径。一套完备有效的法律制度，不仅调整和维护着人们的行为，也约束和规范着人们的行为。探望权制度同样如此。我们应当加快未来探望权立法的发展，首先，立足于当前我国探望权的司法实践疑难问题和制度缺憾，破解探望权制度的瓶颈，从增加探望权的适用前提、拓宽探望权的主体范围、细化探望权的权利义务内容、规范探望权的行使方式、明确探望权的中止及恢复五大方面进行修改和丰富。其次，发展探望权的救济体系，分别在统一探望权的结案方式、完善探望权的救济途径及建立探望权的监督制度等方面加以完善。最后，本书提及我国《民法典》婚姻家庭编的立法草案，专门针对探望权制度进行立法分析。笔者建议在我国《民法典》婚姻家庭编框架下，加快制定最高人民法院关于探望权的司法解释，期盼在完善我国探望权立法的过程中集众多婚姻法学者之智慧，构建出完整的、具有可操作性的探望权制度体系。这是对加快未来探望权立法进程的呼唤，也指明了未来我国探望权立法的发展方向。

　　毋庸置疑法律制度的完善非一朝一夕之功。"千金之裘，非一狐之腋也；台榭之榱，非一木之枝也"。中国的法治建设需要脚踏实地地稳步推进。中国民法典的制定历经了"跋山涉水"般且弥足珍贵的探索过程，探望权的立法同样需要经历逐渐地探究与完善的过程，这需要我们坚持不懈地对探望权制度进行深入的钻研：以实践经验促进学术研究，以学术研究推动立法发展，最终使我国的探望权制度日趋成熟，从而建成理念先进、制度完备、立法科学的探望权法律体系架构，以促进未成年子女健康成长、家庭和睦友爱、社会稳定有序、国家安定昌明。在社会主义法治建设的进程中，探望权制度体系的构建不仅将在家庭领域全面地保护未成年人向前推进了一步，更显示出我国社会主义社会法治昌明的砥砺征程。我国《民法典》的制定是民事立法上的里程碑事件。对民法国家来说，私法的系统化、法典化相对而言也是一个近代现象。① 探望权立法是我国《民法典》之婚姻家庭编对特定群体（弱势群体）利益的维护，着重强调法律追求法的正义价值和实现法的实质正义的法治理念。立法理念的更新与进步和法律制度的修订与充实是社会发展与进步的重要之举。诚然，为未成年子女撑起亲情关爱的保护伞还要经历漫长的征途，还需克服沿途布满的法律疑难问题，但我们坚信，只要正确树立最大限度地保护未成年子女利益的立法宗旨，我们就能在星星之火的指引和照耀下铿锵有力地立法前行，探望权的法律发展将会实现又一次飞跃。为此，笔者通过综合学习探望权的理论和制度后写作此书，呼唤加快我国探望权立法的步伐。这不仅是完

---

　　① 艾伦·沃森. 民法法系的演变及形成. 李静冰，姚新华，译. 北京：中国法制出版社，2005：143.

善亲属法制的必由之路，同时也是维护伦理亲情和促进社会和谐的历史必然。梁启超先生曾认为："法治主义，为今日救时唯一之主义。立法事业，为今日存国最急之事业。稍有识者，皆能知之"①。古希腊著名的思想家亚里士多德曾言："法治应当包括两重意义：已成立的法律获得普遍的服从，而大家服从的法律又应当本身是制定得良好的法律"②。法治建设，实则不仅是国家危难时刻的救国良方，也是国家安居乐业的治国后盾。时代的进步和文明的发展不仅唤醒人们的权利意识，谱写人民生活美好的乐章，更推动了法治社会进程的年代齿轮。透过本书，或许能燃起更多的婚姻法学者对我国探望权的研究热情并对探望权制度倾注更多的研究精力。笔者不揣浅陋，希望本书对推动我国未来探望权法律制度的全面构建有所裨益，这也正是本书写作之初衷。

①　卓泽渊. 法治国家论. 4 版. 北京：法律出版社，2018：231.
②　亚里士多德. 政治学. 吴寿彭，译. 北京：商务印书馆，1965：199.

参考文献

一、中文著作（含译著）

［1］杨仁寿. 法学方法论. 2 版. 北京：中国政法大学出版社，2013.

［2］谢怀栻. 外国民商法精要. 增补版. 北京：法律出版社，2006.

［3］卡尔·拉伦茨. 德国民法通论. 上，下册. 王晓晔，等译. 北京：法律出版社，2003.

［4］潘允康. 家庭社会学. 北京：中国审计出版社，中国社会出版社，2002.

［5］王利华. 中国家庭史：第 1 卷. 广州：广东人民出版社，2013.

［6］帕瑞克·帕金森. 澳大利亚法律的传统与发展. 北京：中国政法大学出版社，2011.

［7］王泽鉴. 民法总则. 增订版. 北京：中国政法大学出版社，2001.

［8］尤根·埃利希. 法律社会学基本原理. 北京：中国社会科学出版社，2009.

［9］黄源盛. 中国法史导论. 桂林：广西师范大学出版社，2014.

［10］雷春红. 当代中国婚姻家庭法价值取向的审视与建构：以我国夫妻财产制和离婚救济制度为例. 杭州：浙江大学出版社，2016.

［11］凯特·斯丹德利. 家庭法. 屈广清，译. 北京：中国政法大学出版社，2004.

［12］陈苇. 加拿大家庭法汇编. 北京：北京群众出版社，2006.

［13］夏吟兰. 美国现代婚姻家庭制度. 北京：中国政法大学出版社，1999.

［14］李泽沛. 香港法律概述. 北京：法律出版社，1987.

［15］陈思琴. 离婚后亲子关系法律制度研究. 北京：中国社会科学出版社，2011.

［16］王丽萍. 亲子法研究. 北京：法律出版社，2004.

［17］夏吟兰，薛宁兰. 民法典之婚姻家庭编立法研究. 北京：北京大学出版社，2016.

［18］童列春. 身份权研究. 北京：法律出版社，2018.

［19］辞海编辑委员会. 辞海. 上海：上海辞书出版社，1979.

［20］史尚宽. 亲属法论. 北京：中国政法大学出版社，2000.

［21］新版新法律学辞典. 北京：中国政法大学出版社，1991.

［22］李由义. 民法学. 北京：北京大学出版社，1988.

［23］刘引玲. 亲属身份权与救济制度研究. 北京：中国检察出版社，2011.

［24］夏吟兰. 离婚自由与限制论. 北京：中国政法大学出版社，2007.

［25］李志敏. 比较家庭法. 北京：北京大学出版社，1998.

［26］曾宪义. 中国法制史. 4 版. 北京：中国人民大学出版社，2013.

［27］周礼·仪礼·礼记. 陈戍国，点校. 长沙：岳麓书社，1989.

［28］余新忠. 中国家庭史：第 4 卷. 广州：广东人民出版社，2013.

［29］卓泽渊. 法政治学研究. 3 版. 北京：法律出版社，2018.

［30］恩格斯. 家庭、私有制与国家起源. 北京：人民出版社，1998.

［31］P. 诺内特，P. 塞尔兹尼克. 转变社会中的法律与社会：迈向回应型法. 张志铭，译. 北京：中国政法大学出版社，2004.

［32］卓泽渊. 法治国家论. 4 版. 北京：法律出版社，2018.

［33］张红艳. 马克思恩格斯家庭伦理思想及其当代价值. 桂森：广西师范大学出版社，2015.

［34］潘允康. 家庭社会学. 北京：中国审计出版社，中国社会出版社，2002.

［35］赵庆杰. 家庭与伦理. 北京：中国政法大学出版社，2008.

［36］史尚宽. 亲属法论. 北京：中国政法大学出版社，2000.

［37］马克思恩格斯全集：第1卷. 北京：人民出版社，1956.

［38］杨大文. 亲属法. 北京：法律出版社，2004.

［39］孝经. 汪受宽，译注. 上海：上海古籍出版社，2007.

［40］柳华文. 儿童权利与法律保护. 上海：上海人民出版社，2009.

［41］钱穆. 民族与文化. 北京：九州出版社，2012.

［42］诗经. 王秀梅，译注. 北京：中华书局，2015.

［43］雷蒙德·弗思. 人文类型. 费孝通，译. 北京：商务印书馆，1994.

［44］朱强. 社会学. 武汉：华中科技大学出版社，2012.

［45］安东尼·W. 丹尼斯，罗伯特·罗森. 结婚与离婚的法经济学分析. 王世贤，译. 北京：法律出版社，2005.

［46］拉德布鲁赫. 法学导论. 米健，朱林，译. 北京：中国大百科全书出版社，1997.

［47］陈浩然. 理论刑法学. 上海：上海人民出版社，2000.

［48］约翰·罗尔斯. 正义论. 何怀宏，荷包钢，廖申白，译. 北京：中国社会科学出版社，1988.

［49］王延平. 西方社会病. 北京：人民日报出版社，1992.

［50］瞿同祖. 中国法律与中国社会. 北京：商务印书馆，2010.

［51］费孝通. 乡土中国 生育制度 乡土重建. 北京：商务印书馆，2011.

［52］魏琼. 民法的起源. 北京：商务印书馆，2008.

［53］林菊枝. 亲属法专题研究. 台北：五南图书公司，1985.

［54］安德烈·比尔基埃，克里斯蒂亚娜·克拉比什-朱伯尔，玛尔蒂娜·雪伽兰，弗朗索瓦兹·左纳邦德. 家庭史. 袁树仁，姚静，肖桂，译. 北京：三联书店，1998.

［55］周枏. 罗马法原论：上册. 北京：商务印书馆，2014.

［56］杨立新. 人身权法论. 北京：人民法院出版社，2002.

［57］孟文理. 罗马法史. 北京：商务印书馆，2016.

［58］朱晓娟，戴志强. 人身权法：原理·规则·案例. 北京：清华大学出版社，2006.

［59］李宜琛. 日耳曼法概说. 北京：中国政法大学出版社，2003.

［60］郭静. 亲权制度研究. 开封：河南大学出版社，2008.

［61］马忆南. 婚姻家庭继承法学. 北京：北京大学出版社，2007.

［62］保罗·维诺格拉多夫. 中世纪欧洲的罗马法. 钟云龙，译. 北京：中国政法大学出版社，2010.

［63］马雪平. 关于我国亲权制度的探析. 兰州：兰州大学出版社，2007.

［64］王洪. 婚姻家庭法. 北京：法律出版社，2003.

［65］王泽鉴. 英美法导论. 北京：北京大学出版社，2012.

［66］哈里·D. 格劳斯，大卫·D. 梅耶. 美国家庭法精要. 陈苇，等译. 北京：中国政法大学出版社，2010.

［67］四书五经. 陈戍国，点校. 长沙：岳麓书社，2003.

［68］吕氏春秋. 陆玖，译. 北京：中华书局，2011.

［69］顾鸣塘，顾鉴塘. 中国历代婚姻与家庭. 北京：中共中央党校出版社，1991.

［70］戴炎辉. 中国法制史. 台北：三民书局，1970.

［71］孟祥沛. 中日民法近代化比较研究. 北京：法律出版社，2006.

［72］鲁道夫·冯·耶林. 为权利而斗争. 胡宝海，译. 北京：中国法制出版社，2004.

［73］于文豪. 基本权利. 南京：江苏人民出版社，2016.

［74］倪正茂. 生命法学探析. 北京：法律出版社，2005.

［75］王利明. 人格权法新论. 长春：吉林人民出版社，1994.

［76］费孝通. 乡土中国　生育制度. 北京：北京大学出版社，2013.

［77］穗积重远. 法学通论. 北京：商务印书馆，1991.

［78］龙卫球. 民法总论. 2 版. 北京：中国法制出版社，2002.

［79］罗伯茨·霍恩. 德国民商法导论. 楚建，译. 谢怀栻，校. 北京：中国大百科全书出版社，1996.

［80］张文显. 法哲学范畴研究. 北京：中国政法大学出版社，2001.

[81] 谢怀栻. 民法总则讲要. 北京：北京大学出版社，2007.

[82] 中国大百科全书出版社编辑部. 中国大百科全书：Ⅱ·哲学. 北京：中国大百科全书出版社，1987.

[83] 彭诚信. 主体性与私权制度研究：以财产、契约的历史考察为基础. 北京：中国人民大学出版社，2005.

[84] 张文显. 法哲学范畴研究. 修订版. 北京：中国政法大学出版社，2001.

[85] 王伯琦. 民法总则. 台北：台湾印书馆，1977.

[86] 史尚宽. 亲属法论. 台北：荣泰印书馆，1980.

[87] 史尚宽. 民法总论. 北京：中国政法大学出版社，2000.

[88] 我妻荣. 亲族法. 东京：有斐阁，1974.

[89] 陈爱武. 人事诉讼程序研究. 北京：法律出版社，2008.

[90] 王利明. 民法总则研究. 北京：中国人民大学出版社，2012.

[91] 何国华，燕国材. 马克连柯教育思想研究. 长沙：湖南教育出版社，1986.

[92] 林秀雄. 婚姻家庭法之研究. 北京：中国政法大学出版，2001.

[93] 皮埃尔·勒鲁. 论平等. 北京：商务印书馆，2007.

[94] 我妻荣，有泉亨. 日本民法·亲属法. 夏玉芝，译. 北京：工商出版社，1996.

[95] 杨立新. 婚姻家庭法. 北京：人民法院出版社，2009.

[96] 弗里德里希·卡尔·冯·萨维尼，等. 萨维尼法学方法论讲义与格林笔记. 杨代雄，译. 北京：法律出版社，2008.

[97] 汪金兰. 儿童权利保护的国际私法公约及其实施机制研究. 北京：法律出版社，2014.

[98] 曹诗权. 未成年人监护制度研究. 北京：中国政法大学出版社，2004.

[99] E. 博登海默. 法理学：法律哲学与法律方法. 邓正来，译. 北京：中国政法大学出版社，1999.

[100] 杨立新. 亲属法专论. 北京：高等教育出版社，2005.

[101] 桑德罗·斯克巴尼. 婚姻·家庭和遗产继承. 费安玲，译. 北京：中国政法大学出版社，2001.

[102] 黄风. 罗马私法导论. 北京：中国政法大学出版社，2003.

[103] 佟柔. 中国民法. 北京：法律出版社，1990.

[104] 陶毅. 新编婚姻家庭法. 北京：高等教育出版社，2002.

[105] 汪荣宝，叶澜. 新尔雅. 上海：文明书局，1906.

[106] 李霞. 民法典成人保护制度. 济南：山东大学出版社，2007.

[107] 王利明. 民法总则研究. 3 版. 北京：中国人民大学出版社，2018.

[108] 宋林飞. 现代社会学. 上海：上海人民出版社，1987.

[109] 叶英萍. 婚姻法学新探. 北京：法律出版社，2004.

[110] 杨大文. 走向 21 世纪的中国婚姻家庭. 长春：吉林人民出版社，1995.

[111] 夏吟兰，等. 21 世纪婚姻家庭关系新规制. 北京：中国检察出版社，2001.

[112] 谢在全，等. 物权·亲属编. 北京：中国政法大学出版社，2002.

[113] 魏振瀛. 民法. 北京：北京大学出版社，高等教育出版社，2000.

[114] 迪特尔·梅迪库斯. 德国民法总论. 北京：法律出版社，2013.

[115] 谢怀栻. 谢怀栻法学文选. 北京：中国法制出版社，2002.

[116] 马克思恩格斯全集：第 3 卷. 北京：人民出版社，1960.

[117] 程燎原，王人博. 权利论. 桂林：广西师范大学出版社，2014.

[118] 梅因. 古代法. 沈景一，译. 北京：商务印书馆，1959.

[119] 佟柔. 民法原理. 北京：法律出版社，1983.

[120] 戴维·M. 沃克. 牛津法律大辞典. 北京社会与科技发展研究所，译. 北京：光明日报出版社，1998.

[121] 世界著名法典汉译丛书编委会. 十二铜表法. 北京：法律出版社，2000.

[122] 新华字典. 北京：商务印书馆，1993.

[123] 辞海. 缩印本. 上海：上海辞书出版社，1980.

[124] 孙若军. 身份权与人格权冲突的法律问题研究：以婚姻关系为视角. 北京：中国人民大学出版社，2013.

[125] 色诺芬. 回忆苏格拉底. 吴永泉，译. 北京：商务印书馆，1983.

[126] 朱塞佩·格罗素. 罗马法史. 黄风，译. 北京：中国政法大学出版社，1994.

[127] 段厚省. 民法请求权论. 北京：人民法院出版社，2006.

[128] 杨代雄. 民法总论专题. 北京：清华大学出版社，2011.

[129] 王泽鉴. 法律思维与民法实例：请求权基础理论体系. 北京：中国政法大学出版，2001.

[130] 公丕祥. 法理学. 上海：复旦大学出版社，2002.

[131] 周永坤. 法理学. 2 版. 北京：法律出版社，2004.

[132] 张俊浩. 民法学原理. 北京：中国政法大学出版社，1991.

[133] 杨立新. 侵权行为法专论. 北京：高等教育出版社，2005.

[134] 梅仲协. 民法要义. 北京：中国政法大学出版社，1998.

[135] 夏勇. 中国民权哲学. 北京：三联书店，2004.

[136] 黄风. 罗马法词典. 北京：法律出版社，2002.

[137] 廖益新. 厦门大学法律评论：2007 年下卷. 厦门：厦门大学出版社，2007.

[138] S. F. C. 密尔松. 普通法的历史基础. 李显冬，等译. 北京：中国大百科全书出版社，1999.

[139] 佟柔. 中华法学大辞典：民法学卷. 北京：中国检察出版社，1995.

[140] 余涌. 道德权利研究. 北京：中央编译出版社，2001.

[141] 王泽鉴. 民法思维：请求权基础理论体系. 北京：北京大学出版社，2009.

[142] 郜风涛. 文津法札. 北京：中国法制出版社，2011.

[143] 托克维尔. 论美国的民主：上卷. 董果良，译. 北京：商务印书馆，1988.

[144] 约翰·E. 克里贝特，等. 财产法：案例与材料. 齐东祥，陈刚，译. 北京：中国政法大学出版社，2003.

[145] 瞿同祖. 瞿同祖法学论著集. 北京：中国政法大出版社，1998.

[146] 黑格尔. 法哲学原理. 范扬，张企泰，译. 北京：商务印书馆，1961.

[147] 穗积陈重. 法律进化论. 黄尊三，等译. 北京：中国政法大学出版社，1997.

[148] 卡尔·拉伦茨. 法学方法论. 北京：商务印书馆，2003.

[149] 菲力浦·阿利埃斯. 儿童的世纪：旧制度下的儿童和家庭生活. 北京：北京大学出版社，2013.

[150] 罗素. 权威与个人. 肖巍，译. 北京：中国社会科学出版社，1990.

[151] 萨维尼. 现代罗马法的体系：第 1 卷. 小桥一郎，译. 东京：成文堂，1993.

[152] 徐国栋. 认真地对待民法典. 北京：中国人民大学出版社，2004.

[153] 马克思恩格斯选集：第 4 卷. 2 版. 北京：人民出版社，1995.

[154] A. J. M. 米尔恩. 人的权利与人的多样性：人权哲学. 夏勇，张志铭，译. 北京：中国百科全书出版社，1995.

[155] 李桂梅. 中西家庭伦理比较研究. 长沙：湖南大学出版社，2009.

[156] 姜士林. 世界宪法大全. 青岛：青岛出版社，1997.

[157] 谭红. 人身权利的宪政之维. 济南：山东人民出版社，2009.

[158] 钱穆. 中国文化史导论. 北京：商务印书馆，1994.

[159] 卢梭. 社会契约论. 2 版. 何兆武，译. 北京：商务印书馆，1980.

[160] 蔡元培. 中国伦理学史. 上海：上海世纪出版社集团，2011.

[161] 陈斯喜. 中国人身权的法律保护及其改革. 北京：社会科学文献出版社，2007.

[162] 王利明. 民法典体系研究. 北京：中国人民大学出版社，2008.

[163] 郑贤君. 基本权利原理. 北京：法律出版社，2010.

[164] 伯尔曼. 法律与宗教. 梁治平，译. 北京：北京三联书店，1991.

[165] 黄茂荣. 法学方法与现代民法. 北京：中国政法大学出版社，2001.

[166] 陈思琴. 离婚后亲子关系法律制度研究. 北京：中国社会科学出版社，2011.

[167] 艾伦·沃森. 民法法系的演变及形成. 李静冰，姚新华，译. 北京：中国法制出版社，2005.

[168] 胡长清. 中国民法总论. 北京：中国政法大学出版社，1997.

[169] 保罗·赛格特. 人类的法定权利. 张伟，译. 北京：中国人民大学出版社，2016.

[170] 丽贝卡·J. 库克. 妇女的人权：国家和国际的视角. 黄列，译. 北京：中国社会科学出版社，2001.

[171] 弗里德里希·冯·哈耶克. 法律、立法与自由：第2，3卷. 邓正来，等译. 北京：中国大百科全书出版社，2000.

[172] 杰曼·格里塞茨. 实践理性的第一原则. 吴彦，译. 北京：商务印书馆，2015.

[173] 费希特. 自然法权基础. 北京：商务印书馆，2006.

[174] 赵敏. 婚姻家庭继承法学案例教程. 南京：南京大学出版社，2014.

[175] 康德. 法的形而上学原理. 南京：权利的科学. 沈叔平，译. 北京：商务印书馆，1991.

[176] 阿瑟·奥肯. 平等与效率. 王奔洲，等译. 2版. 北京：华夏出版社，1999.

[177] 石雷. 英国现代离婚制度研究. 北京：群众出版社，2015.

[178] 霍姆斯. 普通法. 冉昊，姚中秋，译. 北京：中国政法大学出版社，2006.

[179] 江平. 江平文集. 北京：中国法制出版社，2000.

[180] 栩漱孝雄. 现代日本的法和秩序. 易平，译. 北京：中国政法大学出版社，2002.

[181] 梁慧星. 民法总论. 北京：法律出版社，1996.

[182] 王雪梅. 儿童权利论：一个初步的比较研究. 北京：社会科学文献出版社，2005.

[183] 列奥·施特劳斯. 自然权利与历史. 彭刚，译. 北京：三联书店，2003.

[184] 亚里士多德. 政治学. 吴寿彭，译. 北京：商务印书馆，1965.

[185] 张文显. 法理学. 5版. 北京：高等教育出版社，2018.

[186] 谢怀栻. 外国民商法精要. 增补版. 北京：法律出版社，2006.

[187] 古斯塔夫·拉德布鲁赫. 法哲学. 王朴，译. 北京：法律出版社，2013.

[188] 庞德. 通过法律的社会控制. 沈宗灵, 董世忠, 译. 北京: 商务印书馆, 1984.

[189] 卓泽渊. 法的价值论. 3 版. 北京: 法律出版社, 2018.

[190] 孟德斯鸠. 论法的精神: 上册. 张雁深, 译. 北京: 商务印书馆, 1961.

[191] 谢晖. 法学范畴的矛盾辩思. 济南: 山东人民出版社, 1999.

[192] 艾德勒. 六大观念. 郗庆华, 译. 北京: 三联书店, 1991.

[193] 真德秀. 西山先生真文忠公文集: 卷三·直前奏札. 北京: 北京大学出版社, 2020.

[194] 孔子家语: 卷七·刑政第三十一. 王国轩, 王秀梅, 译注. 北京: 中华书局, 2009.

[195] 范忠信, 郑定, 詹学农. 情理法与中国人. 北京: 北京大学出版社, 2011.

[196] 田默迪. 东西方之间的法律哲学: 吴经熊早期法律哲学思想之比较研究. 北京: 中国政法大学出版社, 2004.

二、中文学术论文 (含译文)

[1] 谢怀栻. 论民事权利体系. 法学研究, 1996 (2).

[2] 夏吟兰. 对离婚率上升的社会成本分析. 甘肃社会科学, 2008 (1).

[3] 徐国栋. 家庭法哲学两题. 法制与社会发展, 2010 (3).

[4] 陆益龙. 纠纷解决的法社会学研究: 问题及范式. 湖南社会科学, 2009 (1).

[5] 王玮. 探望权及其相关问题研究. 河北法学, 2003 (7).

[6] 李慧敏. 儿童最大利益原则与我国儿童权益保护制度的完善: 从婚姻家庭法的角度. 温州大学学报 (社会科学版), 2015 (2).

[7] 戚雅萍, 汤继荣. 探望权执行若干问题探析及对策建议. 少年司法, 2006 (1).

[8] 李平. 新青年之家庭. 新青年, 第 2 卷第 2 号.

[9] 马忆南. 二十世纪之中国婚姻家庭法学. 中外法学, 1998 (2).

[10] 李桂梅, 郑自立. 改革开放 30 年来婚姻家庭伦理研究的回顾与展望. 伦理学研究, 2008 (5).

［11］丁慧.试论中国亲属法哲学的发展方向：兼与徐国栋教授商榷.法学杂志，2012（7）.

［12］李洪祥.我国亲属法应当回归未来民法典.吉林大学社会科学学报，2011（2）.

［13］夏吟兰.民法分则婚姻家庭编立法研究.中国法学，2017（3）.

［14］周旺生.法的功能和法的作用辨异.政法论坛，2006（9）.

［15］谢怀栻.大陆法国家民法典研究（续）.外国法译评，1995（3）.

［16］棚村政行.親権法の改正をめぐって.Law&Practice，2008年第154期。

［17］熊蓓.简论民事权利体系.知识经济，2011（21）.

［18］段厚省.论身份权请求权.法学研究，2006（5）.

［19］熊进光，曾祥欣.代孕技术背景下亲权归属问题探析：从全国首例代孕引发的监护权纠纷案说起.行政与法，2017（6）.

［20］陈明侠.亲子法基本问题研究//梁慧星.民商法论丛：第6卷.北京：法律出版社，1997.

［21］寻子佩.对有关亲权性质几种观点的批判：兼论亲权立法模式之选择.法制博览，2013（6）.

［22］彭刚.剥夺与回归：我国未成年人监护权撤销制度的建构机理及其完善.宁夏社会科学，2015（4）.

［23］曹思婕.完善未成年人监护立法的思考.理论探索，2016（4）.

［24］陈苇，李欣.私法自治、国家义务与社会责任：成年监护制度的立法趋势与中国启示.学术界，2012（1）.

［25］李霞.成年监护制度的现代转向.中国法学，2015（2）.

［26］邱鹭风.关于完善我国监护制度的探讨.民商法学，1999（2）.

［27］刘征峰.被忽视的差异：《民法总则（草案）》"大小监护"立法模式之争的盲区.现代法学，2017（1）.

［28］孙若军.论探视权的立法和法律适用.法学家，2002（3）.

［29］徐国栋.人身关系流变考：上.法学，2002（6）.

［30］徐国栋.人身关系流变考：下.法学，2002（7）.

［31］史浩明.论身份权.苏州大学学报（哲学社会科学版），2001（4）.

［32］阿尔多·贝特鲁奇，徐国栋.从身份到契约与罗马的身份制度.

现代法学，1997（6）.

［33］赵菁. 诉讼时效的适用范围研究. 黑龙江省政法管理干部学院学报，2017（4）.

［34］雷春红. 论亲属身份权. 法政探索，2012（2）.

［35］魏振瀛. 论请求权的性质与体系：未来我国民法典中的请求权. 中外法学，2003（4）.

［36］杨立新，袁雪石. 论身份权请求权. 法律科学（西北政法学院学报），2006（2）.

［37］杨立新，曹艳春. 论民事权利保护的请求权体系及其内部关系. 河南省政法管理干部学院学报，2005（4）.

［38］郭丽红. 探望权之性质之探析. 河南师范大学学报（哲学社会科学版），2010（4）.

［39］刘召成. 德国法上的请求权体系. 河南省政法管理干部学院学报，2010（6）.

［40］尹腊梅. 民法上的抗辩与抗辩权. 厦门大学学报（哲学社会科学版），2007（2）.

［41］刘风景. 立法目的条款之法理基础及表达技术. 法商研究，2013（3）.

［42］徐涤宇. 婚姻家庭法的入典再造·理念与细节. 中国法律评论，2019（1）.

［43］刘志斌. 立法目的、法院职能与法律适用的方法问题. 法律科学（西北政法大学学报），2010（2）.

［44］易军. 民法基本原则的意义脉络. 法学研究，2018（6）.

［45］于东辉. 探望权制度的法律适用探析. 辽宁工程技术大学学报（社会科学版），2008（3）.

［46］陶建国. 德国家事诉讼中子女利益保护人制度及其启示. 中国青年政治学院学报，2014（1）.

［47］王丽萍. 中日探望权制度研究. 山东大学学报，2004（6）.

［48］山本正宪. 关于见面交流权. 冈山大学法经学会，第 18 卷第 2 号.

［49］诺伯特·霍恩. 百年民法典. 申卫星，译. 中外法学，2001（1）.

［50］李冬燕. 家庭本位与个人本位：中西方文化差异探讨. 科学致

富向导，2008（5）.

　　[51] 易军. 私人自治与私法品性. 法学研究，2012（3）.

　　[52] 李卫国，陈芳. 探望权强制执行难的表现及对策略论：以分析现实案例为中心. 新西部月刊，2008（1）.

　　[53] 张礼洪. 民法典的分解现象和中国民法典的制定. 法学，2006（5）.

　　[54] 孙宪忠. 民事权利基本分类及其分析裁判的法技术问题. 法治研究，2018（2）.

　　[55] 龙翼飞. 编纂民法典婚姻家庭编的法理思考与立法建议. 法制与社会发展，2020（2）.

　　[56] 王晨. 坚持以习近平法治思想为指导谱写新时代全面依法治国新篇章. 求是，2021（3）.

　　[57] 曹思婕. 探望权立法的完善思考. 理论探索，2023（5）.

　　[58] 曹思婕. 《民法典》视野下探望权属性探析. 现代法学，2022（3）.

三、中文学位论文

　　[1] 汪斌. 宪法人权视野下的民生刑法观研究. 武汉：武汉大学，2008.

　　[2] 喻军. 探望权制度研究. 重庆：西南政法大学，2007.

四、外文著作

　　[1] Coing. Zur Geschichte des Privatrechtssystems，1962.

　　[2] L. T. Hobhouse. The Element of Social Justice. Routledge/Thoemmes Press，1993.

　　[3] P. Parkinson. Family Law and the Indissolubility of Parenthood. Cambridge University Press，2011.

　　[4] Arlene S. Skolnick and Jerome H. Skolnick. Family in Transition. twelfth edition. Person Education，2003.

　　[5] Bert N. Adams. The Family：A Sociological Interpretation. Harcourt Brace Jovanovich，Inc.，1986.

　　[6] James E. and Hughes JR.. Family Wealth：Keeping it in the

Family. Bloomberg Press，2004.

［7］G. C. Homans. English Villagers of the Thirteenth Century. Routledge，1970.

［8］McDonald A.. The Rights of the Child: Law and Practice. Family Law，2011.

［9］Roscoe Pound. An Introduction to the Philosophy of Law. Yale University Press，1922（revised in 1954）.

［10］S. J. Stoljiar. An Analysis of Law. the Macmillan Press Ltd.，1984.

［11］Andreas von Tuhr. Der Allgemeine Teil des Deutschen Bürgerlichen Rechts，Bd. I，1910.

［12］Boehmen. Einfuhrung in das burgerliche Recht. 2. Aufl.，1965.

［13］Hans Otto de Boor. Gerichtsschutz und Rechtssystem，1941.

［14］Bernhard Windscheid. Lehrbuch des Pandektenrechts，Erster Band，Literarische Anstalt，1900.

［15］Helmut Köhler. BGB Allgemeiner Teil，20.，völligneubearbeitete Auflage. C. H. Beck'sche Verlagsbuchhand-lung，1989.

［16］Comporti. Diritti Reali in Generale，Trattato di Diritto Civile e Commerciale（Ⅷ）. Milano，1980.

［17］Miguel Reale. Filosofia do Direito，14a edição，São Paulo，Editora Saraiva，1991.

［18］Judith Areen. Family Law. the Foundation Press，1985.

［19］Medicus Dieter. Anspruch und Einrede alsRückgrateinerzivilistischen Lehrmethode，Acp，1974.

［20］Julius Neussel. Anspruch und Rechtsverh Itnis. Auslieferungserlag: Akademische Buchhandlung，Mainz，1952.

［21］Jonathan Dlover. Causing Death and Saving Lives. Harmondsworth，1977.

［22］Carol Bellarny. Human Rights and the Rights of the Child. In taking Action for Human Rights in the Twenty-First Century. UNCSCO Publishing，1998.

［23］Douglas G.，Seb ba L.. Children's Rights and Traditional Value. Dartmouth Publishing Company，1998.

〔24〕Benoit Bastard. Different Approaches to Post-Divorce Family Relationships：The Example of Contact Centers in France//John Dewar and Stephen Parker eds.. Family Law：Processes，Practices and Pressures. Hart Publishing，2003.

〔25〕Joseph Goldstein，et al.. The Best Interests of the Child：the Least Detrimental Alternative，1998.

〔26〕Friedrich Karl von Savigny. Of the Vocation of Our Age for Legislation and Jurisprudence，1831.

〔27〕Bloomfield L.. Language. Allen & Unwin，1935.

〔28〕Droit de la Famille，7，1984.

〔29〕Hans Hattenhauer. Einführung. Allgemeines Landrecht für die Preußischen Staaten von，1794.

〔30〕Henkel. Recht und Individulaität，1958.

五、外文学术论文

〔1〕Joel Feinberg. The Nature and Value of Rights//Rights，Justice and the Bounds of Liberty：Essays in Social Philosophy. Princeton University Press，1980.

〔2〕Coing. Zur Geschichte des Privatrechtssystems，1962.

〔3〕Alison Clarke-Stewart & Cornelia Brentano. Divorce：Causes and Consequences. Family Court Review，2006.

六、网络资料

〔1〕习近平：推动形成社会主义家庭文明新风尚. http：//www. xinhuanet. com/politics/2016 - 12/12/c_1120103506. htm.

〔2〕习近平. 不论时代发生多大变化都要重视家庭建设. http：//politics. people. com. cn/n/2015/0217/c70731 - 26580958. html.

〔3〕习近平：家庭和睦则社会安定. http：//news. anhuinews. com/system/2016/12/16/007528190. shtml.

〔4〕2017 年全国离婚率涨至 3.2‰ 结婚率却连续四年下降. http：//www. askci. com/news/chanye/20180813/0955351128530. shtml.

[5] 王金利，朱强. 探望权执行中对未成年人的保护. http://www. dffyw. com/faxuejieti/ss/200402/20040203201530. htm.

[6] 姚辉. 从身份到契约了吗. http://www. civillaw. com. cn/article/default. asp? id＝12652.

[7] 姚建宗. 论法律与政治的共生：法律政治学导论. http://www. aisixiang. com/data/87077. html.

[8] 杨立新. 从契约到身份的回归：身份权若干前沿问题之探究". http://china. findlaw. cn/info/minshang/minfa/minshiquanli/renshenquan/stq/125659_4. html.

[9] 朱庆育. 请求权基础的探寻. http://www. 66law. cn/lawarticle/12586. aspx.

[10] 中国儿童发展纲要（2011—2020 年）. https://baike. baidu. com/item/％E4％B8％AD％E5％9B％BD％E5％84％BF％E7％AB％A5％E5％8F％91％E5％B1％95％E7％BA％B2％E8％A6％81％EF％BC％882011—2020％E5％B9％B4％EF％BC％89/652802.

[11] The Children and Family Court Advisory and Support Service, Separated Parents Information Programme. https://www. cafcass. gov. uk/media/199247/spip_april_2014. pdf.

[12] 民法总则为家庭建设确立正确的价值取向. http://paper. cnwomen. com. cn/content/2017 - 03/21/036927. html.

[13] 离婚大战孩子遭恶意藏匿 儿童权益保护有灰色地带. http://www. legaldaily. com. cn/index/Content/2014 - 09/23/content_5774921. htm? node＝20908.

[14] 两高今年要干的这 14 件大事，与你有关!. https://mbd. baidu. com/newspage/data/landingsuper? context ＝％7B％22nid％22％3A％22news_10302605796969528795％22％7D&n_type＝1&p_from＝4.

[15] 二十大报告@家庭家教家风建设，人民法院这样做!. https://baijiahao. baidu. com/s?id＝1747103233269562428&wfr＝spider&for＝pc.

[16] 妇女解放的丰碑 法治建设的基石：纪念我国第一部《婚姻法》施行 70 周年. https://www. chinacourt. org/article/detail/2020/05/id/5195742. shtml.

[17] 中国裁判文书网.

七、报纸

［1］保护好未成年人就是保护祖国未来. 北京青年报，2019 - 03 - 11.

［2］郑光. 二里头遗址勘探发掘取得新进展. 中国文物报，1992 - 10 - 18.

［3］马超. 江苏首例"隔代探望权"纠纷案宣判：支持探望. 法制日报，2015 - 07 - 08.

［4］Judge Dismisses Seduction Charge against Va. Pastor. Washington Post，1993 - 06 - 05（B3）.

［5］季凤建. 统一结案方式避免探望权执行乱. 中国妇女报，2016 - 04 - 22.

［6］曾思婕. 为有效实施民法典提供理论支撑. 人民日报，2023 - 08 -17（09）.

八、法典中译本

［1］德国民法典. 4 版. 陈卫佐，译注. 北京：法律出版社，2015.

［2］法国民法典：上，下册. 罗结珍，译. 北京：法律出版社，2005.

［3］菲律宾民法典. 蒋军州，译. 厦门：厦门大学出版社，2011.

［4］韩国最新民法典. 崔吉子，译. 北京：北京大学出版社，2010.

［5］日本民法典. 王爱群，译，北京：法律出版社，2014.

［6］埃塞俄比亚民法典. 薛军，译. 厦门：厦门大学出版社，2013.

［7］意大利民法典. 陈国柱，译. 北京：中国人民大学出版社，2010.

［8］阿尔吉利亚民法典. 尹田，译. 厦门：厦门大学出版社，2013.

［9］巴西新民法典. 齐云，译. 徐国栋，审校. 北京：中国法制出版社，2009.

［10］埃及民法典. 黄文煌，译. 蒋军洲，校. 厦门：厦门大学出版社，2008.

［11］德国民法典：上，下册. 杜景林，卢谌，译. 北京：中国政法大学出版社，2015.

［12］拿破仑民法典（法国民法典）. 李浩培，吴传颐，孙鸣岗，译. 北京：商务印书馆，1981.

［13］德国民法典：上，下册. 陈卫佐，译注. 北京：法律出版社，

2010.

[14] 德国民法典：全条文注释：上，下册. 杜景林，卢谌，译注. 北京：中国政法大学出版社，2015.

[15] 意大利民法典. 费安玲，丁玫，译. 北京：中国政法大学出版社，1997.

[16] 法国民法典、民事诉讼法典. 罗结珍，译. 北京：国际文化出版公司，1999.

[17] 瑞士民法典. 殷生根，译. 艾棠，校. 北京：法律出版社，1987.

[18] 西班牙民法典. 潘灯，马琴，译. 北京：中国政法大学出版社，2013.

九、域外法律和国际公约

[1] Child Act 1989 《儿童权利法案》.

[2] United Nations Convention on the Rights of the Child 《联合国儿童权利公约》.

[3] French Declaration of Human Rights 法国《人权宣言》.

[4] Universal Declaration of Human Rights 《世界人权宣言》.

[5] Children Act of British 1989 年英国《儿童法》.

[6] Unified Marriage and Divorce Act 美国《统一结婚离婚法》.

[7] Children Act of America 美国《儿童法案》.

[8] Hague Convention on the Civil Aspects of the International Abduction of Children 《海牙国际诱拐儿童民事方面公约》.

后　记

本人求学三十载，至今仍在精益求精的路上跋涉。一直以来"持之以恒、脚踏实地、勤于思考、勇于创新"的潜意识在催促着我不断地忘我学习、认真钻研。或许这也称得上对法学的热爱吧。

感谢在我求学路上指引过我的每一位师长和益友。他们博学多才、学贯中西，引我坚定地迈向法学学术前沿。

感谢我的父母、我的家庭。父母虚怀若谷、宽以待人，使我有幸得以承受亲炙。长辈们热爱国家、甘于奉献，令我无憾无悔地为中国特色社会主义法治事业尽心竭力。我对长辈们的人格魅力高山仰止，被他们的睿智高雅默默吸引，更对他们的善良豁达深深敬仰。"心中有丘壑，眉目作山河"，他们的品格修养与工作作风潜移默化地影响着我，让我受益终生！

感谢我的长辈——黄少南、黄小源先生亲笔为本书题词，鼓舞我满怀爱与希望，与信心和勇气相伴，继续前行。

感谢中国人民大学出版社的领导与编辑对本书出版的大力支持与付出的辛勤劳动。

提笔至此，简短跋文作为本书句点。

图书在版编目（CIP）数据

中国探望权理论研究/曹思婕著. --北京：中国
人民大学出版社，2023.10
（法律科学文库/曾宪义总主编）
ISBN 978-7-300-32144-8

Ⅰ.①中… Ⅱ.①曹… Ⅲ.①婚姻法-研究-中国
Ⅳ.①D923.904

中国国家版本馆 CIP 数据核字（2023）第 172216 号

"十三五"国家重点出版物出版规划项目
法律科学文库
总主编　曾宪义
中国探望权理论研究
曹思婕　著
Zhongguo Tanwangquan Lilun Yanjiu

出版发行	中国人民大学出版社				
社　　址	北京中关村大街 31 号		**邮政编码**	100080	
电　　话	010 - 62511242（总编室）		010 - 62511770（质管部）		
	010 - 82501766（邮购部）		010 - 62514148（门市部）		
	010 - 62515195（发行公司）		010 - 62515275（盗版举报）		
网　　址	http://www.crup.com.cn				
经　　销	新华书店				
印　　刷	唐山玺诚印务有限公司				
开　　本	720 mm×1000 mm　1/16		**版　　次**	2023 年 10 月第 1 版	
印　　张	18.25 插页 2		**印　　次**	2023 年 10 月第 1 次印刷	
字　　数	295 000		**定　　价**	89.00 元	